초등맘이 꼭 알아야 할 국어·영어 독서법

도준형·이지은·장혜수 지음

초등맘이 꼭 알아야 할

국어·영어

독서법

교과서 연계 독서법 완벽 정리

&page

공부 잘하는 아이와 공부 못하는 아이를 만드는
결정적 차이, 읽기 능력

'아, 또 독서야? 독서의 중요성은 너무 잘 알고 있다고요! 그런데 아이가 책 자체를 읽지 않는데 뭘 어쩌라는 건가요?'라고 하소연하는 부모가 많으리라고 생각합니다. 대한민국의 초등학생 학부모 약 12만 명이 모인 네이버 초등맘 카페에도 늘 비슷한 질문 글이 올라옵니다. 그런데 '학년별 필독서' 'ㅇㅇ 권장 도서' 'ㅇㅇ대 인문 고전 50'이란 제목의 책을 아이에게 턱하니 던져 주면 '아이고, 부모님! 감사합니다. 이런 질 좋은 마음의 양식을…' 이라며 책을 펼칠 아이가 몇이나 될까요?

아이에게 책을 읽히기 위해서는 기본적으로 부모의 노력이 필요하다는 전제가 붙습니다. 크게 독서에 관심이 없더라도 아이가 관심을 가질 만한 책을 선별하고 구매하거나 대여하는 최소한의 노력이 들어갑니다. 아무것도 아닌 것 같지만 이 장벽은 많은 부모를 힘겹게 합니다.

최단 경로를 안내해 주는 내비게이션이 있어야 운전이 수월하듯 독서에도 안내자가 필요합니다. 특히 아이의 평생 독서 습관을 잡아 주는 초등학생 시절에는 더더욱 그렇습니다.

기본적으로 책을 좋아하지 않는 아이는 물론이고, 평생 책과 친하지 않던 부모에게 작은 도움이 되고자 이 책을 썼습니다. 그동안 초등맘 카페를 통해 접해 왔던 부모들의 고민을 생각하고 또 생각해 국어, 영어 독서법의 기본을 다룹니다. 국어, 영어 독서법과 관련해 초등학생 학부모들이 가장 궁금해할 질문에 답을 드리는 것이지요.

먼저 국어 독서법은 독서량 관리법, 편식 없이 다양한 책을 읽게 만드는 과정, 학년별 독서 포인트를 기반으로 합니다. 아이에게 도움이 되는 독후 활동 방법, 학년별 교과와 연계한 독서법도 알아두면 큰 도움이 되겠죠. 마지막으로 아이가 책과 친해지기 위해 어떤 책을 읽고, 어떤 방법으로 읽어야 하며 부모의 역할은 어디까지인지에 대해 살펴봅니다.

영어 독서법은 전문성이 필요한 부분들이 있습니다. 학원을 보내려고 해도 부모가 기본적인 내용을 모르면 설명조차 알아듣지 못하는 경우가 허다하죠. 그래서 초등 부모들이 알아야 하는 영어 독서와 관련된 정보를 살펴

봅니다. 각 단계별로 어떻게 지도해야 하는지, 초등학교 3학년부터 시작되는 공교육 영어에 대비하기 위해 어떤 교육이 필요한지 구체적인 팁을 제공합니다.

잘 알다시피 성장기 아이에게는 무엇보다 뇌 발달이 중요합니다. 만 12세까지의 뇌 발달이 평생 학습을 결정한다고 해도 과언이 아닙니다. 이 시기 아이들의 뇌는 분주합니다. 창의력, 사고력, 논리력, 언어력, 이해력, 관찰력, 공감력 등 여러 가지 생각 주머니를 만들고 있거든요. 아이들은 독서를 통해 기른 능력을 활용해 자기만의 방을 완성하고 평생 사용하게 되는 것이죠.

만 12세까지는 언제 시작했든, 속도가 어떻든 방을 만들 수 있습니다. 어설프게 만들어진 방일지라도 사춘기 뇌의 리모델링 시기를 거치면서 각 방은 제 모양을 갖춰 가기 시작합니다. 하지만 이 역시 초등학교 시절 생각 주머니가 만들어져 있어야 가능합니다. 초등 시기를 지나면 생각 주머니라는 기본 틀을 만들기란 결코 쉽지 않죠. 그래서 초등 독서를 강조하고 또 강조하는 것입니다. 마지막 기회가 될 수 있으니까요.

생각 주머니의 재료가 되는 것이 바로 독서를 통한 학습입니다. 독서를 통학 학습의 장점은 크게 다음 세 가지로 구분할 수 있습니다.

첫째, 독서는 글을 읽고, '이해하는 기본 능력'을 키워 줍니다. 흔히 '읽기'는 한글을 배우면 자연스럽게 가능하다고 생각합니다. 하지만 읽고 이해하는 것은 전혀 다른 과정입니다. 소리 나는 대로, 쓰여 있는 대로 읽는 것은 한글만 알아도 가능합니다. 그러나 이해의 영역은 다르죠. 공식은 달달 외웠어도 지문을 이해하지 못해 수학 점수를 포기하는 아이들이 적지 않은 이유도 이 때문입니다.

둘째, 독서는 주어진 환경에 따라 옳고 그름을 판단할 수 있는 '배경지식'을 익히게 해 줍니다. 아이들은 텍스트를 통해 수많은 간접 경험을 합니다. 직접 경험해 보지 않아도 텍스트를 기반으로 한 상황 대처 능력이 길러집니다. 선과 악의 기준을 배우고, 협의와 합의의 차이를 배우다 보면 자신도 모르게 '생각하는 힘'이 자라납니다.

마지막으로 독서를 통해 '표현하는 방법'을 배울 수 있습니다. 책을 읽다 보면 지은이의 생각을 이해할 뿐만 아니라 상황에 맞는 표현 방법까지 자연스럽게 익히게 됩니다. 감정을 표현하는 법을 알게 됨으로써 자신의 마음속 상처를 극복하고 치유하는 방법도 알게 되겠죠.

우리 아이들은 우리가 전혀 경험해 보지 못한 세상을 살아갈 것입니다. 빅데이터, 사물인터넷(IoT), 인공 지능(AI)을 기반으로 사람과 사물, 공간이 하나로 연결되는 초지능사회가 우리 아이들을 기다리고 있거든요. 4차 산

업혁명을 준비하는 교육 선진국은 오래전부터 창의력, 비판적 사고, 의사소통 능력, 협업 능력을 중심으로 아이들의 교육을 이끌어 왔습니다. 인공 지능은 결코 가질 수 없는 인간 고유 영역이기 때문입니다. 그리고 이런 능력은 과목별 교과서를 달달 외운다고 해결되지 않습니다. 시험 점수가 높다고 얻어지는 능력도 아니죠. 가르치고 배우는 게 아니라 아이 스스로 터득해야 하기 때문입니다.

전 세계적으로 우리나라는 문맹률이 매우 낮은 국가에 속합니다. 그런데 OECD 가입국 중 문해력은 최하위입니다. 전 국민의 75% 가량이 소리 나는 대로 글자를 읽을 수 있지만 뜻을 이해하지 못하고, 눈으로 글자를 보고 있으나 제대로 의미를 알지 못한다는 이야기입니다.

'공부를 잘하는 그룹과 그렇지 못한 그룹의 가장 큰 차이는 읽기 능력에 있다'는 연구 결과도 있습니다. 인간은 말과 문자를 통해 생각하고 실천하고 성장합니다. 생각을 정리하는 과정을 통해 새로운 사고와 비판력이 길러집니다. 이를 가능하게 만드는 것이 바로 독서입니다.

책은 부모의 좋은 양육 선배이자 친구인 동시에 아이들에게는 또 다른 형태의 양육자입니다. 아이들은 책을 통해 예의범절, 타인에 대한 이해, 세상 속 숨겨진 이야기 등을 배웁니다. 더불어 독서를 통해 생각 근육도 튼튼

하게 만들 수 있습니다. 몸의 근육을 키우면 신진대사가 활발해져 쉽게 살이 찌지 않는 건강한 몸을 유지할 수 있게 됩니다. 마찬가지로 생각 근육을 키우면 사고하는 힘이 강해지죠. 어떤 문제 앞에서도 쉽게 무너지지 않고, 자연스럽게 문제 해결력도 좋아집니다.

정보의 홍수 속에서 어떤 것이 올바른 정보인지 선택할 수 있는 힘, 내 아이에게 필요한 것과 그렇지 않은 것을 가려낼 수 있는 눈이 필요한 때입니다. 이 책이 여러분에게 좋은 안목을 기르는 밑거름이 되길 바랍니다.

마지막으로 이 책을 쓰기까지 도움을 주신 하희란 작가님을 필두로 한 유튜브 〈초등맘TV〉 출연진분들과 12만 초등맘 카페 가족들에게 감사의 마음을 전합니다.

2021년 겨울, 도준형

2부 자신감과 성적 향상 두 마리 토끼를 잡는
영어 독서법

5장. 초등맘의 고민을 덜어 줄
우리 아이 영어 독서 기본 상식 5

6장. 초등맘이 놓치기 쉬운
우리 아이 영어 독서 습관 10

7장. 초등맘에게 필요한

우리 아이 영어 독서 단계별 지도법 10

8장. 초등맘이 잊으면 안 되는

공교육 영어 5

1부

생각의 기초 근육을
만들어 주는

국어
독서법

1장

초등맘이 가장 궁금한
우리 아이 독서 개념 7

Q1

책 읽기 좋은 환경은
어떻게 만드나요?

　　대한민국 부모들은 아이가 책 읽는 것을 좋아하게 하려고 많은 노력을 기울입니다. 무심한 듯 여기저기 표지가 보이게 책을 던져 놓기도 하고, 도서관에서 책을 빌려다 거실에 전시해 두기도 합니다. 이뿐만이 아니죠. 거실의 텔레비전을 없애고 그 자리에 책장을 만들기까지, 아이들이 책 읽는 것을 좋아할 수 있다면 부모가 누릴 수 있는 즐거움도 포기합니다. 도대체 독서가 무엇이길래 우리 부모들은 아이들을 위해 이 많은 수고로움을 마다하지 않는 걸까요?

　　그건 바로 독서를 즐겨 하는 아이들이 공부를 잘하는 경우가 많기 때문입니다. 모든 공부는 읽기에서 시작되니까요. 《공부머리 독서법》(최승필 저, 책구루, 2018)이라는 책에도 이런 말이 나옵니다. "초등학교 때 성적은 엄마의 정보력과 노력이고, 중학교 때 성적은 학원의 기술력이며, 고등학교 때 성적이 아이들의 진짜 실력이다." 이 말은 독서로 꾸준히 배경지식과 문해력을 키운 아이들이 자기 주도적 학습을 통해 공부하는 방법을 익히면 고등학교에 가서도 좋은 성적을 유지한다는 의미입니다.

▌▚ 시작은 부모의 책 읽기로부터

책 읽기 좋아하는 아이로 키우는 첫걸음은 부모의 독서에서 시작됩니다. 물론 부모가 책 읽기를 즐긴다고 해서 아이들 모두가 책 읽기를 좋아하게 되는 건 아닙니다. 그러나 적어도 부모의 이런 모습은 책 읽기를 방해하는 환경으로부터 아이들을 지키는 데 도움이 됩니다.

많은 부모가 텔레비전을 없애고 거실을 서재로 만드는 등 책 읽기 좋은 환경을 위해 노력하지만, 그 모든 것을 허탕으로 만드는 요상한 물건이 있습니다. 바로 스마트폰입니다. 사실 책은 심심해야 읽습니다. 과거에는 지금처럼 미디어가 발전하지 않아 책에 저절로 관심이 갔습니다. 하지만 요즘은 스마트폰 하나만 있으면 유튜브, 게임 덕분에 심심할 겨를이 없습니다. 그러다 보니 아이가 관심을 가질 만한 책이 있어도 책 속 재미난 내용이 아이에게 도달하기가 쉽지 않습니다.

상황이 이러하다 보니 아이는 부모에게 책 사 달라는 말보다 스마트폰 사 달라는 말을 더 많이 합니다. 제 아이의 친구 부모님은 아이가 "엄마, 아빠, 누나는 스마트폰을 가지고 있으면서 왜 나만 안 사 주냐"며 울고불고 난리를 쳐서 어쩔 수 없이 집에 있던 공기계를 개통해 주었다고 합니다. 아이 입장에서는 소외감이 드니 당연히 저렇게 이야기할 수 있죠. 하지만 문제는 어린 나이부터 스마트폰을 가지게 되면 스마트폰 중독에 빠질 확률이 높아진다는 것입니다.

초등맘 500명을 대상으로 '아이들에게 스마트폰은 언제 사 주는 것이 좋을까요?'라고 물었더니 43.6%가 중학교 입학 이후라고 답하였습니다. 이번에는 질문을 바꾸어 '실제 스마트폰은 몇 학년 때 사 주었나요?'라고 물어보았습니다. 대답은 충격적이었습니다. 설문에 응한 초등맘의 43.8%가 초등 1학년 때 아이에게 스마트폰을 사 주었다고 답한 것입니다. 이유야 다양하겠지만 초등 1학년 때 이미 스마트폰을 가지는 아이가 50%에 가까운 게 현실입니다.

부모가 책 읽는 모습을 아이들에게 보여 준다고 해서 아이들이 무작정 독서를 하는 것은 아닐 것입니다. 그렇지만 적어도 부모가 스마트폰을 들고 있는 모습보다 책 읽는 모습을 많이 노출할 때 독서에 관한 아이들의 관심을 유발하기에는 더욱더 좋겠지요. 스마트폰의 유혹으로부터 아이를 지켜 줄 수도 있고요. 아이들이 스마트폰을 사 달라고 당당하게 요구하는 이유 중 하나가 바로 '나만 빼고 다 사용하잖아. 왜 나만 따돌려'이니까요.

책장을 리모델링해 주세요

초등학교 저학년 때까지는 부모가 조금만 노력하면 아이들이 책을 가까이하기 쉽습니다. 이 시기에 가장 중요한 것은 책에 대한 흥미를 느끼도록 해 주는 것입니다. 흥미를 느끼기 위해서는 좋아하는 책들로 서재를 꾸미는 것이 좋습니다. 아무리 좋은 추천 도서라도 아이의 관심을 받지 못한다면 오히려 독이 될 수 있습니다. 아이든 어른이든 부담스러운 대상과는 멀어지기 마련이니까요.

제가 유튜브 〈초등맘TV〉를 통해 소개했던 책《공부연결 독서법》(황경희 저, 예문, 2019)의 내용을 예로 들겠습니다. 저자가 독서 지도를 할 때 아이에게 초등 추천 도서 중 한 권을 읽어 보았는지 물었더니 아이가 이렇게 대답 했다고 합니다.

"우리 집에 그 책 있어요."

읽어 보았냐고 물었는데 대다수 아이가 집에 책이 있다고 답했다는 것입 니다. 이러한 아이들은 책에 대해 좋은 감정이 없습니다. 부모님이 사 준 책 들을 보면 마치 밀려 있는 숙제처럼 느껴져서 마음이 무겁기만 할 뿐이죠. 아이들이 선택한 책이 아니라면 과감히 상자에 포장해서 보이지 않는 곳으 로 옮기거나 중고서점에 내놓는 것이 좋습니다. 그런 후 아이들이 직접 선 택한 책이나 읽은 책으로 책장을 꾸며 주세요.

▌▌▚▌ 권수보다 반복 읽기가 먼저

아이가 아직 책에 대한 흥미를 느끼기 전이라면 굳이 전집 위주 로 책을 구비하기보다는 아이가 직접 표지를 보고 선택한 책 위주로 독서 를 시작하는 것이 좋습니다. 부모는 아이가 다양한 책을 읽고 풍부한 어휘 력을 습득하길 원하지만 첫술에 배부를 수 없고 또 지나치면 아니함만 못 할 수가 있기 때문입니다. 처음은 부담 없이 시작하는 것이 좋습니다.

보던 책만 계속 반복해서 보려는 아이들이 있습니다. 그럴 때 '좀 다양하 게 읽었으면 좋겠는데, 왜 자꾸 이 책만 고집할까'라고 고민하는 부모도 있 습니다만 전혀 걱정할 필요가 없습니다. 반복 독서는 아이들의 독서 환경을 조성하는 데 많은 도움이 되기 때문입니다.

환경이라는 것이 외적인 것도 있지만 내적인 것도 존재합니다. 내적 독 서 환경은 아이들의 뇌 발달과 연관이 있습니다. 다들 우뇌, 좌뇌란 말 많이 들어 보았을 겁니다. 좌뇌는 생존 본능을 가지고 있습니다. 살아남기 위해 끊임없이 학습하고자 하죠. 그러나 좌뇌는 처리 속도가 현저하게 느리며 에너지 소비도 많아서 쉽게 피로해집니다(좀 더 자세히 알고 싶다면 유튜브 〈초등맘TV〉 '원어민처럼 읽는 영어 독서 교육법 with 최창욱 선생님 편'을 보면 됩니다). 아마 공부를 얼른 끝마치고 싶다는 생각이 간절하지만, 실제 공부 속도는 잘 나지 않는 경험을 한 번쯤 해봤을 겁니다.

반대로 우뇌는 많은 정보를 처리하도록 설계되었으며 처리 속도가 빠르고 에너지 소비가 적습니다. 즐거움과 재미를 추구하기도 하죠. 재미있는 내용의 책은 공부와 비교했을 때 빠른 속도로 읽을 수 있는 것도 이런 이유 때문입니다. 그러다 보니 재미가 없으면 스트레스를 받고 힘들어하죠.

같은 맥락에서 아이들이 책을 읽고 재미를 느꼈을 때 우뇌는 그 책을 반복해 읽고 싶어 합니다. 또한, 반복적인 독서에도 힘들어하지 않습니다. 읽을수록 독서에 대한 욕구를 상승시키는 역할도 하며 암기력까지 좋게 만들어 줍니다. 그러니 아이들이 같은 책을 반복해서 읽고자 해도 걱정할 필요가 없습니다.

ⅠⅠⅣ 시간을 선물하세요

빌 게이츠와 스티브 잡스의 공통점은 무엇일까요? 첫째, 창의적 사고를 하는 사람들이라는 점입니다. 각각 윈도우와 아이폰을 창조하여 세상을 바꾸어 놓았으니까요. 둘째, 평생 독서를 가까이했다는 점입니다. 두 사람의 독서 사랑은 자식들의 훈육에서도 찾아볼 수 있는데요. 스티브 잡스는 매일 저녁 식탁에 앉아 아이들과 함께 독서한 다음 토론도 했답니다. 빌 게이츠는 아이들과 열심히 책을 읽었으며, 성장에 방해가 된다고 아이들이 14세가 될 때까지 스마트 기기 사용을 금지했다고 합니다. 이렇듯 시대를 선도한 두 사람은 독서에 대한 사랑이 대단했고 독서의 중요성을 모두에게 일깨워 주었지요.

그런데 우리나라 성인들은 시간이 없다는 이유로 독서량이 급격히 줄어들고 있습니다. 아이들도 어른과 크게 다르지 않습니다. 다만 시간이 없는 이유가 좀 다를 뿐입니다. 어른들은 업무를 비롯해 대인 관계 유지 및 취미 활동 등으로 시간이 없습니다. 그런데 아이들은 학년이 올라갈수록 사교육이 늘어나면서 부모가 학업 시간 확보를 위해 최우선으로 독서를 배제하기 때문에 시간이 없습니다.

독서 시간을 줄이는 것은 매우 위험한 선택입니다. 독서는 스스로 사고하고 성장해 나갈 힘(무기)을 길러 주지만, 학원은 가지고 있는 무기를 사용하는 기술을 가르쳐 주는 곳입니다. 사용할 수 있는 무기가 제대로 준비되지 않았는데 기술이 얼마나 도움이 되겠습니까. 대다수의 선생님과 전문가는 초등 시기에는 독서가 전부라는 말을 많이 합니다. 그만큼 학습에 우선시되어야 할 것은 학원이 아니라 독서라는 이야기죠. 아이들이 충분히 읽고 사색할 수 있는 시간을 만들어 주는 것이 독서 환경 조성에 무엇보다 중요하다는 점을 기억하세요.

Q2

책과 친해지는 '독서 첫인상', 어떻게 만들죠?

인생을 살아가며 우리는 크게 성장할 기회를 몇 차례 만납니다. 그 성장의 방법에는 어떤 것들이 있을까요? 저는 세 가지를 꼽습니다. 첫 번째는 교육을 통해 배움의 기회를 갖는 것입니다. 아이들은 보통 3세가 되면 어린이집을 시작으로 유치원, 초등학교, 중학교, 고등학교까지 의무 교육을 받고 배움의 기회를 가집니다. 그 외 학원, 공부방, 과외와 같은 사교육을 통해 부족한 부분을 배울 수도 있지요.

두 번째는 현장에서 직접 경험을 통해서 배우는 것입니다. 유아기나 초등 시절에는 현장 체험 학습 및 봉사 활동, 그 외 가족과의 여행 등을 통해 경험을 쌓을 수 있습니다. 그러나 위 두 가지 방법은 장소의 제약을 받거나 입시라는 특정 분야에 지식이 집중된다는 한계점이 존재합니다.

이런 한계점을 극복한 세 번째 방법은 사람과의 만남을 통해 배움의 기회를 넓히는 것입니다. 각기 다른 분야를 직접 경험하지 않고도 무언가를 배울 수 있는 것이 바로 사람과의 만남입니다. 특히 요즘은 유튜브나 책을 통해 간접적이지만 평소 만나기 힘든 유명인까지도 만날 수 있는 시대가 되었습니다. 유튜브는 궁금증을 곧바로 해소할 수 있으면서 실시간 소통까지 되기에 많은 사랑을 받는 매체입니다. 하지만 기본 지식이 쌓여 있지 않다면 무엇을 보든 내 것으로 만들기가 어렵습니다.

반면 책은 어떨까요? 책은 저자의 경험과 지식을 명확한 근거를 토대로 잘 정리해 두었을 뿐만 아니라 사고력과 창의력을 비롯해 어휘력까지 함께 성장시켜 주는 원동력이 됩니다. 그래서 '책은 평생 함께하는 친구'라는 옛말이 있는데요. 지금은 어떨까요? 책에 대한 생각이 달라졌을까요?

네이버 초등맘 카페 학부모 12만 명 중 1,000명을 대상으로 아래와 같은 설문 조사를 해 보았습니다.

①초등학교 졸업 동기가 인생에서 얼마나 중요하다고 생각하나요.

②초등학교 졸업 전 책을 아이의 친구로 만들어 주는 일이 얼마나 중요하다고 생각하나요.

조사 결과 질문 ①에 '매우 중요하다'고 답한 비율은 15.3%, '그렇게 중요하지 않다'고 답한 비율은 87.7%였습니다. 질문 ②에 대해서는 '매우 중요하다'고 답한 비율은 90.2%, '보통이다'라고 답한 비율은 8.4%, '그리 중요하지 않다'고 답한 비율은 1.4%에 그쳤습니다.

단편적이긴 하지만 설문 조사 결과를 토대로 우리는 책의 중요성을 유추할 수 있습니다. 아이들이 성인이 되기까지 '진학', '진로', '공통된 관심사', '거주지역' 등 다양한 변수가 생깁니다. 아무리 가까웠던 사이라도 만남을 계속 이어 갈 정도의 관계를 유지하기란 매우 어렵지요. 그뿐만 아니라, 그렇게 만날 수 있는 사람은 결국 몇 명 되지 않기도 합니다. 반면 책은 다양한 분야의 사람들과 간접적 만남을 끊임없이 지속할 수 있게 해 줍니다.

그렇기에 책에 대해 아이가 가지는 첫인상이 더욱 중요합니다. 아무리 좋은 사람이라도 첫인상이 좋지 않다면 꾸준히 만나기 힘들 것입니다. 뇌의 성장 발달이 이뤄지는 영유아기, 초등 시기에 책에 대해 좋은 첫인상을 가질 수 있도록 부모가 신경 써야 하는 이유입니다.

▌▊▚▎ 엄마 친구가 아이 친구

가장 좋은 친구는 어떤 친구일까요? 돈이 많아서 맛있는 거 많이 사 주는 친구일까요? 예쁘고 잘생긴 데다가 공부도 잘하는 친구일까요? 우리 집 아이에게 "어떤 친구가 좋아?"라고 물었더니 자신에게 잘해 주는 친구, 자기와 놀아 주는 친구가 가장 좋은 친구라고 하네요. 어른들과 달리 아이들은 이렇게 순수합니다. 여기서 잘해 주는 친구란 강요나 강압을 하지 않는 친구를 의미합니다. 자신의 이야기를 경청해 주고 배려해 주는 친구를 가리키는 것이죠.

그렇다면 아이들은 어떤 과정을 통해 친구를 사귈까요? 아이들 대부분은 어린이집이나 유치원에 입학하면서 자연스럽게 같은 반 친구가 생깁니다. 또한 엄마와 함께 만나는 또래 아이들이 친구 관계로 발전합니다. 소위 엄마 친구가 아이 친구가 되는 거죠. 물론 예외도 있습니다. 아이가 적극적이고 쾌활해서 스스로 동네 아이들과 친해지는 경우입니다.

책과 친해지는 과정도 친구를 사귀는 과정과 비슷합니다. 어린이집이나 유치원에서 선생님이 책을 읽어 주는 경우, 부모가 책 읽기를 좋아하거나 아이에게 책을 읽어 주는 경우, 아이 스스로 책을 좋아하는 특별한 경우. 이

세 가지 경우를 크게 벗어나지 않습니다. 그중에서도 아이들이 책과 친해지는 데 가장 큰 역할을 하는 것은 결국 부모입니다.

아이들은 부모가 관심을 가지는 부분에 많은 관심을 가집니다. '아이는 어른의 거울'이라는 말이 있죠. 그만큼 아이들은 부모를 보고 따라 하고 습득하는 것을 즐겨 합니다. 그러므로 부모가 책을 가까이할수록 책에 대한 아이의 관심도 높아집니다. 여기서 중요한 건 책을 접하는 부모의 모습을 아이가 볼 수 있도록 해야 한다는 것입니다.

책 읽는 모습을 아이에게 의도적으로 노출하다 보면 다수의 아이는 반응을 보입니다. "엄마 아빠, 뭐 해?"라고 말이죠. 또 부모가 아이에게 책을 읽어 주는 것은 부모와 아이가 책이라는 매개체를 가지고 소통할 수 있게 할 뿐만 아니라 아이들이 '책은 항상 엄마 아빠와 나를 좋은 관계로 만들어 주는 친구'로 인식하게 해 줍니다. 결국 부모가 아이에게 책 읽자는 잔소리를 하지 않아도 아이가 먼저 부모에게 책을 가지고 와서 '읽어 주세요'라고 요구하게 되지요. 자녀 교육은 부모가 함께해야 합니다. 특히 독서 교육은 아빠가 적극적으로 임할 때 아이에게 더 좋은 영향을 끼칩니다.

▌▍▌ 아이에게 최고의 친구는 부모다

유·초등 시기 아이들에게 부모는 최고의 친구입니다. 적어도 초등 4학년 전까지는 그렇습니다. 그 이후에는 부모보다 또래 친구들끼리 공감대가 형성되는 것이 자연스러운 현상입니다. 아이들에게 친구란 함께 놀아 주는 사람이죠. 그런 점에서 아이들이 책을 처음 접하는 유아기에는 놀이 도구의 하나로 책을 접할 수 있도록 해 주세요. 책을 가지고 같은 색의 책 표지 찾기, 집 만들기, 삼각 탑 쌓기, 징검다리 놀이 등을 비롯해 꽂이나 과일 또는 토끼와 같은 동물 그림이 나오는 책 찾기도 할 수 있죠. 가위바위보를 한 뒤 책장을 넘겨 인물 수가 가장 많이 나오는 사람이 이기는 게임도 책을 재미있는 놀이로 활용하는 방법입니다.

때로는 함께 책 속 그림을 오리거나 찢으며 노는 것도 좋습니다. "네? 책을 찢거나 오리기를 한다고요?"라고 놀랄 수도 있겠지만, 장난감을 생각해 보세요. 신나게 가지고 놀다 보면 부서지고 버려지는 장난감이 나오게 됩니다. 책을 장난감의 하나라고 생각한다면 이보다 더 좋은 장난감이 어디 있겠습니까. 장난감은 초등 고학년 아이들도 가지고 놀고 싶어 하는 최고의 친구니까요. 책을 장난감처럼 느끼게 해 주세요. 책을 가지고 놀다 보면 어느 순간부터 책 속 그림이 무슨 말을 하는지 궁금해지기 시작합니다. "엄마 이건 뭐라고 적혀 있는 거야?" 이렇게 묻는 순간이 바로 아이들이 책을 놀이 도구에서 읽기 도구로 전환하는 시작점입니다.

낮 동안에는 아이들 눈에 흥미진진한 것들이 많이 보여서 책 읽는 것을 싫어하는 경우도 많습니다. 곳곳에 책 이외에도 관심을 가질 만한 것들이 너무나도 많기 때문이죠. 그러나 잠자기 전에 책을 읽어 주는 것을 싫어하는 아이는 그리 많지 않습니다. 책을 펼쳐 그림을 보여 주며 엄마 아빠가 이야기를 들려주면 아이는 집중합니다. 수면 전 부모의 목소리는 아이의 마음을 평온하게 해 주는 천사의 목소리와도 같습니다. 잠들기 전 책 읽어 주기 루틴은 아이들이 책을 좋아하는 습관을 형성하는 데 큰 도움이 됩니다.

초등학교 입학 후에는 서점이나 도서관을 이용하는 게 좋습니다. 아무리 책에 관심 없는 아이라도 좋아하는 것이 한 가지는 존재하기 마련입니다. 방대한 책들이 있는 도서관과 최신 관심사가 있는 서점에서 아이가 스스로 책을 고르게 해 주세요. 그다음 아이가 책 읽어 주는 것을 거부하지 않을 때

부모가 책을 읽어 주세요. 책을 읽어 준다는 것은 같은 책을 아이와 부모가 함께 읽었다는 의미입니다. 그 말은 곧 아이와 부모가 같은 관심사를 가지고 대화를 나눌 수 있다는 뜻입니다. 책을 읽고 난 뒤 아이에게 "이 책 어땠어? 어느 부분이 좋았어?" 하고 물어보기보다 "엄마는 이런 점이 재미있었던 것 같아. 우리 딸은 엄마와 생각이 다를 수도 있겠지만." 하는 정도로 마무리하면 됩니다. 이러한 순간이 쌓이면 언젠가 자연스럽게 아이 스스로 자기 생각을 말하는 순간도 찾아옵니다. 그럴 때 잊지 말고 꼭 칭찬해 주세요.

"엄마 생각과는 다르지만 그럴 수도 있겠네. 어쩜 우리 딸 다 컸구나. 그런 생각도 하고 말이야."

비로소 아이는 '앞으로도 책을 가까이하면 엄마 아빠에게 칭찬받을 수 있겠네'라고 생각합니다. 당연히 아이는 점점 더 책을 좋아하게 되겠지요.

▌▍Ⅶ 네이버 초등맘 카페 12만 엄마들의 경험담

실제 초등 학부모들은 어떻게 하고 있을까요? 네이버 초등맘 카페 12만 회원들을 대상으로 경험을 물어보았습니다. "아이가 책과 친해지도록 어떤 노력을 하셨나요?"라고 말이죠. 학년별로 다양한 경험담이 올라왔는데 그중 유사한 사례 몇 가지만 정리해 보았습니다.

첫째, "아이들을 도서관에 자주 데리고 다녔어요. 직접 책을 고르게 하고 읽어 주었더니 아이가 책을 좋아하게 된 것 같아요."

둘째, "책 읽기를 싫어하는 아이라, 책 수준을 낮춰 읽히고 있어요. 아무래도 글밥이 적고 단어도 쉬우니 거부감이 덜하더라고요."

셋째, "글밥 적은 책만 읽는 아이에게 책방에 가서 재미있어 보이는 책을 직접 고르라고 해 봤어요. 글밥 적당한 것들로만, 만화는 안 된다고 하고요.

시리즈물을 고르기에 네가 한 권을 다 읽고 나서 다음 권을 사 주겠다며 일단 아이가 좋아하는 책을 선택하게 했죠. 그 뒤로 아이가 좋아할 만한 책들을 도서관에서 빌려 제가 먼저 읽고 내용을 슬쩍 이야기하며 호기심을 가지게 했더니 스스로 술술 잘 읽어요. 영화화된 작품은 영화부터 보여 주고 책을 추천했어요."

넷째, "표지 탐색부터 했어요. 겉표지에 있는 그림, 사진 등을 보며 이 책에는 이런 내용이 나오나 봐 하면서요. 겉표지와 똑같은 그림을 아이와 함께 본문에서 찾아본다던가 책 속의 그림을 보며 이야기를 자유롭게 나눴고요. 그림만 보면서 아이가 혼자 이야기를 짓기도 하고 한 페이지의 그림 설명으로 꽤 긴 시간을 보내기도 했어요. 어느 순간 아이가 이 책의 진짜 이야기가 뭐냐고 묻길래 그림을 보며 책의 내용을 함축해 알려 줬고, 아이가 내용을 알게 되었을 때 글을 정확히 읽어 줬어요. 다 읽은 책이 늘어날수록 여우 나오는 책 찾아보자, 놀이터가 나오는 책 찾아보자며 같은 주제 책끼리 묶어 보기도 했어요. 아이가 읽은 책은 정리하지 않고 바닥이나 책상에 그대로 두었어요."

이처럼 아이가 책을 좋아하는 사람이 될 수 있도록 부단히 노력하는 부모들이 많습니다. 여러분도 위 방법들을 실천해 보세요.

Q3

어떤 책을
읽어야 할까요?

공부를 잘하기 위해서는 성장기 뇌의 발달이 중요합니다. 태어나서 만 12세까지의 뇌 발달이 평생 학습 능력을 결정한다고 해도 과언이 아닙니다. 이 시기에는 언어 습득을 통해 뇌에 공부와 관련된 방을 만들기 때문에 독서가 매우 중요합니다. 만 5세까지는 듣기 독서와 그림책 독서를 통해 언어를 습득하고 사고력과 상상력을 기르는 시기입니다. 특히 이 시기에 부모가 책을 얼마나 읽어 주었느냐가 정서적 안정은 물론 책에 대한 좋은 감정을 형성하는 데 중요한 역할을 합니다.

초등학교에 입학하고 2학년 때까지는 듣기 독서에서 읽기 독서로 바뀌어 가는 시기로 독서 습관을 만들기에 좋은 때입니다. 이 시기는 학습에 대한 부담이 크지 않아 아이들도 책 읽기를 즐겁게 받아들입니다. 특히 그림이 크고 글자 수가 많지 않은 책을 추천합니다. 주의할 점은 책을 읽고 난

후 검사하듯 아이에게 내용을 물어보아서는 안 된다는 것입니다. 독서가 습관으로 잡히기 전에 아이들을 테스트하고 질책하면 책에 대한 흥미가 떨어집니다. 책을 부모에게서 혼나는 매개체로 인식하게 되는 것이죠.

한편 부모가 책을 읽어 주는 것만 좋아하는 아이들도 있습니다. 이 경우는 책을 좋아하는 게 아니라 부모와의 교감을 좋아하는 것입니다. 적절한 보상을 통해 아이 스스로 책을 읽을 수 있도록 유도해야 합니다.

▌▌▚▚ 초등 3학년은 변화의 시기

초등 3학년이 되면 교과목(영어 등)이 늘어나면서 책 읽기에 대한 부담도 커집니다. 이 시기에 아이들은 책 읽기를 갑자기 싫어하거나 비교적 편한 학습 만화 쪽으로 치우친 독서 경향을 보이기도 합니다. 이때는 책에 대한 흥미가 떨어지지 않도록 독서량보다는 질에 초점을 맞춰야 합니다. 본격적인 학습이 시작되는 학년이므로 교과서 읽기에 좀 더 집중하기를 권합니다.

초등 4학년이 되면 교과서 읽기와 더불어 글밥이 많은 책으로 점점 독서 영역을 넓혀야 합니다. 이 시기에는 자신에게 잘 맞는 책을 고를 수 있는 눈을 길러 주기 위해 도서관 등에서 아이가 좋아하는 책을 직접 찾을 수 있도록 시간을 주세요. 이후 서점에서 책을 구매해서 편안하게 읽게 해 주는 것도 좋은 방법입니다. 아이의 책 읽기 습관이 잡힌 다음에는 비문학 책을 읽으면 더욱 좋습니다.

독서 습관에 변화가 생기는 게 보인다면 될 수 있는 대로 본인이 읽고 싶은 책을 읽도록 지켜만 보는 게 좋습니다. 또한, 아이의 독서 나이에 맞는 추천 책을 10~15분 정도 읽어 주세요. 이 시기에 여러 교과목 학습과 논술을 위해 학원을 보내면서 책 읽기 시간을 줄이는 부모들이 많은데요. 이는 오히려 독이 될 수 있습니다. 아직 정보를 수집하고 분석해서 비판적 사고를 할 수 있는 나이가 아니기에 학원에서 기술적 습득만 하다 보면 자기 생각을 키우지 못할 수 있기 때문입니다.

▌▌▌ 초등 5학년, 국어 공부의 뿌리를 내리다

5학년부터는 중학교 입학에 대비해야 할 시기입니다. 물론 아이의 학습 수준에 따라 다르겠지만 다수의 초등맘들은 이렇게 생각합니다. 그리고 그 중심에 있는 과목이 국어입니다. 제가 인터뷰했던 입시전문가 민성원 소장님은 누구보다 국어 공부를 강조하는 분이었습니다. 국어 실력이 부족하면 어휘력이 부족해 다른 과목을 공부할 때도 의미 파악에 어려움이 생긴다고 했습니다.

그러면 어휘를 습득하기 위해 무작정 독서만 하면 되는 것일까요? 그렇지는 않습니다. 읽기, 쓰기, 말하기는 물론이고 배경지식 쌓기도 게을리하면 안 됩니다. 배경지식을 쌓기 위해서 어린이 잡지나 어린이신문을 읽는 것도 좋은 방법입니다. 여기에 유튜브와 같은 미디어를 적절히 활용하는 것도 필요합니다. 5학년이 되면 지적 호기심이 높아지는데 책이나 신문에서 접한 내용을 미디어를 통해 보충하면 유용하지요. 지식의 저장 매체가 인쇄술에서 디지털로 변환되면서 책만 보아선 이해하기 어려운 부분을 미디어를 통해 해결할 수 있게 됐으니까요. 또한, 이 시기부터는 시집을 읽고 암기하는 것도 좋습니다. 더 빠른 학년부터 시작하면 좋겠지만 그렇지 못한 친구들도 5학년부터는 시작하기를 바랍니다. 시를 읽고 외우며 집중력과 암기력을 기를 수 있습니다. 처음에는 다소 어려울 수 있기에 한 줄씩 암기하다가 점차 늘려 가면 됩니다(민성원 소장님은 저서《초등 국어 뿌리 공부법》(민성원 저, 다산에 듀, 2020)을 통해 일주일에 1편, 한 달에 2편 정도의 시 암기를 추천하였습니다).

▮▮▮ 만인의 고민, 학습 만화

독서와 관련된 수많은 질문 중에서 절대로 빠지지 않는 질문이 있습니다.

"학습 만화 읽어도 될까요? 학습 만화만 읽어서 고민이에요."

이 질문을 받으면 어릴 적 만화책을 볼 때 '너 도대체 커서 뭐가 되려고 그러냐'며 혼내던 부모님이 생각납니다. 그런데 만화를 보던 친구들이 어떻게 되었나요? 웹툰과 애니메이션을 그리는 창작자가 되거나 만화에 나오던 로봇과 인공 지능 프로그램을 만드는 개발자가 되었습니다. 물론 모두가 다 그런 것은 아니지만요.

결론적으로 만화는 얼마든지 봐도 문제가 없습니다. 다만 만화책만 편중해서 보는 습관은 문제입니다. 아무리 좋은 것도 편식하면 약이 아니라 독이 됩니다. 만화 또한 그렇습니다. 만화의 단점은 모두가 아는 것처럼 많은 어휘를 습득할 수 없다는 점입니다. 반대로 만화의 장점은 상상 속 장면들을 구체화할 수 있다는 것입니다. 또 무엇보다 재미있고요. 그리스 로마 신화의 세계관, DC 코믹스(슈퍼맨 등)의 세계관, 마블 코믹스(아이언맨 등)의 세계관을 글만으로 설명하고 이해할 수는 없습니다. 그림을 통해 현실과 같은 듯 다른 세계를 설명하면 재미도 있고 책에 대한 부담도 없습니다.

특히 역사를 공부할 때에는 학습 만화만으로도 큰 도움이 됩니다. 영국의 역사학자 에드워드 H. 카는 역사를 두고 '과거와 현재의 대화'이자 '과거의 사실과 현재 역사가의 대화'라고 말했습니다. 수많은 대화를 어떻게 다

암기할 수 있을까요. 초등 시기에는 흐름과 맥락만 파악하고 있다가 중·고등학교에 입학해서 중요한 부분을 구체적으로 암기해도 늦지 않습니다. 이렇듯 모든 책은 각각의 장단점이 존재합니다.

그럼 이제 어떻게 해야 할까요? 답은 간단합니다. 장점은 살리고 단점은 버리면 됩니다. 그렇다고 해서 저절로 책 읽는 습관이 좋아지는 것은 아니지요. 2, 3세 아이가 배변 훈련을 통해 기저귀를 떼듯이 독서 또한 바른 습관을 지니려면 부모의 꾸준한 도움이 필요합니다.

첫째, 한글을 아직 다 익히지 못한 아이에게는 학습 만화책을 잠자리 독서에서 읽기 책처럼 재미나게 읽어 주세요. 저는 이렇게 해서 아이의 어휘력을 길러 주었습니다. 둘째, 아이가 학습 만화책을 두 권 고를 때 읽기 책도 한 권 의무적으로 선택해 읽도록 하세요. 이때 아이가 선택한 학습 만화와 같은 주제의 읽기 책을 선택하는 것도 좋은 방법입니다(예: 만화 삼국지 & 이야기책 삼국지). 셋째, 도서관에서 원하는 학습 만화책을 모두 볼 수 있도록 하고 집에서는 학습 만화가 눈에 띄지 않도록 하는 것도 방법입니다. 눈에서 멀어지면 마음에서도 멀어질 수 있습니다. 넷째, 읽기 책을 읽고 나서 보상으로 주는 용돈을 모아 학습 만화를 사 읽을 수 있도록 하는 방법도 있습니다.

Q4

책 읽는 방법에
정답이 있을까요?

초등맘 카페에 "학년별로 책 좀 추천해 주세요"라는 글과 함께 많이 올라오는 질문이 "책을 어떤 방법으로 읽혀야 할까요?"입니다. 이 질문을 면밀히 살펴보면 "아이들이 독서할 때 정독이 좋을까요, 다독이 좋을까요?", "다독이 좋다면 좋아하는 책만 집중적으로 읽는 게 좋을까요, 편독해도 괜찮을까요?", "음독과 묵독 중에서는 어느 쪽이 좋을까요?", "소리 내 읽을 때 혼자 조용히 음독하는 게 나을까요, 큰 소리로 낭독하는 게 더 좋을까요?" 등 다양한 궁금증이 보입니다.

주로 초등 3학년 이상 되는 자녀를 둔 엄마들이 이처럼 질문합니다. 그림책에서 읽기 책으로 넘어가는 단계이기 때문입니다. 그리고 이 시기는 학교생활 적응을 마치고 본격적으로 학습을 시작하는 단계이기도 합니다. 그러다 보니 단순히 책을 즐기던 것에서 정보를 익히고 지식을 습득하는 쪽으로 부모들의 관심이 옮겨 가는 것도 당연하고 자연스러운 일입니다. 그렇다면 아이들은 책을 어떤 식으로 읽는 게 좋을까요? 독서의 방법은 목적(목표)과 환경, 그리고 아이의 성향에 따라 각기 다릅니다.

▮▎▏ 정독 vs 다독

아이가 책을 읽는 목적이 무엇인지 파악해야 합니다. 여기에서 목적이란 부모의 생각이 아니라, 아이가 어떤 생각을 가지고 책을 읽는가입니다. 부모가 읽으라고 하니 읽는 것인지 재미있거나 관심이 있어서 선택한 것인지에 따라 책을 읽는 방향이 달라질 수 있기 때문입니다.

아이가 부모의 바람으로 인해 책을 읽는 것이라면 집중도가 떨어질 것입니다. 이 경우는 정독하는 게 더 좋습니다. 반대로 아이가 원해서 읽는 것이라면 스스로 집중하여 재미있게 읽을 가능성이 더 높습니다. 이런 경우에는 다독을 해도 무방합니다. 독서 환경도 무시할 수 없습니다. 집 안이 분주하거나 시끄럽다면 집중도가 떨어질 것입니다. 이때는 다독보다 정독이 유리합니다.

아이의 성향도 봐야 합니다. 목적의식이 있고 책을 읽기 좋은 환경이 조성되었더라도 아이가 주변사에 관심이 많은 성향이라면 독서에 집중하지 못할 수 있습니다. 이런 경우에는 다독보다는 정독하는 것이 유리합니다. 그리고 아이가 주변 사람을 의식하는 성향이라면 집에서 책을 읽기보다는 많은 사람이 책을 읽는 도서관에서 함께 책을 보는 것도 도움이 됩니다.

▮▎▏ 다독과 편독

책을 많이 읽는다는 것은 그만큼 간접 경험을 많이 할 수 있다는 뜻입니다. 그런 경험들이 누적되면 좋은 글을 쓸 수 있는 밑거름이 됩니다. '모방은 창조의 어머니'라는 말이 괜히 나온 것이 아니랍니다. 다만 생각하지 않고 많이 읽기만 하는 것은 크게 도움이 되지 않습니다. 책 한 권을 한 장씩 읽어 나갈 때마다 사색하고 생각을 정리해 두어야 도움이 됩니다.

편독을 할 때도 아이의 성향을 잘 파악해야 합니다. 아이가 한 주제에 깊이 몰두하는 것을 좋아하는지, 아니면 다양한 것을 체득하기를 선호하는지 알아야겠죠. 부모 입장에서는 다양한 독서 경험을 통해 어휘력이 향상되길 원하겠지만, 책을 고를 땐 부모가 아니라 읽는 아이의 성향을 고려하는 게 중요합니다. 자칫 잘못하다가는 아이가 책 읽는 것 자체를 멀리할 수도 있기 때문입니다.

특정 분야에 편중해서 책을 읽는다고 너무 걱정할 필요는 없습니다. 아무리 맛있는 것도 그것만 먹다 보면 식상해하는 날이 꼭 옵니다. 위대한 수학자가 과학자가 되고 그 과학자가 곧 미술가인 경우도 있습니다. 한마디로 모든 분야는 결국 연결된다는 이야기입니다.

▌▊▙ 음독 vs 묵독 및 속독

책을 소리 내 읽는 것과 눈으로만 읽는 것 또한 환경과 아이의 성향을 고려하여 결정해야 합니다. 주변이 시끄러워서 집중이 잘 안 된다거나, 아이가 여러 분야에 관심이 높을 경우에는 집중도가 떨어질 것입니다. 이때 음독하는 것이 좋습니다. 음독은 뇌 과학적으로도 오래 기억하는 데 도움이 됩니다. 사람의 기억 장치는 머리 뒤쪽에 있는데 안면부에 있는 눈으로만 읽으면 기억 장치로 이동하는 중에 많은 내용이 사라질 수 있습니다. 반면에 귀는 머리의 중간에 있기에 눈으로 보고 소리 내 읽으면 머릿

속에 하울링이 생겨 더 오래 기억할 수 있습니다.

책을 소리 내어 또박또박 읽는다는 것은 글자를 정확하게 보고 있다는 방증입니다. 묵독 및 속독으로 글을 흘려 읽는다면 정확하게 소리 내 읽을 수 없습니다. 그러므로 음독은 책 속의 글을 정확하게 보고 있는지 스스로 확인하는 방법이기도 합니다. 음독이 좋은 방법이긴 하지만 읽는 시간이 너무 오래 걸린다는 단점이 있습니다. 그러니 책 읽기를 싫어하는 아이라면 소주제 기준으로 읽을 분량을 정해 주는 것이 좋습니다.

묵독은 집중도가 높은 아이에게 좋습니다. 음독은 책 읽는 속도가 빠를 수 없기에 집중력이 좋은 아이들에게는 매우 답답할 수 있습니다. 또한, 처음 접하는 학습 과목은 묵독으로 전체를 빠르게 읽고 여러 번 반복 학습해야 지식 습득에 도움이 됩니다.

▌W 음독 vs 낭독

음독이 혼자 조곤조곤 소리 내 읽는 것이라면 낭독은 다른 사람이 들을 수 있도록 크게 읽는 것을 말합니다. 낭독은 아이보다 부모가 책을 읽을 때 활용하면 좋습니다. 만약 엄마가 책을 읽고 있다면 아이들은 심리적으로 압박을 받습니다. 왠지 나 보라고 저러는 것 같아서요. 당연히 그런 의미도 있지만 아이에게는 이렇게 말해 보세요.

"너 책 읽으라고 부담 주는 거 아니야. 소리 내 읽으면 머릿속에 내용이 더 잘 들어와서 그래."

부모가 낭독해서 책을 읽으면 얻는 것이 또 있습니다. 바로 듣기 독서가 됩니다. 아이들은 항상 귀가 열려 있습니다. 특히 집중력이 약하고 산만한 친구들은 주변의 영향을 많이 받죠. 이럴 때 부모의 낭독은 아이의 귀를 계속 자극합니다. 엄마 아빠가 책을 읽지 않는다고 해도 CD 등을 틀어 놓으면 아이의 어휘력이 늘고 독서에 대한 거부감은 줄어듭니다.

아이가 둘이라면 첫째가 동생에게 낭독해 주거나 서로 번갈아 가며 낭독하는 것도 좋은 방법입니다. 마치 부모가 잠자리 독서를 해 주듯이요.

Q5

교과서 읽기가
중요한가요?

　　많은 학부모가 교과서 읽기를 중요하게 여깁니다. 네이버 초등맘 카페를 통해 1,000명에게 설문 조사를 진행했는데요. 그 결과 교과서 읽기를 시작해야 할 시점이 초등 1학년이라고 답한 사람이 563명으로 전체 투표자 중 81.8%나 되었습니다. 그렇다면 교과서 읽기를 실제로 시작한 시점은 어떨까요? 참여자 1,000명 중 초등 1학년 때부터 교과서 읽기를 하고 있다는 사람이 459명으로 전체 투표자 중 68.8%를 차지하였습니다. 조사 결과만 봐도 학부모들이 독서에 있어 교과서 읽기를 얼마나 중요하게 생각하는지 알 수 있습니다.

　　실제 초등 고학년을 둔 학부모이자 초등학교 교사이던 이은경 선생님(《초등 자기주도 공부법》(이은경·이성종 저, 한빛라이프, 2020)의 저자)은 이에 대해 어떻게 생각하고 있을까요? 교과서 읽기의 좋은 점과 주의해야 할 점, 교과 연계 독서의 시작 시기와 효과에 대해 물어보았습니다. 이은경 선생님은 교과서 읽기는 기본적인 문해력을 키우는 동시에 교과 내용 복습을 돕는 가장 기본적이고 효율적인 독서법이라고 말합니다. 또한 잘 활용한다면 그 어떤 공부, 독서보다 효과가 크지만 주의해야 할 부분도 분명하다고 부연합니다.

▮▮▮ 교과서 읽기의 효과

교과서를 읽을 때의 효과는 크게 세 가지입니다. 첫째, 교과서를 어렵지 않고 친근하게 느끼게 합니다. 교과서 내용을 낯설고 어렵게 느끼는 아이가 많습니다. 그 때문에 교과서를 기반으로 하는 학교 수업에 집중력이 떨어지기 쉽습니다. 반대로 자주 접하고 내용을 이해하기 쉬워지면 조금 더 관심이 가게 되겠죠.

둘째, 해당 학년에서 반드시 알아야 할 기본적인 개념과 어휘 습득에 유리합니다. 초등 아이들의 학습량은 눈에 띄게 늘고 있지만 어휘력은 더디게 성장하는 현상에 주목해야 합니다. 문제 풀이, 사교육 수업에 많은 시간을 쏟느라 생긴 일이며 이에 대한 대안이 교과서 읽기가 될 수 있습니다.

셋째, 교과 내용을 자연스럽게 복습할 수 있습니다. 오늘 학교에서, 혹은 온라인 수업에서 배운 내용을 복습하는 방법은 여러 가지가 있지만 교과서 읽기만으로도 충분할 때가 많습니다. 수업을 듣고 문제를 풀기에 앞서 교과서의 내용을 확인하는 습관이 필요한 이유입니다.

▮▮▮ 교과서 읽기 독서에서 주의할 점

뚜렷한 효과가 있음에도 불구하고 교과서 읽기를 신행할 때 주의

할 부분이 있습니다. 이 점을 놓치고 강행하느니 차라리 하지 않는 편이 나을지도 모르니 유념하세요.

첫째, 교과서 읽기는 독서보다 학습에 가까운 활동입니다. 독서의 단계를 높이기 위함이 목적이라면 재미있는 이야기로 글밥을 늘려 가는 단행본 위주의 독서가 훨씬 효과적입니다. 교과서 읽기는 학습 목적임을 분명히 전제로 하고 시작해 주세요.

둘째, 교과서는 지루하다는 점을 공감해 주세요. 교과서의 내용은 초등 아이들이 보통 접하는 단행본 내용에 비해 지루하게 느껴지는 편입니다. 아이가 지루하고 힘들다고 할 때 충분히 그 마음을 헤아려 주세요.

셋째, 읽은 내용을 정리해 보는 습관을 길러 주세요. 단순한 읽기가 익숙해지면 읽은 내용을 말과 글로 정리해 보는 것도 유익한 활동입니다. 강요하지 않되, 아이가 하나씩 표현해 볼 수 있는 분위기를 만들어 주세요.

과목마다 교과서의 내용과 연계된 도서들도 목록으로 정리되어 있습니다. 저학년 때부터 한 권씩 읽기를 시도해 보면 좋습니다. 필수는 아니기 때문에 숙제로 느낄 필요는 없지만, 아이에 따라서는 연계 도서를 통해 수업에 자신감을 갖고 배경지식을 확장해 가는 경우도 있거든요. 다만 전혀 흥미를 보이지 않는 아이라면 강요하지 말고 교과서 읽기와 이야기책 독서를 분리해서 진행하는 방법을 추천합니다.

Q6

독서를 위한 기초 다지기 활동이
따로 있나요?

모든 독서는 어휘가 관건입니다. 어휘를 모르면 책을 읽다가 자꾸 멈추게 되고 이해가 되지 않으니 재미 없어집니다. 어휘 문제는 비단 독서에만 국한되지 않습니다. 수학이나 과학 등 다른 교과 과정에서도 문장을 잘 이해하지 못해 문제를 틀리는 경우가 많으니까요. 어휘 실력은 학습에 있어 가장 중요하며 아이들은 어휘력을 늘기기 위해 책을 읽는 것이기도 합니다. 그러나 무리하게 어휘를 늘리려다가 오히려 아이가 책에 대한 반감이 높아질 수 있으니 천천히 자연스럽게 습득하는 게 좋습니다.

▎▎◥◣ 태산도 한걸음부터

아이의 독서를 가만히 보노라면 무언가 도와줄 일은 없을까 싶을 것입니다. 그럴 땐 아이에게 형광펜을 선물해 보세요. 책을 읽다가 무슨 의미인지 모르는 단어가 나오면 과감하게 색칠하라는 말을 전하면서요.

그렇게 책을 한 권 읽고 난 다음에는 아이가 색칠한 단어의 뜻을 사전에서 함께 찾아보세요. 완독 후 사전을 통해 찾아보라고 이야기하는 이유는, 당장에 해당 단어의 뜻을 이해하지 못하더라도 읽다 보면 문장 속에서 의미를 상상하고 유추할 수 있기 때문입니다. 독서 후 사전을 통해 유추의 결과를 확인함으로써 스스로 문제를 해결해 나가는 능력도 기를 수 있습니다. 또 모르는 문장이 나왔다고 그 자리에서 바로 사전을 찾다 보면 흐름이 끊어져 읽는 즐거움이 사라질 수 있습니다.

다만 이렇게 하는 게 모든 아이에게 좋은 것은 아닙니다. 아이의 성향에 따라 다를 수 있습니다. 궁금한 게 생기면 앞으로 나아가지 못하는 아이라면 단락이 끝날 때마다 사전 찾기를 하는 게 좋습니다. 이러한 유형의 아이들은 부모에게 이건 무슨 말이냐며 대답해 줄 때까지 끊임없이 물어봅니다. 자칫 부모의 분노가 폭발할 수 있죠. 그러니 이런 친구들에게는 스스로 찾아볼 수 있는 사전이 필요합니다. 부모가 살아남기 위해서라도요.

'이해하지 못하는 어휘는 사전에서 찾아보세요'라고 이야기하면 이렇게 질문하는 분들이 있습니다.

"사전도 종류가 많은데요, 어떤 걸 사용해야 할까요?"

제 이야기가 정답일 순 없겠지만 처음 사전을 이용할 때는 종이 사전을 찾아보라고 권하곤 합니다. 수많은 이유 중 하나만 꼽자면 스마트폰 중독을 방지하기 위해서입니다. 요즘은 스마트폰 앱을 통해 너무나도 좋은 사전들이 많이 나옵니다. 그런데 과연 아이들이 스마트폰으로 모르는 단어만 찾아보고 말까요? 어른도 스마트폰을 한번 잡으면 관심 없던 뉴스 기사라도 보게 되는 걸요. 스마트폰에는 아이들을 유혹하는 흥밋거리가 너무 많습니다.

그러니 되도록 손에 쥐지 않게 하는 것이 좋겠지요. 선택지에 종이 사전과 전자 사전만 있다면 전자 사전을 이용하는 것도 괜찮습니다.

한자 공부가 필요한 이유

한글이 과학적이고 독창적인 언어라는 것은 한국인을 떠나 언어학자라면 누구나 아는 사실입니다. 그런데 우리말은 중국 한자의 영향 또한 많이 받았습니다. 반복적인 독서가 맥락상 의미를 추측해 나가는 데 도움을 주는 것과 달리, 한자를 공부하면 한 글자 한 글자에 담긴 정확한 의미를 즉각적으로 알게 됩니다.

특히 고학년으로 올라갈수록 한자의 의미를 아는 것은 큰 도움이 됩니다. 당장 고전을 읽을 때부터 효과가 나타나죠. 한자 공부는 매일 한 글자씩 하면 좋지만 가르쳐 주는 부모도, 공부하는 아이도 부담이 클 수 있습니다. 따라서 방학 때 하루에 두 자 정도씩 공부해 나가는 것을 추천합니다(이 책의 추천사를 쓴 이서윤 선생님이 권하는 방법입니다). 그렇게 한자를 조금씩 익힌 후에 방문 학습지 등을 활용한다면 더 큰 효과를 볼 수 있습니다.

Q7

부모가 독서 활동에 어디까지
개입해야 할까요?

기존에 독서를 권장했던 이유가 지식 습득에 있었다면 앞으로는 문해력과 사고력 증진에 있어야 합니다. 코로나 이후 사회는 급격히 변해 가고 있습니다. 빅 데이터를 기반으로 한 인공 지능의 발달은 교육 분야뿐만 아니라 사회 전반에 걸쳐 급격한 변화를 예고하고 있죠. 이제 AI 스피커나 유튜브 등 다양한 채널을 통해 엄청난 양의 정보를 손쉽게 얻을 수 있기 때문에 많이 암기해서 성공하는 시대는 저물었습니다. 새로운 시대를 살아갈 우리 아이들에게는 획득한 수많은 정보를 양질의 지식으로 구분하는 능력이 필요합니다.

또한, 이를 토대로 얼마만큼 현명한 결정을 내리는지도 중요하죠. 이런 판단과 결정에 있어서 독서는 절대적인 경험치를 제공하고, 사고력을 기를 수 있는 핵심적인 역할을 할 것입니다.

▌▌\\ 언제까지 책을 읽어 주어야 할까

독서는 아이들의 상상력과 사고력 및 판단력을 기르는 최고의 도구입니다. 그러나 어떤 좋은 도구도 처음부터 잘 다루는 사람은 없습니다. 인류가 프로메테우스로부터 불을 받아 동물과 구분되는 삶을 살기 시작하고 지성을 얻은 것처럼, 아이들은 부모로부터 책을 처음 접하고 부모가 읽어 주는 이야기를 통해 세상을 살아가는 지혜를 얻습니다. 그렇다면 아이에게 책을 언제까지 읽어 주어야 할까요?

상당수 부모들은 유치원 때까지만 해도 책을 잘 읽어 주다가 아이가 초등학교에 입학하면서부터 책 읽기 독립을 기대하기 시작합니다. 부모도 사람이라 지치고 힘들면 이런 마음이 생기지 않을 수 없습니다. 저도 여느 부모와 다르지 않답니다. 하지만 아이가 웃으며 책을 들고와 읽어 달라고 하면 읽어 주지 않을 수가 없죠. 그러다 하루는 아들에게 물어보았습니다.

"아빠가 책 읽어 주는 게 왜 좋아? 그냥 아빠 무릎에 앉아 있는 게 좋아서 그래?"

아들은 이렇게 대답했습니다.

"그것도 좋지만, 아빠가 읽어 주면 다 재미있어."

재미! 그렇습니다. 좀 어려운 어휘가 나와도 부모가 읽어 주는 것에 따라 아이들은 재미있게 받아들일 수 있습니다. 초등학교 입학 전에는 한글을 잘 몰라 부모가 책을 읽어 주었다면, 입학 이후에는 학습과 연계한 독서를 해도 책 읽기가 여전히 즐겁다는 사실을 알려 줄 수 있습니다. 자칫 책과 멀어질 수 있는 아이들도 지식 탐구를 통해 희열을 느끼도록 부모가 도와야 합니다.

유아기와 달리 책을 고정적인 시간에 읽어 주지 않아도 괜찮습니다. 아이들이 책 읽어 주기를 거부하지 않는다면 하루 5분도 좋고 주말에만 읽어 주어도 무방합니다. 아이들은 단락을 기준으로 읽기를 하지만 부모는 읽어 주는 시간을 정한 다음 시작해도 좋습니다. 이야기가 한참 재미있는데 정해진 시간이 끝나면 어떻게 될까요. 다음 내용이 궁금해서라도 못다 읽어 준 부분을 아이가 스스로 읽게 될 것입니다.

▌▌◣◥ 도서관 투어

독서 환경을 만들어 줄 때 가장 많이 하는 방법이 바로 도서관과 서점 투어죠. 그런데 아이들 손 잡고 도서관에 가기만 하면 끝나는 것일까요? 그렇지 않습니다. 일단 도서관에 가기 전 아이가 읽고 싶은 책이 무엇인지 리스트를 작성할 수 있게 도와주세요. 도서관에 도착하면 미리 준비해 둔 리스트를 토대로 읽고 싶은 책이 어디에 있는지 검색하는 법을 알려 주세요. 찾은 책을 그 자리에서 읽을지 대출할지를 결정하도록 하고, 대출을 결정했다면 아이가 직접 대출할 수 있도록 해 주세요.

책을 도서관에서 읽고 오는 경우라면 저학년일수록 학습 만화를 집이 아닌 도서관에서만 보게 하는 것도 좋습니다. 집에서 학습 만화책을 보게 되면 지속해서 학습 만화책을 집으로 가지고 오려는 경향을 띨 수 있습니다. 아직 학습 만화에 물들지 않은 저학년 친구들이라면 도서관에서 편하게 볼 수 있도록 유도해 주세요. 대신 집에서는 글줄 책만 읽도록 권장해 독서 습관을 만드는 것이 부모의 역할입니다.

▌▌◣◥ 보상을 통한 동기 부여

독서를 좋아하는 아이보다 그렇지 않은 아이들이 더 많을 수 있습니다. 본래 독서의 목적은 지식을 쌓거나 호기심을 해결해 가는 과정에 있을 텐데요. 많은 부모가 독서를 학습, 즉 성적과 연관을 지어 생각하기 때문에 아이들은 책을 읽을 때마다 스트레스를 받곤 합니다. 이러한 아이라면 독서 후 적절한 보상이 필요합니다.

보상을 해 줄 때에는 보상 범위와 규칙, 그리고 보상 금액의 상한선까지 아이와 상의한 후 명확하게 정해야 합니다. 그래야만 책을 읽는 이유 즉 동기 부여를 아이에게 분명히 해 줄 수 있습니다. 돈 벌고 싶은 욕심은 있어도 일하고 싶은 욕심은 없는 어른들도 많습니다. 아이들도 마찬가지입니다. 그렇기에 동기 부여는 매우 중요합니다. 내가 원하는 것을 얻을 수 있어야 독서를 하는 확실한 목표가 생깁니다.

다만 이런 보상이 단기간에 획득할 수 있는 것이 되어서는 안 됩니다. 동기 부여의 목적은 독서의 습관화이기 때문입니다. 아이와 상의해서 짧은 보상은 일주일 단위로, 큰 보상은 한 달 단위로 이루어질 수 있도록 합의하는 것이 중요합니다.

2장

초등맘이 키워 줘야 할

우리 아이 독서 습관 7

Q8

독서 시간은
어느 정도가 적당한가요?

우리는 어떤 약속이나 계획을 세울 때 항상 시간을 기준으로 합니다. 방학 계획표를 짤 때도 마찬가지입니다. '9시부터 12시까지 독서, 13시부터 15시까지 영어학원' 이렇게 시간 중심으로 계획표를 작성합니다. 그런데 이 시간 개념이 아이들의 즐거움을 방해할 수도 있다는 사실을 아시나요?

예를 들어 아이가 닌텐도 스위치 자동차 경주 게임을 한다고 가정해 봅시다. 아이는 게임을 10분만 하기로 엄마와 약속했습니다. 친구들과 신나게 레이싱 대결을 하고 있었고, 현재 1위! 결승까지 이제 한 바퀴 남았는데 약속한 시간이 다 되어 엄마가 게임을 중단시켰다면 아이는 어떤 기분이 들까요? 화가 나고 불만스럽겠죠. 게임을 비롯한 행위는 시간이 아닌 몇 스테이지 또는 몇 경기나 몇 회로 약속을 정하는 게 좋습니다. 무엇이든 마무리는 지어야 불만이 생기지 않으니까요. 불만은 즐거움을 빼앗아 가는 요소입니다. 공부든 게임이든 즐겁지 않으면 자기 주도적으로 할 수가 없답니다.

▌▌▚▌ 단락 중심 책 읽기

독서가 습관이 되려면 가장 중요한 건 첫째도, 둘째도 즐거움! 바로 책을 좋아해야 한다는 것입니다. 좋아하지도 않는데 부모님 눈치 보며 읽는 척 시늉만 해서는 지식을 내 것으로 만들 수 없다는 걸 우리 모두 잘 알고 있습니다. 누구나 학창 시절에 직접 경험해 봤을 테니까요.

그래서 저학년 시기에 부모가 책을 읽어 주는 것과 더불어 아이 스스로 읽기 독립을 해야 합니다. 읽기 독립을 할 때에도 아이가 직접 선택한 책으로 매일 조금씩 읽는 습관을 만들어야 합니다. 이때는 묵독보다 음독이 좋습니다. 음독을 하면 책 읽기가 더욱 힘들 수 있으므로 책 읽기 시간을 짧게 해 주는 것이 핵심입니다. 때문에 하루에 읽을 분량을 시간이 아닌, 한 이야기의 단락 끝으로 정하는 것이 좋습니다.

반대로 시간을 기준으로 한다면 책 읽는 시간을 30분으로 정해도 아이가 보는 둥 마는 둥 하다가 끝낼 수 있습니다. 아시죠? 문제집 풀 때 30분간 풀게 하면 한 문제를 30분 내내 풀고 끝! 그런데 한 문제만 틀리지 않게 풀고 놀자고 하면 5분 이내에 후다닥 풀어 버리잖아요. 독서도 읽는 시간보다 목표 달성에 중점을 둘 때 집중력을 높일 수 있습니다.

▌▌▚▌ 하루 권장 독서 시간

앞서 독서는 시간보다 단락을 기준으로 하는 게 좋다고 이야기했습니다. 그런데 많은 부모가 시간을 기준으로 아이들의 독서량을 정합니다.

그렇다면 하루에 얼마나 독서를 하는 게 좋을까요?

초등맘 카페에서 500명을 대상으로 설문 조사를 한 결과(학년 무관) 244명(44.8%)은 하루에 한 시간 미만의 독서가 적당하다고 답했습니다. 그다음으로는 30분 미만이 145명(29%)이었습니다. 이 결과를 두고 보았을 때 초등맘 상당수는 아이가 책을 하루에 30분 이상 읽어야 한다고 생각하는 것을 알 수 있습니다.

그러나 엄마들의 바람과는 달리 현실은 녹록하지 않습니다. 많은 부모가 초등 5, 6학년이 되면 선행 학습을 위해 독서 시간을 줄입니다. 일부러 줄이지 않더라도 학교 숙제와 학원 숙제를 비롯해 교과목 학습 및 문제 풀이 등으로 인해 독서 시간을 만들기가 쉽지 않습니다.

그렇지만 어떤 환경 속에서도 독서는 최우선이 되어야 합니다. 초등 시기에는 선행보다 현행이 중요하며, 현행은 독서와 함께 이루어져야 합니다. 아이가 스스로 학습함에 있어 기술적인 도움이 필요한 경우가 아니라면 가급적 학원 시간을 줄이고 독서 시간을 늘려 주세요.

초등맘 카페에 진심을 담아 올린 한 엄마의 사례를 소개합니다.

"저는 고등학생의 엄마예요. 아이가 초등 5, 6학년이던 시기에 주변 엄마들은 선행 학원에 등록하며 아이들의 독서 시간부터 줄이더라고요. 그때 저는 오히려 제 아이의 독서 시간을 확보해 줬습니다. 특히 주말엔 아이가 원하는 책을 도서관에서 빌려 보게 했어요. 중학교에 입학한 뒤로 독서 시간이 조금 줄었지만 궁금한 주제와 관심 분야의 책은 꾸준히 읽더라고요. 아이는 깨닫는 게 있어야 스스로 움직여요. 아이의 독서 시간을 꼭 확보해 주세요. 하나 더한다면 주 3회 이상 땀 뻘뻘 흘리며 운동하기도요. 꾸준한 체력 관리도 잊으면 안됩니다."

독서는 본인이 진심으로 좋아하고 즐겨야 지속적으로 이루어질 수 있고 그 중요성도 알게 됩니다. 그러려면 독서를 충분히 경험해야 합니다. 평일에 독서 시간을 도저히 확보할 수 없다면 주말을 활용해 보세요.《공부머리 독서법》의 저자 최승필 작가님을 비롯해 많은 독서 전문가들은 일주일에 꾸준히 두 시간의 독서 시간을 고등학교 때까지 이어 가면 문해력과 지식 쌓기에 큰 도움이 된다고 말합니다. 당장 눈에 보이는 성적보다 미래를 보고 아이에게 충분한 독서 시간을 확보해 주세요.

교과 관련 독서와 취미 독서, 어떻게 구분해야 할까요?

하루 또는 한 주 혹은 한 달에 몇 권을 읽어야 할지, 또는 몇 시간을 읽어야 할지에 대한 부분은 앞서 다루었으니 이번에는 양과 질에 관해 이야기해 볼까 합니다.

여러분은 한 달에 몇 권의 책을 읽나요? 아마 이런저런 이유로 바빠서 아예 읽지 못한다거나, 한 두 권 읽기도 쉽지 않다고 답하는 분들이 많을 겁니다. 그럼 우리 아이들은 어떨까요?

최근에 한 광고를 보았습니다. 아빠가 아이에게 '넌 얼마나 편하냐, 아빠처럼 돈 번다고 힘들 일도 없고'라며 출근길에 나서는 순간, 아빠는 아이 대신 교실에 그리고 학원에 앉아 공부를 합니다. 잠시 뛰어놀 틈도 없이 늦은 밤이 되어서야 집으로 돌아올 수 있었죠. 광고가 보여 주듯 요즘 아이들은 어른 못지않게 시간이 모자랍니다. 과도한 학습 때문에 뛰어놀 시간조차 부족합니다. 그런데도 아이들은 오늘도 책을 읽고 있습니다. 아이들은 책을 읽으며 행복할까요?

▮▮▧ 아이에게 더 큰 도움을 주고 싶은 부모의 욕심

아이들의 독서 습관을 만드는 데 있어서 가장 방해되는 것이 바로 부모의 욕심입니다. 아이들이 즐겁기만 하면 다 좋다는 마음과 어휘력을 길러 서술형 문제를 잘 풀었으면 좋겠다는 별것 아닌 듯한 바람의 차이를 아이들은 용케 알아봅니다. 성적이라는 줄 세우기는 어른들에게도 힘겨운 일입니다. 그러니 아이들은 오죽할까요. 그런데도 수많은 부모가 오늘도 '교과 관련 독서와 취미 독서를 어떻게 구분해 읽혀 주어야 할까요?'라고 묻습니다. 저는 이렇게 답을 드리고 싶네요.

"구분하지 마세요. 아이가 읽고 싶어 한다면 무엇이든 고마운 마음으로 마음껏 읽을 수 있게 해 주세요."

'그럼에도 불구하고'라는 말이 있죠. 부모로서 '그래도 내 아이에게 도움이 된다면'이라는 단서를 포기할 수가 없을 것입니다. 자, 그럼 부모들은 평소 책을 어떤 식으로 구분해 읽게 할까요? 교과 관련 도서는 학교 권장 도서, 필독 도서, 추천 도서 세 가지를 하나로 묶고 그 외 동화나 학습 만화, 단행본은 취미 도서로 묶어 구분합니다. 다른 방법으로는 교과서에 실린 도서만 구분해서 읽게 하고 다른 건 구분 없이 취미 도서로 나누기도 합니다.

교과와 관련된 책을 읽으면 배경지식이 많아져 좋습니다. 하지만 독서 습관이 잡힌 초등 고학년이 아니라면 아이의 관심사 위주로 독서하는 게 좋습니다. 무엇인가를 읽고 느끼고 생각하는 즐거움을 충분히 알고 독서가 습관이 되도록 해 주는 것이 무엇보다 중요하기 때문입니다. 그 이후에 교과 연관 분야에 관심이 생기면 지식 책을 슬쩍 권해 보세요. 아울러 학교 추천, 학년별 추천이라는 책 중에는 《어린 왕자》(생텍쥐페리 저, 1943)와 같이 개개인의 수준에 따라 읽을 수도, 읽지 못할 수도 있는 책들이 혼재되어 있습니다. 자칫 독서에 대한 흥미가 단번에 떨어질 수도 있으니 교과 관련 도서를 추천할 때는 꼼꼼히 살펴본 후 권해야 합니다.

▮▮◣ 구분 없이 일주일에 한 권만 성실히 읽자

매주 책 한 권을 단락 위주로 나누어 읽는 방법을 추천합니다. 많은 권수를 읽기보다 아이가 부담 없이 책을 읽고 쉬어 갈 수 있는 단락 위주로 음독하는 것이지요. 조금씩 내용을 읽고 생각하고 이해하면 아이들은 분명 책에서 얻을 수 있는 즐거움을 찾아낼 것입니다.

책에 대한 이해도가 높아질수록 아이들은 스스로 뿌듯함을 느낍니다. 이때 좋아하는 책 위주로 취미 독서를 하되, 고전이나 깊이 있는 지식 도서를 살짝 끼워 넣어 함께 읽으면 좋습니다. 월·화·목·토는 취미 도서를, 수요일엔 고전을 읽는 방식으로요. 물론 이런 끼워 넣기 독서를 언제 할지는 아이와 상의해 결정하면 됩니다. 단락으로 끊어 읽기 때문에 큰 어려움을 느끼지 않는 선에서 고전을 즐길 수 있고, 요즘은 고전 내용을 부연 설명해 주는 미디어도 많아서 무리 없이 읽어 나갈 수 있습니다. 초등 고학년에서 중학교로 넘어가며 독서가 습관화되었다면 책을 읽을 때마다 간단한 줄거리, 느낀 점, 이 책을 통해 내가 얻은 점 등을 노트에 정리해 두면 학습에 큰 도움이 됩니다.

Q10

독서량, 글밥의 양을 어떻게
늘려 갈 수 있을까요?

무엇이든 억지로 하게 되면 결국 탈이 나기 마련입니다. 독서량과 글밥 양을 늘리는 일 또한 강제로 한다고 해서 되는 것이 아닙니다. 앞에서 언급한 것처럼 아이가 책을 좋아하고 책이 재미있어야 가까워질 수 있습니다. 책뿐이겠습니까. 공부 또한 그러합니다. 학교 선생님을 좋아할 때 해당 교과목도 더 잘하고 싶어집니다. 선생님께 잘 보이고 싶고 칭찬받고 싶으니까요. 책을 쓴 작가 역시 선생님과 같은 존재입니다. 좋아하는 작가의 책은 읽지 말라고 해도 밤을 새워 읽습니다. 이 모든 것은 좋아하는 일이기에 가능한 것입니다.

좋아하는 마음은 주변으로도 퍼지게 됩니다. 실례로 저의 글쓰기 스승인 이은경 선생님의 경우에는 자녀 교육과 관련된 본인의 생각을 글과 유튜브 영상으로 공유하고 있습니다. 책을 읽고 영상을 본 많은 분들이 이은경 선생님을 좋아하게 되었습니다. 그런 부모를 옆에서 보던 아이들은 엄마 아빠가 무엇을 좋아하는지 살폈죠. 그러다 글쓰기를 돕고자 올린 '매생이 클럽'이라는 영상을 본 후 아이들은 엄마 아빠처럼 이은경 선생님을 좋아하게 되었습니다. 이후 아이들은 매생이 클럽에 올라오는 다양한 주제의 영상을 보며 자기 생각을 댓글로 적었습니다. 평소 글쓰기를 싫어하던 아이도 조금씩 글쓰기에 재미를 느끼게 된 것입니다. 이렇듯 좋아하는 마음은 나뿐만 아니라 또 다른 누군가의 마음을 움직이게 합니다.

❚❚❲❱ 좋아하는 것에 날개를 달다

독서량을 늘리려면 아이가 무엇을 좋아하는지 알아내야 합니다. 좋아하는 게 명확한 아이는 어렵지 않게 이 문제를 해결할 수 있습니다. 저희 아이는 애니메이션 '포켓몬스터'를 좋아합니다. 저희 아이와 친한 친구도 이 애니메이션을 좋아하는데요. 두 아이는 만나기만 하면 각자가 아는 포켓몬에 대해 설명하느라 바쁩니다. 저는 이러한 아이의 성향을 파악해 포켓몬들의 특징, 가장 강한 몬스터, 전설 포켓몬 등을 다룬 긴 글도 함께 읽곤 합니다. 캠핑장에 아이가 좋아하는 책을 가지고 가서 텐트 안에서 읽기도 하고 말이죠.

강아지를 좋아하는 아이라면 〈드래곤빌리지 학습도감〉 시리즈의 《애견천국》(하이브로 저, (주)하이브로, 2018)이라는 책을 추천합니다. 강아지와 주인의 이야기를 다룬 이 책은 강아지의 외양을 표현한 그림과 그 특징을 설명하는 글줄이 잘 어우러져 있습니다.

좋아하는 분야와 관련된 내용을 접하면 자연스럽게 깊이 있는 내용의 책이나 연계된 시리즈물로 독서 영역이 확장될 수 있습니다. 아이들은 자신이 아는 지식을 주변인과 친구들에게 뽐내고 싶어 하니까요. 그러므로 좋아하는 분야가 명확할 때는 그 분야를 깊이 이해할 수 있는 도서를 중심으로 읽게 하면 좋습니다. 굳이 억지로 독서의 다양화를 시도할 필요가 없습니다.

▌▌Ⅵ▌ 좋아하는 게 없는 아이

좋아하는 게 없는 친구들은 독서량을 늘리기가 쉽지 않습니다. 관심이 없으니 어떤 것도 읽고 싶지 않겠지요. 이런 아이는 책 놀이를 추천합니다. 전안나 작가와의 인터뷰 영상을 통해 전해 드린 바 있는데요. 질문 배틀이나 보물 책 찾기 게임을 통해 책에 대해 부정적인 감정을 가지지 않도록 해 주면 점점 독서를 좋아하는 아이로 바뀔 수 있습니다. 당연히 게임에 보상은 필수입니다.

질문 배틀을 위해서는 부모와 아이가 같은 책을 읽어야 합니다. 각자 책을 읽고 나서 포스트잇 한 장당 하나의 질문을 적어 통에 넣습니다. 그런 다음 통에서 포스트잇을 한 장씩 꺼내어 적혀 있는 질문을 상대방에게 하는 것이죠. 비록 부모라도 아이는 이기고 싶을 것입니다. 이기면 보상도 있으니까요. 그러기 위해서는 점점 더 많은 분량을 읽을 수밖에 없게 되죠. 적당한 승리욕과 보상을 통해 아이의 독서량을 늘려 가는 방법입니다.

보물 책 찾기 게임은 부모가 출근 전이나 외출 전에 미션 종이를 아이가 발견하기 좋은 곳에 숨겨 둡니다. 아이의 신발 속, 냉장고와 벽 틈새 등에 말이죠. 아이가 보물 종이를 찾으면 그 안에 책과 관련된 질문이 나오도록 하는 것입니다. 예를 들어 어떤 책에 대한 힌트를 적어 놓고 그 책을 찾도록 한다거나, 책 속 한 구절을 적어 놓고 그 문장이 나오는 책을 찾게 하는 식이죠. 게임을 하려면 자연스럽게 책을 읽을 수밖에 없습니다. 그러다 뜻밖에 재미를 느끼는 책을 만난다면 자연스럽게 읽는 양도 늘기 시작합니다.

⬛⬛ 기술적 접근

책 읽는 습관이 없는 아이들은 책만 보면 지레 겁부터 날 수 있습니다. 책이 눈에 보이는 것 자체가 부담인 거죠. 이럴 때는 부담감을 줄여 줘야 합니다. 책을 사서 하루에 한 장씩 오려 아이에게 한 쪽만 읽도록 하거나 부모가 읽어 주세요. 하루에 한 쪽 읽는 걸 부담스러워할 친구는 많지 않으니까요.

그렇게 '이 정도쯤이야'라고 여길 때 한 쪽에서 두 쪽으로 분량을 늘려 보세요. 그렇게 조금씩 눈에 띄지 않게 늘려 가다가 단락 위주 독서를 시도하면 됩니다. 단 분량이 적을 때는 꼭 소리 내 읽도록 해야 합니다. 그래야 적은 분량의 어휘라도 내 것으로 만들 수 있습니다.

Q11

독서 분야의 다양화는
어떤 방식으로 해 나가면 될까요?

"우리 애는 보던 책만 반복해서 읽어요."

"우리 애는 공룡 책에만 빠져 살아요."

"어떻게 해야 아이가 책을 골고루 읽을까요?"

수없이 들어 온 질문입니다. 그런데 이 질문들 뒤에는 독서에 대한 부모의 잘못된 선입견이 반영되어 있습니다. 음식을 골고루 먹어야 좋은 것처럼 독서 편식도 금물이라는 생각이죠.

그런데 독서는 밥 먹는 것과는 다르답니다. 편식하게 되면 영양의 균형이 깨지면서 발육과 건강에 악영향을 주기 때문에 골고루 먹어야 합니다. 하지만 독서는 필수 영양소라기보다는 지식에 가깝습니다. 그러므로 독서에서 편식이라는 말은 적합한 표현이 아닙니다. 독서는 하나의 문화, 즉 개인적 관심사로 받아들여야 합니다. 같은 맥락에서 영화도 하나의 문화 생활로 인정되지요. 각자가 좋아하는 영화 장르가 있고 그 장르의 영화만 본다고 해서 잘못됐다고 하지 않습니다. 독서도 마찬가지입니다. 개인 취향에 따라서 좋아하는 장르의 책을 읽으면 됩니다. 그러므로 아이가 비슷한 종류의 책이나 같은 책만 반복해서 보더라도 걱정하지 마세요.

▌▌▐ 빗물은 결국 바다로 흐른다

유아나 초등 저학년 아이들 상당수가 공룡을 좋아합니다. '알렉트로사우루스', '파라사우롤로푸스' 등 어른들은 외우기도 힘든 공룡 이름을 잘도 외웁니다. 이렇듯 책도 관심이 있는 분야라면 시키지 않아도 읽고 또 읽으면서 자연스럽게 외우기까지 합니다. 아이나 어른이나 관심 있는 것에는 적극성을 띠기 마련이죠. 책에 대한 적극성은 성장하는 과정에서 독서 습관화로 연결됩니다. 자발적 태도에서 만들어진 적극성은 호기심을 자극할 뿐만 아니라 사고력도 자극하여 확장시킵니다. 마치 작은 빗방울이 큰 바다로 모이는 것처럼 말이죠.

성장기 아이들의 관심사는 자주 바뀝니다. 유치원 다닐 때와 초등학교 들어가서가 다르고, 초등학교 저학년 때와 고학년 때가 또 다릅니다. 초등학교 입학 전까지 '헬로카봇'에 나오는 로봇은 다 사 달라고 조르던 아이가 1학년이 되자마자 관심을 뚝 끊곤 하죠. 그런데 그렇게 로봇을 좋아했던 어린 시절 마음은 코딩 프로그램으로 움직이는 로봇처럼, 더 복잡하고 다양한 로봇에 대한 관심으로 옮겨 가게 만듭니다. 오직 공룡 책만 좋아하던 아이가 공룡의 멸종과 관련된 자연 현상을 다룬 과학책으로 시야를 넓히기도 합니다.

사고의 확장으로 인해 일정 시간이 지나면 좋아했던 책에서 연계된 다른 분야의 책으로 자연스럽게 시선이 옮겨 가게 되어 있습니다. 한 분야의 책만 읽는 것도 다 한때일 뿐이죠.

반면 책을 다양하게 읽던 아이라도 그 현상이 자발적인 경우가 아니라면 오히려 고학년이 될수록 책과 멀어질 수 있습니다. 부모의 추천으로 마지못해 책을 읽다가 학원이나 기타 학업 및 사춘기 등을 핑계로 틈만 나면 책과 멀어지려 할 것입니다. 현재 우리 어른들이 책을 멀리하는 이유와 비슷하지요. 아이들이 한 책을 반복해서 읽거나 같은 분야의 책만 읽는다며 억지로 다양한 책을 읽게 하는 것은 의사가 잘못된 처방을 하는 것과 같습니다.

▌▌▚▙ 잠자리 독서를 계속해야 하는 이유

저학년 때와 달리 고학년이 되어서는 독서가 학업과 연관되다 보니 문해력 때문에라도 독서의 다양화를 시도할 수밖에 없습니다. 이때 부모의 책 읽어 주기가 도움이 됩니다.

독서의 다양화를 위해 억지로 책을 권하면 오히려 아이는 책과 더 멀어지게 됩니다. 잠자리 독서를 활용하면 이런 부작용을 줄일 수 있습니다. 잠들기 전 부모가 책을 읽어 주던 습관이 있다면 아이가 관심 없어 하는 분야의 책을 부모가 읽어 주면 됩니다. 해당 분야에 관심이 없는 이유는 좋아하지 않아서이기도 하지만 문장을 이해할 수 없어서이기도 합니다. '달걀이 먼저냐 닭이 먼저냐'처럼, 문해력이 떨어지다 보니 읽던 분야의 책 말고는 재미가 없고 재미가 없으니 다른 책으로는 눈길을 돌리지 않는 것입니다. 학습 만화에만 빠져 있는 경우도 같은 이유입니다.

아이가 읽지 않는 분야의 책은 부모가 먼저 읽은 후 아이가 이해하기 쉽도록 책 내용을 좀 바꾸어 흥미롭게 읽어 주면 됩니다. 이때 이해가 잘되었는지 질문을 통해 확인하려 하면 절대 안 됩니다. 그냥 정답고 다정하게 읽어 주기만 하세요.

▌▌▌ 적절한 미디어 사용은 약이 된다

독서의 다양화를 위한 방법을 꼭 책에서만 찾을 필요는 없습니다. 책은 인쇄술이 발달하면서 생긴 하나의 지식 저장 매체입니다. 유튜브와 같은 미디어 역시 지식을 담는 또 하나의 매체일 뿐입니다. 책이 2차원(2D)적인 지식 저장을 하였다면 유튜브 등과 같은 미디어 채널은 3차원(3D)적인 지식을 담고 있다고 볼 수 있습니다. 지식을 글자로만 전달하던 책과 달리 영상과 음성, 텍스트를 동시에 제공하는 미디어 지식 채널은 어려운 내용도 호기심이 생기도록 쉽게 전달합니다.

요리만 하더라도 책을 보며 따라 할 때와 유튜브 영상을 보면서 할 때의 이해도가 다릅니다. 저는 요리책에서 말하는 '한 컵'의 의미를 잘못 이해해서 머그잔으로 물을 넣어 국을 싱겁게 끓인 적도 있습니다. 그러나 유튜브를 보며 요리했더니 어떤 컵인지 쉽게 알 수 있어 정확하게 물을 개량해서 넣을 수 있었고, 요리 또한 적당히 잘되었습니다.

수학에 대해서도 이야기해 볼까요? EBS의 〈세미와 매직큐브〉 같은 프로그램을 본 아이와 보지 않은 아이의 수학 관심도는 전혀 다릅니다. 수학이라면 고개부터 젓던 아이도 영상을 본 후 생각보다 어렵지 않겠다며 다시 수학 공부를 시작하죠. 그만큼 미디어에는 문해력이 부족해도 내용을 이해할 수 있게 해 주는 힘이 있습니다.

이것은 장점인 동시에 독서와의 차이점이기도 합니다. 스스로 이해한 것이 아니라 미디어가 이해를 '시켜 주기' 때문입니다. 다시 말해 독서는 눈으로 읽은 내용을 이해하기 위해 뇌에서 여러 사고 과정을 거치지만 미디어는 비판적 사고 없이 내용을 기억하는 것에 가깝습니다. 그러므로 미디어로 흥미를 유도하고 책을 통해서 깊이 있게 받아들이는 접근법이 좋습니다.

또한 유튜브를 사용할 때는 자동 재생 기능을 끄고 미리 찾는 내용의 키워드(역사 지식, 경제 교육, 매직큐브 등)를 정해 놓아야 합니다. 유튜브의 추천 기능으로 불필요하거나 해로운 영상에 노출될 수 있기 때문입니다. 더불어 유튜브를 볼 때는 부모가 함께 시청하는 것이 좋습니다. 아이의 이해를 돕기 위해 부모가 부연 설명을 해 주면 어휘력도 향상될 수 있습니다.

Q12

초등 저학년 & 초등 고학년
독서 포인트가 있을까요?

기존에는 초등 1, 2, 3학년과 4, 5, 6학년을 각각 저학년, 고학년으로 나누었습니다. 그런데 최근에는 1, 2학년을 저학년, 3, 4학년을 중학년, 5, 6학년을 고학년으로 나누기도 합니다. 이렇게 저학년부터 고학년까지 나누는 이유는 무엇일까요?

아이들이 태어나면 그때부터 단계별로 구분되는 게 참 많습니다. 연령별 성장 단계라거나 예방 접종, 학년별 신경 써야 할 과목까지. 정말 아이들과 관련해서는 시기별로 챙겨야 할 게 왜 이리 많은지 모르겠습니다. 그러다 보니 모든 교육 과정을 단계별로 파악해서 접근해야 안심이 되곤 합니다. 그런데 독서는 그렇게 해서는 안 됩니다. 독서의 목적이 어휘력 습득인 것은 맞지만, 그보다 중요한 건 사고력 향상입니다. 읽고 생각한 후 자기 생각을 정리해 말할 수 있는 능력. 그것이 독서를 하는 주된 이유입니다.

그러려면 읽는 책이 재미있어야 하고 무엇보다 이해가 되어야 합니다. 그렇기 때문에 학년별 독서가 아니라 현재의 이해 능력에 맞는 책을 선택해서 읽어야 합니다. 너무 막막해할 필요는 없습니다. 대다수 아이는 평균적으로 자신의 학년에 맞는 독서력을 보여 줍니다. 어릴 때부터 부모가 책 읽기를 열심히 도와준 덕분입니다. 지금도 여러분이 무엇을 어떻게 해야 아이에게 보탬이 될까 고민하며 이 책을 읽고 계시는 것처럼 말이죠.

▌▌▚ 초등 저학년 독서 포인트

초등 저학년은 책과 친해지는 것에 중점을 두어야 합니다. 이 시기에 친하게 지내지 않으면 학년이 올라갈수록 여러 요인들로 인해 책과 멀어질 가능성이 큽니다. 책과 친해지기 위해 앞에서 언급했듯 다양한 책놀이를 하면 좋습니다. 또한 아이의 관심사를 지속해서 관찰해야 합니다. 아이들에게 책 읽는 게 왜 싫은지 물으면 대다분 '그냥'이라고 답합니다. 그러니 부모가 관찰해서 좋아하는 것을 찾는 것이 중요합니다.

3학년이 되면 학교에 적응을 마치고 본격적인 학습이 시작됩니다. '초등 3학년보다 중요한 학년은 없습니다'라는 말이 있듯이 초등 3학년은 학습의 시작점이자 아이들에게 있어서는 인생의 첫 변환기라 할 수 있습니다. 영어도 이때부터 정규 수업에 편성되죠. 그만큼 이 시기에 학습과 독서 습관을 잘 잡는 것이 중요합니다.

이때부터 서서히 학습 격차가 발생합니다. 그 말은 아이가 학교에 다니는 것만으로도 스트레스를 받을 수 있다는 것입니다. 그러니 기존에 책과 친해졌던 아이들도 스트레스로 인해 책을 멀리할 수 있습니다. 그렇기에 책을 많이 읽는 것보다 부모의 따뜻한 관심과 보살핌, 격려가 더 중요한 시기입니다. 그림책에서 글줄 책으로 자연스럽게 옮겨 가면서 가볍게 단락 위주의 독서를 시작하는 게 좋습니다.

ⅠⅠ\\ 초등 4학년 독서 포인트

4학년이 되면 더 무시무시한 말이 기다리고 있습니다. 다들 '평생 성적은 초등 4학년 때 결정된다'라는 말을 한 번쯤 들어 보았을 거예요. 그만큼 4학년이 되어 배우는 것들이 앞으로 공부할 부분의 토대가 된다는 의미입니다. 기초가 약하면 앞으로 나아갈 수 없겠지요.

이때부터는 학습과 연계된 독서가 본격적으로 시작된다고 이야기할 수 있습니다. 4학년이 되면 3학년 때에 비해 아이들의 말이 달라집니다. 아는 것이 힘이라고 그동안 보고 듣고 읽은 것들이 말로 이어지는 것이죠. 특히 사춘기 진입으로 인해 지적 호기심이 증가하고 논리적 사고와 자기 주도적 학습이 가능해지는 시기입니다. 또한 자신만의 세계관을 만들어 갑니다. 이 시기에는 감사, 배려, 사랑, 공감, 끈기 등을 배울 수 있는 인성 관련 도서, 호기심을 풀어 주고 논리적 사고를 가능하게 해 주는 과학 도서, 자신만의 세계관을 구축해 나갈 수 있는 문학, 비문학 도서 등을 읽으면 좋습니다. 특히 비룡소 출판사의 〈일공일심〉 시리즈, 문학동네 〈보름달문고〉 시리즈, 길벗스쿨 〈이상한 과자 가게 전천당〉 시리즈를 추천합니다.

ⅠⅠ\\ 초등 5학년 독서 포인트

튼튼해진 독서 기초를 바탕으로 비판적 사고가 좋아지는 시기입니다. 독서를 통한 토론 논술도 가능합니다. 또한 가족보다 친구들과 함께 보내는 시간을 더 좋아하며 또래와 돈독한 유대 관계를 쌓고자 노력합니다.

그러므로 이 시기에는 삶의 태도나 자세를 배울 수 있는 위인전을 읽으면 좋습니다. 단순히 위인들의 일대기를 서술한 책이 아니라 삶을 대하는 태도나 자세를 잘 묘사한 책들을 찾아서 읽기를 바랍니다.

더불어 한국사 책을 병행해서 읽으면 역사적 배경지식도 함께 쌓을 수 있습니다. 학습적으로 깊이 있는 지식이 필요한 때이므로 고전을 읽어야 할 시기이기도 합니다. 사고력이 팽창하는 이 시기에 고전을 읽으면 어휘력뿐만 아니라 사고력 증대에도 많은 도움이 됩니다.

❚❚❙❲ 초등 6학년 독서 포인트

이전에 해 오던 독서 습관에 깊이를 더해야 할 시기입니다. 그저 책을 읽고 넘어갈 것이 아니라 좋아하는 글귀나 생각을 메모하는 것이 비판적 사고 발전에 도움이 됩니다. 또한 5학년 때부터 읽기 시작했던 고전의 폭도 넓혀야 합니다. 사고력의 성장이 빠른 친구들은 이 시기에 진로를 고민하기 시작합니다. 이런 아이들은 진로와 관련된 책과 성장 소설을 함께 읽는 게 좋습니다. 또한 문학, 비문학 독서에서 지식 도서로 넘어가야 합니다. 관심 있는 진로가 생겼다면 멘토가 되어 줄 만한 사람들의 책을 찾아 읽도록 도와주세요.

항상 '왜?'라고 스스로 묻고 답하는 습관을 들이는 것 또한 중요합니다. 앞으로 아이들이 살아가야 할 시대는 정보가 부족한 시대가 아니라 넘치는 시대입니다. 모르는 단어는 사전을 통해 아이가 직접 찾아볼 수 있게 해 주세요. 획득한 정보의 진의를 파악해서 최선의 판단을 할 수 있는 사람으로 성장해야 하는 아이들에게 도움이 됩니다.

Q13

아이들의 성별에 따른
독서 습관 관리 방법이 따로 있나요?

　　네이버 초등맘 카페에 매일 올라오는 몇 백 개의 질문들을 살펴보면 아이 학년이나 성별에 따른 고민 글이 자주 눈에 보입니다. 그만큼 부모들은 체계화되고 획일적인 교육을 선호한다고 볼 수 있습니다. 우리는 왜 이런 교육 방식을 좋아할까요? 그건 부모가 자식 교육에 자신이 없어 단계별로 아이를 어떻게 도와줘야 할지 잘 모르기 때문입니다. 그러나 교육도 독서도 획일적인 방법으로는 한계가 있습니다.

　　한글도 5세에 깨우치는 아이가 있는가 하면 초등 2학년이 되어서야 아는 아이도 있습니다. 그런데 5세 때 한글을 깨우친 아이가 대학 입시를 더 잘 보는 것도, 부유한 삶을 살아가는 것도 아닙니다. 독서도 마찬가지입니다. 빠르면 빠른 대로 느리면 느린 대로 독서를 꾸준히 습관화하는지가 중요합니다. 그러려면 아이의 성향을 잘 파악해 아이에게 맞는 환경을 조성해야 한다고 앞서 밝혔는데요. 그럼 아이의 성별에 따른 성향 파악은 어떻게 하면 좋을까요? 이 질문에 대한 답은 의외로 간단합니다. 전체적인 틀이 크게 다르지 않거든요. 물론 차이를 보이는 소수의 경우도 있습니다.

엄마 나 좀 봐 주세요

과거에는 남자와 여자의 뇌가 다르다고 보았습니다. 그러나 이스라엘 텔아비브 대학 신경과학과 교수인 다프나 조엘은 남성과 여성의 차이는 있어도 뇌는 구분되지 않는다는 논문을 발표했습니다. '뇌에는 성별이 없다'는 논리가 최근에는 더욱 설득력을 얻고 있고, 단순히 남녀의 뇌 자체가 다르다고 말할 순 없죠.

그러나 문제는 우리가 느끼기에 남녀가 분명 같지 않다는 것입니다. 살아온 환경 속에서 남녀의 역할 분담으로 인해 만들어지고 관습화된 부분들 때문입니다. 보통 '딸은 아들보다 감정적이고 세심하며 생각이 더 많다'고 여깁니다. 그러나 이는 사실이 아닙니다. 즉흥적이고 활동적이며 가만히 앉아 생각하기보단 열심히 뛰노는 걸 좋아하는 여자아이도 많습니다. 남자아이 중에서도 눈물이 많고 감수성이 풍부한 친구들이 있어요. 딱 제 아들이 그런 아이입니다. 그러니 아이들의 성별이 아닌 성향 차이를 파악하는 것이 중요합니다.

좀 더 복합적 사고를 하는 아이는 주목받고 싶어 하는 경향이 있습니다. 내가 이렇게 하고 있다는 것을 누가 알아봐 주기를 바라는 마음이 있는 것이죠. 그래서 부모로부터 내가 지금 독서를 하고 있다는 것을 인정받고 싶어 하고 평소 그런 모습을 보여 주고 싶어 합니다. 대표적인 것이 계획표 세우기와 다이어리 정리하기입니다. 만약 여러분의 아이가 계획표를 작성하거나 다이어리에 자신의 독서 기록 등을 남기고 있다면, 계획에 맞게 잘 실천하는지를 봐 주고 그에 합당한 칭찬을 구체적으로 해 주세요.

반대로 허세를 부리는 경향이 있는 아이라면 진짜 이 책을 잘 읽고 이해한 게 맞는지 한 번씩 확인할 필요가 있습니다. 다만 무작정 확인하면 아이들은 독서에 대한 흥미가 떨어지기 때문에 책을 읽으면서 스스로 이해한 부분이나 좋았던 문구 등을 정리하여 쓸 수 있도록 도와주세요. 필기나 노트 정리를 싫어하는 아이들은 그냥 두면 아무것도 하지 않는답니다.

❚❚＼❙ 딸과의 독서 데이트

초등 6학년 딸을 둔 한 엄마는 아이가 돌이 지나자 집에서 텔레비전을 없애고 책을 많이 읽어 주었습니다. 엄마와 아빠가 아이에게 책을 읽으라고 말하기 전에 늘 먼저 책을 읽는 모습을 보였고 딸도 책을 가까이 하였지요. 아이는 이런 부모의 노력 덕분에 초등 3, 4학년 때까지는 책을 좋아하는 아이로 자랐습니다. 자신의 수준보다 높은 책들도 곧잘 읽고 힘든 일이 있으면 책을 읽으며 스트레스를 풀었습니다.

그러나 아이는 5학년이 되자 독서 습관에 변화를 보였습니다. 읽는 책의 권수가 눈에 띄게 줄어든 것입니다. 초등 5학년은 학업 난이도가 갑자기 훅 올라가면서 아이들의 심리적 부담이 커지는 시기입니다. 이때 아이들은 좋아하던 독서조차 학업으로 간주하죠. 또 학업 격차를 줄이기 위해 여러 학원에 다니다 보니 책 읽을 엄두가 안 나는 시기이기도 합니다. 보통의 아이들은 이맘때 독서를 포기하기 시작합니다.

그래서 엄마는 책 읽기가 힘들어진 딸의 상황을 고려해 다음과 같은 변화를 주었습니다. 첫째, 쉽고 재미있는 책 위주로 빌려 와서 밥 먹을 때나 잠자기 전, 때로는 화장실에 있을 때도 아이에게 책을 읽어 주었습니다. 책을 맨 처음 접할 때처럼 연극을 하듯 최대한 재미있게 말이죠. 엄마가 책을 이렇게 읽어 주니 아이는 엄마로부터 따뜻한 마음과 사랑을 느꼈을 것입니다. 그래서일까요? 아이는 멀어지던 책과 다시 가까워졌습니다. 오히려 재미있는 부분에서 엄마가 힘들다며 내일 또 읽자고 말하니 아이는 궁금해서 참을 수가 없었죠. 아이는 책을 직접 읽기 시작했습니다.

주말에는 "도서관에서 먹는 라면이 얼마나 맛있는 줄 아니?" 하면서 라면을 좋아하는 아이와 도서관도 다시 다니기 시작했습니다. 그렇게 함께 책을 읽었더니 어느새 딸은 책을 좋아하는 아이로 돌아왔습니다. 딸은 아들과 달리 부모와의 소통과 교감을 중요시하는 경향이 있습니다. 그렇기 때문에 더 세세하게 독서 환경을 조성해야 하며, 아이의 취향 파악에도 더 많은 노력을 기울여야 합니다.

▌Ⓦ 아들은 적절한 보상으로 동기 부여

아들을 둔 엄마들과 대화해 보면 비슷한 이야기를 합니다. 아들의 독서 습관을 잡아 주기 위해서 빠지지 않는 것이 잠자리 독서와 보상이라고 말이죠. 보통 아들들은 적응하는 것이 어렵지 일단 적응하면 반복되는 루틴을 좋아하는 경향이 있습니다. 남자아이들은 잠자리 독서를 통해 부모와의 교감(스킨십)을 하기도 하고 책 내용에 빠지기도 합니다. 이때 아이가 책의 내용이 아닌 부모와의 스킨십에만 관심을 가지는 것이 아닌지 살펴야 합니다. 아이가 스킨십에 목적을 두었다면 잠자리 독서가 책 읽는 습관으로 발전하지 않기 때문입니다.

남자아이들은 어렵사리 독서 습관을 만들어 가다가 한순간에 책 읽기를 멀리하기도 합니다. 여자아이들보다 주변 유혹에 약하고 잘 흔들리는 편이죠. 그래서 독서에 집중도를 높이기 위해 활용되는 것이 보상입니다. 눈 앞에 보이는 목표를 달성하겠다는 의지가 강한 편인 남자아이에게 적절한 보상은 큰 동기 부여가 됩니다. 책을 읽을 때마다 스티커를 붙여 주고 스티커 100장을 모으면 선물을 주는 식으로 말이죠.

저는 아들에게 6세 전까지는 책을 가지고 와서 읽어 달라고 할 때마다 경제 교육을 겸해 100원씩 주면서 저금을 유도하였습니다. 아이는 저금하는 것에 재미를 느껴 매일 책을 읽어 달라고 했답니다. 7세 이후로는 본인이 책을 직접 읽을 때 달력에 캐릭터 도장을 하나씩 찍어 주었습니다. 매일 볼 수 있는 달력 도장으로 자신이 얼마나 자주 책을 읽었는지 확인하고 뿌듯함을 느낄 수 있도록 한 것이죠. 아이가 모은 도장의 수에 따라 주말에 좋아하는 게임도 할 수 있게 했습니다.

▌▌Ｗ 기다릴 줄 아는 지혜가 필요해요

여자아이와 남자아이의 상대적 차이점을 사례를 통해 이야기해 보았습니다. 그러나 아이들의 기질과 성향에 따라 독서 습관을 잡아 주는 방법은 미묘하게 다릅니다. 형제자매 간에도 한 명은 직접 읽는 것을 좋아하는가 하면 다른 한 명은 부모가 읽어 주는 것을 좋아합니다. 그러므로 성향의 차이를 성별에 따른 차이로 확대 해석할 수는 없습니다. 우리 부모들은 아이의 평소 언행을 토대로 아이가 편하고 기분 좋게 책에 집중할 수 있는 독서 환경을 만들어 주면 됩니다. 또한, 아이들은 책에 관심을 가지는 시기가 저마다 다릅니다. 그러니 지금 당장 독서를 하지 않는다며 책을 영원히 싫어할 것처럼 여기고 독서 습관 잡기를 포기하면 안 됩니다.

저의 조카는 초등 5학년 때까지는 지독히 독서를 싫어했습니다. 그러다 초등 6학년이 되어 자신만의 가치관과 생각이 자리 잡으면서 독서를 시작하였고 지금은 매일 아침 눈을 뜨면 책부터 손에 잡습니다. 등교 전 책을 읽지 않으면 무엇인가 답답함을 느낀다고 합니다.

아이는 언제든지, 얼마든지 변화할 수 있습니다. 그러니 지시하거나 강제하기보다 늘 아이를 살피고 파악해서 아이에게 맞는 독서 옷을 찾아 주는 것이 부모의 역할이 아닐까 생각해 봅니다.

Q14

책 읽는 방식의 변화를
유도할 수 있을까요?

아이가 태어나자 저도 여느 부모들처럼 육아를 시작하였습니다. 알아듣지 못해도 뇌에 전달되는 자극이 아이에게 좋은 영향을 끼친다는 것을 알고 있었기에 매일 잠들기 전 책을 읽어 주며 언어를 전달했습니다. 그뿐만이 아니라 업무 관련자를 집으로 초대해 아이를 안고 회의하기도 했습니다. 이런 노력 덕분인지 아이는 18개월이 넘어서부터 아주 간단한 의사 표현은 할 수 있었고, 3세가 되어서는 말도 잘하게 되었습니다.

대다수 부모가 저처럼 5세 이전의 아이를 위해 잠자리 독서나 책 놀이를 해 본 경험이 있을 거예요. 그러다가 아이들이 5세가 되면 기질에 따라 독서 방식의 변화가 찾아옵니다. 한글을 조금 일찍 깨우친 아이의 부모라면 아이 혼자 책을 읽게 하고 싶은 욕심도 스멀스멀 일어나죠. 아이의 책 독립을 원하게 됩니다.

⬛⬛⬛ 스스로 읽기의 시작

5세부터 스스로 책 읽기가 가능한 아이들도 있지만, 대다수는 초등 1학년 또는 초등 2학년에 가서야 책 읽기 독립이 완성됩니다. 그전까지는 여전히 부모들의 노력이 뒷받침되어야만 합니다.

아이의 성향과 기질에 따라 스스로 읽는 계기가 다르지만, 보통 아이들은 학습 만화를 통해서 책 읽기 독립을 시작합니다. 애니메이션을 좋아하지 않는 아이들이 거의 없듯이 학습 만화는 일단 글을 몰라도 대략 어떤 분위기인지 알기 쉽습니다. 아이들 입장에서는 마치 내용을 모두 이해하는 듯한 편안함을 가질 수 있죠. 게다가 글자 수가 적어 아이들이 부담 없이 읽을 수 있습니다.

이때 주의해야 할 것은 학습 만화만 봐서는 안 된다는 점입니다. 처음에야 아이가 좋아하고 부모도 스스로 책 읽는 아이가 기특해서 별 문제가 없겠지만, 학습 만화에 집중할수록 글줄 책은 점점 더 읽기 싫어지게 됩니다. 특히 초등 3학년이 되면 본격적인 학습을 시작하면서 글줄 책을 많이 읽는데 학습 만화만 보던 아이들은 이때 책 읽기를 힘들어하고 학습 기초를 다지는 데도 어려움을 겪습니다. 따라서 학습 만화를 통해 스스로 읽되 다른 책에 대한 애착도 함께 생기도록 해 줘야 합니다.

⬛⬛⬛ 함께 할수록 커지는 힘

책 읽는 것을 즐겨 하는 아이로 성장시키기 위해서 다음의 몇 가지 방법을 활용해 보는 것을 추천합니다. 첫째, 아이가 책을 읽을 때 칭찬하는 것을 잊지 마세요. '칭찬은 고래도 춤추게 한다'라는 말이 있듯이 아이에게 부모의 칭찬은 최고의 선물입니다. 아이들은 매번 이런 칭찬을 듣고 싶어 합니다. 부모로부터 사랑받고 있다는 것을 확인하고 싶은 것이 아이들의 마음이기 때문입니다.

그러나 아무리 좋은 약도 잘 써야지만 효과가 좋듯이 칭찬을 할 때는 주의할 점이 있습니다. 성의가 없거나 막연한 칭찬은 삼가세요. 매번 "오늘도 책 읽는 모습이 보기 좋네"라고 하기보다는 구체적으로 칭찬해 주는 것이 중요합니다. 또 칭찬을 지나치게 남발하는 것도 좋지 않습니다. 칭찬할 포인트가 보일 때 칭찬해 주세요. 예를 들어 "엄마는 그거 못 읽었는데 무슨 내용이야?", "혼자 책도 읽고 기특하다", "이렇게 긴 글밥 책도 읽네", "오늘은 어제보다 생각 주머니가 더 커졌겠다. 아빠도 이제 아들한테 모르는 거 도움 좀 받아야겠는걸"처럼 목적성을 두고 구체적으로 칭찬해 주는 것이 좋습니다.

▎Ⅳ 눈에서 입으로

어느 정도 책 읽기가 가능해졌다면 또 다른 고민을 하게 됩니다. 아이들이 책을 읽는 시늉만 하는 건 아닌지 하는 걱정이죠. 읽었다고는 하는데 내용을 물어보면 전혀 모르는 경우 과연 아이는 책을 읽은 것일까요, 읽지 않은 것일까요? 분명 아이는 책을 읽은 것이 맞습니다. 그러니 아이를 나무라서는 안 됩니다. 오히려 아이가 혼이 날 거라 생각하고 긴장하고 있는 이때 따뜻한 말과 함께 도와줄 방법을 고민해 보는 것이 좋습니다.

그러기 위해서는 아이가 책에 집중하지 못하는 이유를 찾아야 합니다. 대부분은 아이가 책에 흥미를 못 느끼지만 부모가 책을 읽으라고 하니 마지못해서 읽거나, 마음속이 다른 생각으로 분주해 집중력이 떨어진 것입니다. 한마디로 빨리 읽고 끝내고 싶은 마음! 그 마음을 잡아 주면 됩니다.

천천히 걸어가면 많은 것을 보며 갈 수 있지만, 뛰어가면 지나온 길에 무엇이 있었는지 기억에 남지 않을 수밖에 없습니다. 이제 원인을 알았으니 아이가 뛰어가지 않고 걸어갈 수 있도록 도와주기만 하면 됩니다. 집중하기에 가장 좋은 방법은 책을 소리 내어 읽는 것입니다. 또박또박 막힘 없이 읽기 위해서는 글을 정확하게 보아야 합니다. 눈으로만 읽을 때보다 소리 내어 읽을 때 글을 확실하게 볼 수 있습니다. 실제로 저는 두 조카들에게 이 방법으로 독서 습관을 들여 주었고, 아이들의 학업 성적 향상의 원동력이 되었습니다.

읽기에 깊이를 더하다

책을 정독하는 습관이 잡혔다면 이제 학습 단계로 넘어가는 것도 좋습니다. 앞서 말한 바와 같이 문해력을 기르기 위해 책에서 모르는 단어가 나오면 형광펜으로 표시해 두도록 합니다. 책을 끝까지 다 읽은 다음에는 표시해 둔 단어의 의미를 사전에서 찾아봅니다.

한 페이지에 색칠한 단어 수가 10개 미만이라면 아이가 읽기에 충분한 책이지만 그 이상의 단어가 나온다면 좀 더 쉬운 책으로 바꾸어 읽는 것이 좋습니다. 책은 나이에 맞는 추천 도서를 읽는 것이 아니라 현재 아이가 이해하는 어휘력에 맞는 수준의 책을 읽어야 한다는 사실을 꼭 기억하세요.

사람은 아는 만큼 즐거움을 느낄 수 있습니다. 우리나라 속담에 '고기도 먹어 본 사람이 많이 먹는다'는 말이 있습니다. 무슨 일이든지 늘 하던 사람이 더 잘한다는 뜻입니다. 수준에 맞는다는 것은 익숙하다는 의미이기도 하고, 익숙하다는 건 그만큼 편하다는 의미이기도 합니다. 이렇게 단어를 찾고 나면 처음부터 다시 읽는 것이 좋습니다. 내가 모르는 단어를 건너뛰고 읽었을 때와 전체적인 의미를 이해할 때의 차이가 무엇인지 아는 것이 중요합니다. 문장의 이해력을 기르는 연습의 일환이라고 생각하면 됩니다.

3장

초등맘이 놓치면 안 되는
우리 아이 독후 활동 7

Q15

우리 아이에게 맞는 독후 활동은
무엇일까요?

단순히 책을 많이 읽는다고 해서 사고력이 증진되는 것은 아닙니다. 책을 읽은 후 스스로 생각하는 힘을 기를 때 비로소 사람은 성장합니다. 저는 아들에게 '생각하는 힘을 기를 때 생각 주머니가 자란다'고 말합니다. 생각하는 힘을 기르는 데 도움이 되는 것은 독후 활동입니다. 독후 활동은 독서하고 난 이후에 책 속 이야기를 바탕으로 말하기, 듣기, 쓰기, 놀이 등 다양한 활동을 하는 것을 가리킵니다. 이 활동을 통해 타인과 소통하는 말하기 능력과 타인의 감정을 이해하는 능력도 자랍니다.

초등학생 때는 국어, 수학, 사회, 한국사, 세계사, 과학, 미술, 음악, 환경 등 다양한 분야의 책을 읽고 독후 활동을 하는 것이 좋습니다. 독서의 다양화가 어렵다면 아이가 흥미 있어 하는 책을 기준으로 연계 도서를 찾아 읽게 하는 것도 좋은 방법입니다. 이렇게 독서의 깊이가 깊어지면 양적으로나 질적으로나 아이가 성장하는 데 도움이 됩니다.

독후 활동 역시 아이의 성향과 현재의 환경을 잘 고려해서 해야만 합니다. 저학년은 아이 성향만 파악해도 무방하나 고학년이라면 환경도 고려해야 합니다. 학습량이 많을 경우에는 독후 활동이 오히려 독서의 즐거움을 빼앗게 되는 상황을 초래할 수 있습니다. 또한 지금까지 즐겁게 해 왔던 독서로부터 마음이 완전히 떠나는 최악의 결과를 맞이할 수도 있습니다. 따라서 독후 활동을 정할 때는 아이와 충분히 소통한 후 아이의 의견에 따라 횟수와 양, 방법 등을 조절해 흥미를 잃지 않는 선에서 진행해야 합니다.

█▎W 독후 활동 어떻게 시작할까

책을 읽게 하기도 쉽지 않은데 독후 활동까지 할 생각을 하면 한숨부터 나오는 분도 많을 겁니다. 편하게 생각하세요. 하면 좋고 안 해도 괜찮다는 마음으로요.

아이들과 독후 활동을 하다 보면 아이가 집중력을 잃고 산만해지거나 장난을 치는 상황을 겪게 됩니다. 이럴 때 화내는 부모가 많은데요. 그래서는 안 됩니다. 여러분도 직장 연수에서 졸거나 딴생각한 적이 있을 거예요. 아이들 마음을 헤아려 주세요. 아이가 지루해할 때는 좀 쉬거나 같이 장난을 치는 게 좋습니다. 아이 입장에서는 이 시간이 부모와 함께 보내는 즐거운 시간으로 기억될수록 앞으로의 독후 활동이 더 기다려질 테니까요. 꾸준히 반복해서 노력하다 보면 독후 활동을 재미있어할 날이 분명 옵니다.

그럼 이제부터 독후 활동에 어떤 것들이 있는지 알아봅시다. 가장 기본적인 건 역시 독서록(독후감) 쓰기입니다. 책을 좋아하느냐 마느냐를 떠나 독후감은 아마도 다들 부담스러울 겁니다. 그런데 '몸에 좋은 약이 쓰다'라는 말은 있어도 '달다'란 말은 없듯이, 우리에게 도움이 되는 일이기에 힘들기도 한 게 아닐까요. 독서록이 어려운 건 무엇을 적어야 할지 생각이 나지 않아서 입니다. 핵심 내용 파악이 어렵기 때문이죠. 책 전체를 한꺼번에 읽지 않고 문단을 끊어 읽으면서 핵심 내용이 무엇인지 설명하도록 연습하면 이런 문제를 해결할 수 있습니다.

▋▊▍ 다양한 독후 활동

독후 활동에 있어 내용 인지가 부족하거나 목표가 명확하지 않을 때도 어려움을 느낄 수 있습니다. 이럴 때 책 속 주인공에게 편지를 쓰는 건 아이들에게도 재미있는 일이 됩니다. 책을 읽고 나서 다음 편이 궁금한 경우 아이가 뒷이야기를 만들어 보는 것도 즐거운 일이겠죠.

그리고 글쓰기를 통해 가장 쉽고 빠르게 성장할 방법은 좋은 글귀를 필사하는 방법입니다. 읽으면서 형광펜으로 그어 둔 명언 등을 필사하는 것 또한 좋은 독후 활동이라 할 수 있습니다.

책 속의 주인공이 되어 대답하는 활동을 한다면 아이가 먼저 질문하고 부모가 대답한 후, 서로 역할을 바꾸는 것이 좋습니다. 부모부터 질문을 하면 아이가 확인받는 느낌이 들 수 있기 때문입니다. 또한 대답할 때는 자기 생각이 아니라 책 속 인물의 입장에서 대답하는 것이 포인트입니다.

릴레이로 말하기 활동을 할 때에는 꼬리에 꼬리를 물고 대답을 할 수 있도록 폭력적으로 끝나면 안 된다는 등의 규칙을 정하는 게 좋습니다. 특히 남자아이들은 마무리를 폭력적으로 끝내려는 경향이 많으므로 규칙 정하기가 꼭 필요합니다.

글쓰기와 관련된 활동	1 책 속 주인공에게 편지 쓰기 2 작가에게 편지 쓰기 3 후속편 써 보기 4 친구에게 책 소개 글 적어 보내기 5 마음에 드는 글귀 필사하기
대화로 하는 활동	1 책 속 주인공이 되어 대답하기 2 내가 주인공이라면 어떤 선택을 했을지 말하기 3 릴레이로 말하기
그림으로 표현하는 활동	1 나만의 책 광고지 만들기 2 책 표지 만들기 3 책 달력 만들기 4 1컷, 4컷, 8컷 만화로 표현하기 5 책 내용 중 한 장면 그리기
체험 연계 활동	1 역사 관련 책 읽고 관련 장소 방문하기 2 과학과 관련된 책 읽고 과학관이나 천문대 방문하기 3 음악이나 미술 관련 책을 읽고 음악회나 전시회 관람하기
기타 연계 활동	1 작가의 프로필을 읽고 작품이 만들어진 배경 알아보기 2 책 맨 뒤에 있는 활동 관련 글을 읽고 대화하기 3 독서 퀴즈 놀이하기

Q16

글쓰기 활동 후 맞춤법, 띄어쓰기 등 틀린 부분을 고치게 해야 할까요?

자신의 생각을 말로 표현한다는 건 대다수 어른들에게도 어려운 일일 것입니다. 어떤 것을 말로 표현하기 위해서는 다양한 경험을 통한 자기 성찰이 필요합니다. 그런데 말로 하기도 어려운 생각 표현을 글로 써 보라고 하면 어떤 반응을 보일까요? '말로 하면 될 것을 굳이 쓰기까지 해야 하나?' 반문하는 분들도 많을 것 같습니다. 아이들에게도 글쓰기란 여간 어려운 게 아니랍니다. 그러니 아이들이 맞춤법이나 띄어쓰기가 서툴러도 속상해하지 마세요.

상당수의 아이는 초등 1학년 2학기가 되면 받아쓰기와 그림일기를 통해 글쓰기를 시작합니다. 학교에서 받아쓰기를 하는 이유는 발음과 표기가 다른 글자(예: '난로'는 '날로'라고 발음되니까)를 익힘과 동시에 맞춤법을 배우기 위해서입니다. 또한, 일기글 쓰는 이유는 자기 생각과 느낌을 글로 표현하는 연습을 하기 위해서입니다. 저학년은 틀린 곳을 고쳐 보내 달라는 선생님의 메시지가 따로 없다면 아이의 일기에 부모가 손대지 않는 것이 좋습니다. 선생님이 어떤 생각을 갖고 있는지 궁금하다면 학기 초 상담 주간에 선생님의 의중을 한번 확인해 보는 것도 좋은 방법입니다. 내용만 확인하고 코멘트를 남기는 분도 있고 띄어쓰기, 맞춤법을 고쳐 주는 분도 있기 때문입니다.

초등 3학년이 되면 글씨 적는 손에도 힘이 붙어 곧잘 쓰게 됩니다. 아이가 일기 쓰는 것을 싫어하지 않는다면 제출용 일기장과 개인용 일기장을 구분해 두는 것도 좋습니다. 학교 숙제용은 아이와 의논해 아이가 실망하지 않는 선에서 맞춤법과 띄어쓰기를 봐 주고, 개인용 일기는 아이의 부탁이 없다면 자유롭게 써 내려갈 수 있도록 지켜보는 것이 좋습니다.

▌▌▌▌ 독서를 통한 자연 교정

맞춤법과 띄어쓰기는 독서를 통해 자연스럽게 고쳐질 수 있습니다. 여러 전문가들의 손을 거쳐 완성된 책 한 권은 문법과 문맥, 맞춤법과 띄어쓰기가 매우 잘되어 있기 때문입니다. 그러므로 독서를 열심히 하다 보면 자연스럽게 맞춤법과 띄어쓰기를 익힐 수 있습니다. 물론 그냥 많이 읽는다고 해서 효과가 바로 나오는 것은 아닙니다.

제가 추천하는 독서법은 첫째, 소리 내 읽기입니다. 앞 장에서 언급했듯이 정확하게 소리 내 읽으려면 글을 또박또박 읽어야 합니다. 대충 보고 읽게 되면 발음이 꼬입니다. 그렇기 때문에 음독은 아이들의 맞춤법과 띄어쓰기를 자연스럽게 교정해 주는 역할을 합니다. 둘째, 반복해서 읽기입니다. 눈에서 멀어지면 마음에서 멀어진다는 말을 반대로 생각해 보세요. 자주 보면 기억하기 쉽다는 의미도 되죠. 아이가 좋아하는 책을 반복해서 읽다 보면 자연스럽게 그 단어들이 머릿속에 기억됩니다. 또 같은 책을 읽으면서 꼭 반복해 틀리는 문장들이 있습니다. 이런 경우에는 해당 문장에 형광펜 등으로 체크를 해 두세요.

▮▮◣◢ 문장 베껴 쓰기

책에서 읽은 문장 중 표기와 발음이 다른 단어를 하루에 하나씩만 찾아 굵은 펜으로 포스트잇에 적은 다음 아이가 잘 보는 위치에 붙여 두세요. 많은 선생님이 이렇게 지도하지요. 그 이유는 첫째, 여러 단어를 학습시키다가 하나도 고쳐 주지 못할 수 있기 때문입니다. 둘째, 아이들이 많은 단어를 보게 되면 부담을 느끼기 때문입니다. 부담을 느낀 아이는 심리적으로 위축되고 맞춤법 이야기만 나오면 겁을 먹고 도망갈 수 있습니다.

간혹 맞춤법에 맞는 단어와 틀린 단어를 함께 적는 아이도 있는데요. 이럴 때는 맞춤법에 맞는 단어만 적도록 하는 게 좋습니다. 틀린 단어를 함께 적어 외우면 시험을 볼 때 틀린 단어와 맞는 단어의 혼선이 올 수 있습니다.

▮▮◣◢ 이해가 필요한 아이

저는 선생님이 "무조건 외워!" 하면 늘 '왜 그래야 하는데?'라며 반문하던 아이였습니다. 이유 없이 나중에 필요하니 그냥 외우라는 말이 정말 싫었습니다. 여러분의 아이도 혹시 그런가요? 이런 아이에게는 몇 가지 설명을 통해서 궁금증을 해소해 주는 것도 좋습니다.

예를 들어 'ㅐ', 'ㅔ'와 같은 경우 'ㅐ'는 양성 모음, 'ㅔ'는 음성 모음이기 때문에, 'ㅏ', 'ㅗ'가 사용되는 양성 모음에는 'ㅐ'를 사용하고 'ㅓ', 'ㅜ'와 같은 음성 모음이 사용되는 경우에는 'ㅔ'를 사용한다고 알려 주는 것입니다. 이렇게 설명하면 아이가 어려워할 수 있으니 예시를 들어 줘야 합니다. '빨개지다'라는 표현은 '빨간색'이라는 단어에서 왔는데 이때 양성 모음 'ㅏ'가 사용되었기에 'ㅐ'로 적는 게 맞고, '뻘게지다'의 경우는 '뻘겋다'라는 단어에서 왔으며 'ㅓ'라는 음성 모음이 사용되었기에 'ㅔ'라고 적는 게 맞다고 설명해 주는 식이죠.

또 '장이'와 '쟁이'의 경우 단어가 기술의 의미를 가지고 있을 때는 '장이'로, '어떤 속성을 많이 가진 사람'을 뜻할 때는 '쟁이'로 사용한다고 설명해 주면 됩니다. 정보처리기능사와 같은 기술 자격증의 경우에는 'ㅏ'를 써서 기능사라고 하고, 친구들의 성향(속성)을 이야기할 때는 '깍쟁이', '멋쟁이'처럼 표현한다고 말해 주면 쉽게 이해할 것입니다.

Q17

독서 감상문,
어떻게 시작하면 될까요?

　　스스로 생각하고 공부하는 아이로 키우고 싶으시죠? 저도 그렇습니다. 다만 이런 부모의 바람이 욕심으로 변해 가서는 안 됩니다. 부모의 욕심이 과하면 아이가 책에 대해서 제대로 이해했는지 확인하고 싶어집니다. 초등학교에 갓 입학한 아이 중에는 아직 연필로 글씨를 바르게 쓰는 것조차 버거워하는 친구도 있습니다. 그런 아이에게 무엇인가를 확인하고자 해서는 안 됩니다.

　　초등 3학년이 되면 어떨까요? 본격적인 학습이 시작되면서 긴 글을 읽는 것 자체가 부담되는 시기입니다. 긴장하고 스트레스 지수가 올라가는 이 시기에 부모가 학습 상태를 확인한다면 아이는 책이라는 단어만 나와도 움츠러들고 멀리하고 싶어질 것입니다. 이럴 때는 아이가 책을 읽고 나서 어떤 기록을 남기게 하기보다는 빈 책장에 아이가 읽은 책들을 꽂아서 아이에게

자부심을 느끼게 해 주세요. 또 질문을 할 때에는 대답하기 쉽게 단답식으로 질문하면 좋습니다. "누가 다쳤니? 왜 다쳤어? 그래서 너라면 어떻게 했을 거 같아?"라고 말이죠.

그렇다고 해서 모든 초등학생에게 이렇게 접근해야 한다는 것은 아닙니다. 제 아이 친구 중에는 5세부터 한글을 읽더니 6세에는 글쓰기가 가능해진 아이도 있습니다. 이런 아이는 읽기와 쓰기가 자유로우므로 저학년 때부터 독서록이나 독후감 쓰기를 시도해 보는 것도 좋습니다. 그러나 반대의 경우도 있겠죠. 고학년인데도 읽기와 글쓰기가 익숙하지 않은 아이라면 현재 수준에 맞는 읽기와 쓰기를 시도하는 것이 좋습니다. 이때 아이와의 상의가 꼭 필요합니다. 그 이유는 너무 수준이 낮은 책을 골라 줄 경우 아이의 자존심을 다치게 할 수 있고, 반대로 또래 아이들과 비슷한 수준의 책을 고르면 아이가 힘들어서 재미를 느끼지 못할 수 있기 때문입니다.

▮▮▮ 그림으로 시작하기

앞서 밝혔듯 글을 읽고 자기 생각을 정리해서 글로 쓴다는 것은 쉬운 일이 아닙니다. 아이들뿐만 아니라 어른들에게도 생각을 말이 아닌 글로 정리하는 일은 매우 어렵지요. 어른들도 이러할진대 아이들의 첫 글쓰기란 얼마나 어렵고 두려운 일이겠습니까? 그래서 우리는 아이들에게 글쓰기와 더불어 그림 그리기를 통해 자기 생각을 드러내는 방법을 가르치곤 합니다. 글쓰기보다는 그림이, 그림보다는 말이 표현하기에 더 편하기 때문입니다.

역사를 살펴봐도 인류는 문자가 만들어지기 전부터 그림을 통해 중요한 사실을 기록으로 남겼습니다. 우리나라의 고분벽화가 그러했고 저 멀리 이

집트 피라미드의 벽화가 그러했습니다. 그래서 초등학교에 들어가면 아이들이 가장 먼저 하는 것이 그림일기입니다. 그림일기를 매일 반복해서 써 내려가다 보면 자존감을 높일 수 있고 기억력이 강화되며 그림을 통한 사고력도 증진됩니다.

그림일기를 쓸 때 늘 고민되는 것이 바로 소재인데요. 소재 선택에 애먹을 필요 없이 아이들이 읽은 책을 바탕으로 그림을 그리면 좋습니다. 매일 읽은 책에서 가장 기억에 남는 장면을 그림으로 그린다거나 기억에 남는 등장인물을 그림으로 그리는 것 또한 좋은 이야깃거리가 될 수 있습니다.

고학년이 되어서는 그림일기 대신 독서 마인드맵을 그려 보세요. 책을 읽은 다음 생각 나는 부분을 마인드맵으로 그리면 책의 내용을 기억하기 쉽고, 생각을 정리하는 능력도 길러집니다. 또한 마인드맵 작성을 통해 창의력 증진은 물론 좌뇌, 우뇌를 모두 활용함으로써 뇌의 발달까지 이루어집니다. 이는 곧 학업 성취 역량으로 이어지게 됩니다.

▋▍▜▍ 주인공에게 편지 쓰기

독서와 공부는 현재 내 아이의 역량이 어느 정도인지 파악하고 그에 맞는 처방을 내려야 한다는 점이 비슷합니다. 아이가 6학년인데 학습 능력이 뒤떨어진다고 해서 초등 2학년 과정을 배우러 학원에 보낸다면 아이는 창피함을 느끼고 마음의 상처가 커져서 오히려 공부를 멀리할지도 모릅니다. 반대로 아이의 자존심을 지켜 주고자 6학년 과정의 학원에 보낸다면 아이는 무슨 말인지 못 알아듣고 열등감만 커져서 공부를 회피하게 될 것입니다. 그래서 공부와 독서는 아이의 자존감에 상처를 주지 않는 방법을 찾고 아울러 현재 내용을 이해할 수 있는 범위에서 이뤄져야 합니다.

글쓰기 또한 이와 같은 방법으로 시작해야 하는데요. 가장 좋은 방법은 부모가 책을 먼저 읽어 준 다음 아이 혼자서 책을 한 번 더 읽음으로써 책에 대한 이해도를 높이는 것입니다. 같은 책을 여러 번 읽을수록 더욱 잘 이해할 수 있습니다. 부모는 아이의 눈높이에 맞게 읽어 줄 수 있어서 아이가 책의 문장을 이해하는 데 도움이 됩니다. 또한, 책 내용이 잘 이해되면 독서가 더욱 재밌어집니다. 재미가 커질수록 책 속 주인공과 애착 형성이 됩니다. 아이들은 내가 주인공이 되어 보고 싶고 주인공과 대화도 나누고 싶어 하지요. 그렇기에 책을 읽고 가장 먼저 하면 좋은 건 역시 주인공에게 편지 쓰기입니다.

[주인공에게 편지 쓰기 예시]

책 제목 : 그리스 로마 신화

읽은 날짜 / 지은이 : 2021년 10월 7일 / 고대 그리스인

이 책을 선택한 이유 : 신들이 궁금해서

제우스에게

안녕, 난 박시연이라고 해~

아이가 주인공이 아닌 다른 등장인물을 좋아한다면 그에게 편지를 써도 무방합니다. 편지 쓰기에는 일련의 형식이 존재하지만 그보다는 아이가 하고 싶은 말을 편안하게 적을 수 있도록 해 주는 것이 더 중요합니다. 제 아들은 그리스 로마 신화 헤라클레스 편을 읽고 헤라에게 쓰는 편지에 "헤라, 너는 왜 그렇게 못됐냐! 헤라클레스 그만 괴롭혀"라고 적고 싶어 했습니다. 어른들 눈으로 보았을 때는 헤라 여신의 마음이 이해되지만 아이들의 시선으로 본다면 주인공 헤라클레스가 안쓰러울 수 있겠지요. 이렇듯 아이들이 책 속 인물과 충분히 교감할 수 있도록 자유롭게 편지글을 쓰게 해 주세요.

▌▌▊▊ 다음 이야기 상상해서 말하기

아들에게 물었습니다.

"헤라 여신이 그렇게 미워?"

"미운 건 아닌데 헤라클레스가 너무 불쌍하잖아. 가족도 잃고."

"그럼 아들, 이제 헤라클레스가 어떻게 되었으면 좋겠어?"

헤라클레스가 가엾다는 아들에게 원하는 줄거리가 있는지 물었습니다. 아마도 아이만의 생각이 분명 존재할 것입니다. 어쩌면 헤라클레스가 헤라 여신의 인정을 받아 행복하게 살아가기를 바라는 스토리를 써 내려갈 수도 있겠죠. 이렇게 주인공의 다음 이야기를 짓고 그에 알맞은 제목을 붙여 보는 것도 재밌는 활동입니다.

읽은 책의 제목을 다르게 지어 보는 것도 좋습니다. 내가 보고 생각한 것에 어울리는 이름을 붙여 줌으로써 책에 대한 애정도 깊어집니다. 이는 곧 책을 좋아하는 아이로 자라게 해 주는 큰 힘이 됩니다.

Q18

독서 후 대화가
중요한가요?

누군가에게는 식상하고 재미없는 일일 수 있겠지만 우리 아이들에게는 사랑이자 관심이며 삶의 의미를 부여할 수 있는 것이 바로 부모와의 대화입니다.

▮▮◣▮ 질문은 한 사람의 인생을 바꾼다

질문이 가져다준 제 삶의 변화에 대해 이야기해 보려 합니다. 아들이 태어난 후 6개월쯤 지나 저에게 육아 우울증이 찾아왔습니다. 일할 때는 매일 같이 이야기할 사람이 넘쳤는데, 육아를 시작하고 나니 여느 집과 마찬가지로 아내는 퇴근 후 피곤하다며 저와의 대화를 꺼리고 동네 아이 엄마들은 제가 가까이 가면 불편한지 피했습니다. 갑갑한 마음이 쌓여 우울증이 찾아왔습니다. 제 일상이 벽 없는 감옥처럼 느껴졌달까요. 그러던 어느 날 유모차를 밀고 지나가던 길에 같은 동 아주머니를 만났습니다. 가볍게 목례했는데 저에게 말을 거는 게 아니겠어요.

"안녕하세요. 같은 동 사시죠? 아빠가 육아하시나 봐요. 매일 유모차 밀고 다니시는 거 봤어요. 안 힘드세요?"

이 말을 듣는데 눈물이 쏟아질 뻔했습니다. 가족조차 관심을 두지 않는 내게 보내는 말 한마디가 어둑한 하늘을 비추는 한 줄기 햇살처럼 따스하기만 했죠. 그날 이후로 동네 이웃들과 친해질 수 있겠다는 용기를 얻었습니다. 그분에게는 지나가는 인사에 불과했겠지만 결과적으로 그 질문 덕분에 다른 학부모와 활발히 대화하며 지내는 초등맘 카페를 만들 수 있었습니다.

▮▮▧ 대화의 기술

같은 곳을 주시하고 같은 목표를 향해 나아가는 사람! 우리는 그를 동반자라고 부릅니다. 가족 독서 활동도 동반자적 관계로 이루어지는 게 좋습니다. 서열 관계가 아닌 동반자적 관계가 되면 아이들도 주눅 들지 않고 편히 말할 수 있습니다. 책을 선정해서 읽을 때도 같은 책을 선정해서 한 권은 구입하고 한 권은 빌려서 아이와 동시에 읽어 보세요. 앞부분은 부모가 먼저 생각을 말하고 뒷부분은 아이들이 의견을 말하는 방법도 좋습니다.

아이들부터 말하게 하면 검사받는 듯한 느낌이 들지만, 부모가 먼저 생각을 말하면 아이들이 동반자적 관계로 받아들입니다. 자연스럽게 독서 후 토론 활동을 이어가다 보면 어느 순간 친숙해지고 서로의 의견에 반박할 수 있는 관계로까지 발전하게 됩니다. 토론 문화를 통해 아이들은 단순히 책을 읽은 것에 그치지 않고 스스로 사고하는 단계까지 넘어갈 수 있습니다. 이야기를 주고받고 서로 반론하는 단계에 이르면 책에 대해 말하고자 하는 부분을 글로 작성해 보는 것도 좋습니다. 머릿속에 생각나는 것을 그냥 적기보다 대본을 쓴다는 생각으로 자신이 할 말을 글로 옮겨 놓으면 중학교 진학 이후 수행 평가에도 긍정적인 영향을 미칩니다.

▌▌▌Ⅶ 질문의 기술

아이에게 책에 대해 질문할 때 조심해야 할 부분이 있습니다. 바로 답을 정해 놓고 질문해서는 안 된다는 것입니다. 듣고 싶은 답을 정해 두고 질문할 경우 아이에게 부모는 확인하고자 하는 사람, 권위적인 사람, 나한테 잘난 체하려는 사람으로 인식될 수 있습니다. 그러면 아이는 부모의 질문에 단답형으로 응하거나 모른다고 답할 수 있습니다. 김구 선생님의 책을 읽고 나서 책에 나오지 않는 질문을 했다고 가정해 봅시다.

"우리 딸, 김구 선생님 이름이 본명일까 아닐까?"

"아닌 것 같아요."

"아니라고? 그럼 본명은 뭔지 아니?"

부모가 질문하는 목적은 아이의 사고력을 길러 주고 아이에게 성취감을 느끼게 하여 책 읽는 재미를 깨닫게 하기 위함입니다. 부모의 유식함을 뽐내기 위함이 아니지요. 그렇다면 질문은 어떻게 하는 게 좋을까요?

첫째, 질문할 때는 목적성을 가지고 구체적으로 물어야 합니다. 질문이 두루뭉술하면 아이는 추상적으로 답하게 됩니다. 예를 들어 "일본은 임진왜란을 왜 일으켰을까?"보다는 "임진왜란을 일으킨 일본의 왜란 전·후 사정은 어땠을까?", "조선, 일본, 명나라는 왜란 이후 어떤 변화를 겪었을까?"처럼 질문을 구체적으로 하는 것이죠.

둘째, 생산적이고 긍정적인 질문을 해야 합니다. 정보를 수집하고 관련 내용을 분석한 후 방법을 제시할 수 있도록 질문하는 것이 좋습니다. 부정적 대답이 나오기보다 긍정적 대답이 나올 수 있도록 질문할 때 아이는 어떤 상황에서도 포기하지 않고 노력하는 마음을 가집니다. 예를 들어 아이가 경제 책을 읽고 주식 투자를 직접 해 보았다고 가정해 봅시다. 손실이 났을 때 "역시 아직 너에게는 무린가보다"라는 말보다 "책을 읽고 따라 해 보았는데 수익이 마이너스가 된 건 어떤 요인 때문일까? 좀 더 나은 결과를 위해 지금 이 상황을 어떻게 풀어 가면 좋을까?"라고 말해 주세요. 실패를 실패로 보지 않고 내일을 위한 경험으로 인식하게 하는 것이죠. 그러면 아이는 오늘보다 더욱 성장한 내일을 맞이할 것입니다.

셋째, 유사한 질문을 반복적으로 해서는 안 됩니다. 비슷비슷한 책들이라도 같은 유형의 질문을 하게 되면 아이는 부모의 잔소리로 받아들일 수 있습니다.

넷째, 새로운 전기를 마련해 줄 수 있는 창의적 질문을 해야 합니다. 질문 하나가 아이의 미래를 바꿀 수 있습니다. 창의적이라고 해서 대단한 질문을 해야 한다는 것이 아닙니다. 작지만 구체적인 질문을 통해 아이는 답을 찾아갈 수 있고 새로운 시도를 할 수 있습니다.

███ 대화 내용을 녹음하라

책을 읽고 나면 아이와 주인공에 대해서 어떤 생각을 하고 있는지, 다음에는 어떤 이야기들이 펼쳐졌으면 좋겠는지, 내가 주인공이라면 어떻게 대처했을지 등의 대화를 할 수 있습니다. 이는 혼자 책을 읽고 스스로 생각해 보기에는 쉽지 않은 일이지만 책을 읽은 사람들끼리라면 편하게 이야기를 할 수 있지요. 대화는 글쓰기보다 부담이 없기 때문입니다.

이때 스마트폰이나 녹음기를 활용해서 아이와의 대화를 녹음하세요. 처음에는 다소 두서없이 말해도 괜찮습니다. 대화가 끝난 후 녹음된 파일을 다시 듣다 보면 발음 교정도 되고 한 번 더 생각을 정리하여 글을 써 내려갈 수 있습니다. 점차 자연스러운 글쓰기도 가능해집니다.

▌▌▌▌ 독서 후 대화를 통해 알 수 있는 아이들의 변화

실제 많은 초등맘들은 독서 후 아이와의 대화를 통해 아이가 책을 좀 더 꼼꼼히 읽는 습관이 길러지는 것을 확인할 수 있었다고 말합니다. 아울러 생각의 폭이 넓어진 느낌도 들었다고 하고요. 만화책을 읽고서 뭐가 남을까 했는데 그 안에 있는 지식을 많이 기억하고 어느 순간 툭 튀어나올 때가 있어 놀랍다고 합니다.

또한 대화 전에는 아이가 책을 빨리 읽어서 내용을 이해할까 걱정했는데 구체적으로 기억하는 것은 물론이고, 질문을 세 가지만 하기로 했는데 자꾸만 더 해 달라고 해서 힘들다고까지 말합니다. 이런 피곤함이면 얼마든지 환영이지만요. 이렇듯 독서 후 대화는 아이에게는 자신감을, 부모에게는 아이에 대한 믿음을 굳건히 해 줍니다.

Q19

독서 후 사고력과 어휘력 확장,
이해력 향상을 위한 방법이 있을까요?

독서 능력이 좋은 아이가 그렇지 않은 아이에 비해서 사고력, 이해력, 창의력 등이 높은 것은 사실입니다. 하지만 책을 읽는다고 이런 능력이 저절로 생기지는 않습니다. 자신의 수준에 알맞은 다양한 책으로 창의력, 사고력, 이해력을 자극시키는 과정이 함께 이루어져야 독서 능력이 성장하고 그에 따른 어휘력, 독해력, 문제 해결력도 성장합니다.

▌▌▌ 생각하며 새로운 것을 알아가는 즐거움이
사고력의 씨앗

경험에 의해 알고 있던 것을 그대로 따르는 것이 아니라, 새로운 방법을 찾고 몰랐던 것과 알고 있던 것을 결합하면서 전과는 다른 길을 찾는 과정은 결코 쉽지 않습니다. 이 과정에 필요한 것이 생각하는 힘, 바로 사고력과 창의력이죠. 이 능력은 하루 아침에 생기지 않습니다. 의도적으로 노력하는 사람만이 가질 수 있고 그 노력의 방법 중 한 가지가 독서입니다.

아이들은 책을 읽으며 생각합니다. 물론 처음부터 자연스럽게 생각할 수는 없습니다. 부모나 선생님이 읽어 주는 이야기를 들으면서 주인공의 모습을 상상하기도 하고, 다음 내용을 예측해 보기도 하고, 모르는 내용이나 궁금한 것을 질문하기도 하죠. 그 순간이 바로 생각의 시작입니다.

전래동화인 《팥죽 할머니와 호랑이》를 읽으면서 아이는 궁금해할 수 있습니다.

"팥은 어떻게 생겼어? 호랑이는 무서워?"

오랜 경험과 받아 온 교육을 통해 이미 답을 알고 있는 부모 입장에서는 어이없는 질문일 수 있습니다. 그러나 아이의 질문이 별로 중요하지 않다고 미리 판단해 버리면 안됩니다. 경험도 교육도 아직 완벽하지 않은 아이들은 답을 유추할 수 없고 이해하기도 어렵습니다. 또한 앞으로 어떤 이야기가 펼쳐질지 모르기 때문에 아이의 생각 가지가 어디로 뻗어 나갈지 알 수 없죠.

이렇게 1차원적인 질문을 하면서 줄거리를 이해하고 기억하며, 주인공의 감정 변화에 공감할 때 글자가 주는 의미 외에도 내용이 주는 의미를 받아들일 수 있습니다. 이로 인해 아이가 생각하는 과정이 더욱 다양해지고 깊어지죠. 이 과정이 반복되면 상상력이 발현되고, 창의력이 샘솟고, 더 나아가서는 사고력이 향상됩니다. 유아들에게서만 보이는 모습이라고요? 그렇지 않습니다.

초등 고학년도 과학, 사회, 역사 등 지식 정보 책과 문학책을 읽으며 생각하는 과정을 여러 번 반복합니다. 누구든 책을 보면 현재 나의 관심사나 기존에 알고 있던 내용이 먼저 보이는데요. 만약 역사책을 본다면 어떤 아이는 인물을 중심으로 기억할 수 있고, 어떤 아이는 몇 년도인지 시대를 중심으로 기억할 수도 있습니다. 이렇게 기존에 알고 있던 내용을 중심으로 이해하면서 기억하는 것이 1차 생각 단계입니다.

그다음엔 주인공에게 공감하고, 잘 모르는 내용이지만 새로운 것을 배워 가면서 생각이 연결되고, 지식이 융합되는 2차 생각 단계로 이어집니다. 책을 다 읽은 후에는 교훈을 생각하고, 그것을 자신의 생활에 적용하면서 비판적인 사고가 만들어집니다. 이 과정은 문학책에서도 비슷하게 나타납니다.

▰▰▰ 사고력 향상을 위한 독서법

생각하는 힘, 즉 사고력은 한 단계에서 완벽한 문제 해결의 모습으로 형성되는 것이 아닙니다. 이해, 공감, 연결, 적용, 비판 등 다양한 단계를 통해 완성됩니다. 따라서 사고력 향상을 위해서는 첫째, 재독이 꼭 필요합니다. 책을 한 번만 읽고 내용을 완벽하게 이해하여 비판하거나 문제 해결 방법을 떠올릴 순 없습니다. 한 번 읽기도 싫은 책을 여러 번 읽게 하려면 무엇이 필요할까요? 바로 능동적인 즐거움입니다. 처음 읽었을 때 알게 된 내용을 기록하게 한 후, 다음번에 읽었을 때 새로이 알게 된 것을 찾을 수 있도록 힌트를 주세요. 그리고 새로운 것을 찾게 되었을 때 충분히 칭찬해 주고 다시 기록하게 합니다. 이렇게 같은 책을 여러 번 읽으면서 매번 새로운 것을 찾으면 반복 읽기의 재미를 느낄 수 있습니다.

새롭게 알게 된 지식에 대한 자랑을 충분히 할 수 있도록 여유를 갖고 들어 주는 것도 중요합니다. 자신감을 갖고 자신만의 생각을 덧붙이며 논리를 만들어 가는 과정은 비판적 사고력 향상에 도움이 됩니다.

독서의 효과는 책을 읽는 과정에서 얼마나 많은 생각의 단계로 발전하느냐에 달려 있습니다. 한 번 읽고 이해의 단계에서 멈췄다면 책의 줄거리만 기억에 남을 것입니다. 하지만 책 속에 담긴 논리와 정보, 작가의 의도를 충분히 파악하며 읽고 자신에게 연결하여 적용하는 사고의 단계까지 나아간다면 단 한 권의 책으로도 큰 효과를 볼 수 있습니다.

둘째, '고리 독서'를 해 주세요. 사람의 뇌는 알고 있거나 관심이 있는 분야에 적극적으로 반응합니다. 낯선 내용엔 뇌가 움직이지 않는다는 뜻입니다. 따라서 아이가 현재 관심 있는 분야나 읽었던 책의 내용과 연결된 책을 선정해 주세요. 1차 고리 독서는 같은 영역이나 주제의 연결입니다. 역사 혹은 전쟁사라는 주제로 연결해 읽거나, 우주의 탄생이란 주제로 책을 연결해서 읽는 것입니다. 이렇게 읽다 보면 한 가지 영역이나 주제에 대해서 다양한 지식을 배울 수 있고, 지식이 쌓일수록 자신감도 커집니다.

그 다음은 영역을 뛰어넘어 통합하는 2차 고리 독서가 필요합니다. 역사라는 주제로 책을 읽었다면 발명이라는 소주제를 만들어 인물, 나라의 지리적 요건, 발명품의 변화, 시대적 배경 등을 연결해서 책을 선정하는 것입니다. 처음엔 소주제를 만들어 책을 고르는 게 어려울 수 있습니다. 먼저 아이가 읽고 있는 책에 대해 이야기를 나누면서 주된 관심사, 더 알고 싶은 흥밋거리를 간추려 봅시다. 이것이 바로 사고의 과정이지요. 새롭게 알고 싶은 것을 적고 그에 알맞은 책을 골라 보세요. 처음부터 완벽할 수는 없습니다. 한두 개 영역부터 연결해 읽다 보면 다양한 영역으로 확장할 수 있고 새로운 것을 알아 가는 재미도 느낄 것입니다.

▮▮▮▮ 어휘력은 독해력의 필수 조건

어휘를 안다는 것은 사전적인 의미뿐만 아니라 문맥적, 사회적 의미를 이해한다는 것입니다. 일반적인 성인이 쓸 수 있는 어휘는 2만 개에서 10만 개 사이로 알려져 있습니다. 2만 개의 어휘를 사용하는 사람과 10만 개의 어휘를 쓰는 사람은 읽고 이해하는 능력, 듣고 이해하는 능력, 생각을 표현하는 능력에서 차이가 날 수밖에 없습니다.

글을 읽을 때 전체 단어 중 80% 정도를 알고 있다면 낯선 단어 20%는 추측으로 그 뜻을 이해할 수 있다고 합니다. 즉 어휘력이 높으면 독해력이 좋아지고 독해력이 좋아지면 이해력이 좋아진다는 당연한 결과가 나옵니다. 초등학교 교과서의 어휘는 1학년 때 4,173개로 시작하여 2학년은 6,114개, 3학년은 9,348개, 4학년은 11,400개, 5학년은 14,216개, 6학년은 13,778개로 점점 늘어납니다(〈초등학교 교과서의 어휘 실태 분석 연구〉, 양정실, 한국교육과정평가원, 2015). 초등 과정에서 어휘 학습을 소홀히 하면 안 된다는 것을 느낄 수 있는 부분입니다. 그렇다면 어휘력 향상을 위한 방법에는 무엇이 있을까요?

첫째, 아는 단어와 모르는 단어를 구분해 보는 습관을 들여야 합니다. 아이가 어릴 때에는 주로 그림책을 읽습니다. 책에서 모르는 단어가 나와도 그림이 도와주므로 내용을 이해하는 데 어려움이 없습니다. 또한 어릴 때 읽는 이야기책 속의 단어들은 정확한 뜻을 모르더라도 문맥상 어떤 의미인지 예측할 수 있는 수준입니다. 그렇다 보니 잘 아는 단어인지, 알고는 있지만 사용하지 않는 단어인지, 알고 있다고 착각하는 단어인지, 아예 모르는 단어인지를 파악하지 못한 채 넘어가는 경우가 많습니다. 책을 읽으면서 내가 분명하게 알고 있는 단어와 모르는 단어를 표시하고 그 뜻을 정확하게 찾아본 다음, 문장 말하기 또는 문장 쓰기를 통해 단어의 활용법을 학습해야 합니다.

영어를 학습할 때에는 단어를 암기하기도 하고 문장을 해석하는 능력을 중요하게 생각합니다. 반면, 모국어인 한글은 떼고 읽을 수 있는 순간부터 단어 교육의 중요성을 망각하는 경우가 많습니다. 새롭게 알게 된 단어는 잘 보이는 곳에 붙여 놓고 평상시 말로 표현하거나 글을 쓸 때 자주 활용할 수 있어야 합니다. 하나의 단어를 다양한 주제와 다양한 문장 속에서 여러 번 사용하다 보면 알맞은 문장과 그렇지 않는 문장을 스스로 깨닫게 되어 어휘력과 문장력이 향상됩니다.

모르는 단어를 찾아 뜻을 이해하고 문장을 만드는 활동을 할 때에는 낯선 책보다는 아이가 이미 내용을 잘 알고 있는 책, 아이의 수준보다 쉬운 책을 활용해야 아이가 부담을 덜 느낄 수 있습니다. 만약 아이가 책 속 단어를 모두 안다고 말한다면 부모가 함께 단어를 찾아보세요. 아이가 알고 있는 뜻을 이야기한 다음 같이 정확한 뜻을 확인해 나가면 알고 있다고 착각했던 단어를 찾을 수 있습니다.

둘째. 개념어를 정확하게 이해해야 합니다. 일상생활에서 흔하게 접하고 사용하지만 정확한 뜻은 알지 못하고 넘어갈 수 있는 사회 개념어, 과학 개념어, 문학 개념어를 적기에 맞춰 학습해야 합니다. 다음 문장을 예로 들어 보겠습니다.

"공공 기관에 직접 찾아가서 필요한 정보를 얻는 조사 방법입니다."

위에서 설명하는 조사 방법은 무엇일까요? 초등 4학년 1학기에 나오는 답사, 견학, 현장 학습을 가리키는 개념어인데요. 정답은 '견학'입니다. 답사, 견학, 현장 학습 모두 일상생활에서 쉽게 접하고 사용하는 말이지만 정확한 뜻을 모른다면 틀릴 수도 있는 문제입니다.

이 외에도 다양한 사회 개념어, 과학 개념어를 정확하게 이해하고 활용할 수 있어야 합니다. 학년에 맞춰 필요한 개념어 학습의 기준은 교과서에서 제시하고 있습니다. 과목별 교과서에서는 각 단원별로 중요한 단어를 표시하거나 뜻을 따로 적어 놓는 경우가 있습니다. 이런 단어는 그 단원을 학습하는 데 꼭 필요한 단어일 뿐만 아니라 교과목을 이해하는 데 필수적이므로 학년에 맞춰 학습해야 합니다.

문학 개념어는 무엇일까요? 현대시에서 사용하는 다양한 표현법 중 '어떤 현상이나 사물을 직접 설명하시 않고 다른 비슷한 현상이나 사물에 빗대어서 설명하는 것' 즉 비유가 있습니다. 비유법에는 은유법, 직유법, 의인법, 활유법, 풍유법 등이 있는데, 이 개념어들의 뜻을 정확하게 알지 못하면 문학을 이해하는 데 어려움이 따르죠. 물론 개념어들은 중등 과정부터 구체적으로 등장합니다. 그러나 개념어에도 정확한 뜻이 있으며, 일상생활에서 접하면서 느끼는 추상적인 의미로는 그 뜻을 완벽히 이해할 수 없다는 것을 알고 있어야 합니다. 그렇지 않으면 중학생이 되어서 문제조차 이해하지 못할 때 '내가 단어의 뜻을 모르니 찾아봐야겠다'고 능동적으로 생각하는 게 아니라 '어렵다, 모르겠다'며 쉽게 포기하게 됩니다.

▌▌\\ 문장을 이해하고 해석할 수 있는 문해력이 학습의 기초 능력

유아에겐 이야기책을 읽어 주기만 해도 어휘력이 늘어 언어 발달에 도움이 된다고 합니다. 또한 이야기를 읽어 주는 것을 넘어 독서 중 대화를 한다면 더 많은 어휘를 습득하고 올바른 독서 습관을 갖추게 된다는 연구 결과도 있습니다. 책을 읽어 주는 데에서 그치는 것이 아니라 느낌을 이 야기해 보도록 하고 그 말을 존중해 주는 것이 중요한 것입니다. 아이가 표 현한 문장에 어휘를 추가하거나 완전한 문장으로 다시 말해 주세요. 아이가 능동적으로 이야기를 끌어 가면서 책의 내용을 더 깊이 이해하고, 책을 나 의 상황과 연결하여 생각하는 과정을 이끌어 내는 대화 독서법입니다.

독해력이 단어나 문장의 뜻을 이해하는 것이라면, 문해력은 글의 의미를 구성하기 위해 사회적 맥락에서 요구되는 방식으로 읽고 쓸 수 있는 능력 과 의지를 말합니다. 다시 말해 문해력은 글의 표면에 나타나 있는 의미뿐 만 아니라 그 의미들 사이에 숨겨져 있는 사회, 정치, 신념이나 의도를 비판 적으로 읽어 낼 수 있는 능력입니다. 이러한 문해력은 결국 듣기, 읽기 과정 에서 의미를 얼마나 파악하느냐에 달려 있습니다. 이해력의 차이뿐만이 아 니라 학습 능력의 차이도 분명하게 나타나지요. 그렇다면 문해력을 높이기 위해서 무엇을 어떻게 해야 할까요?

첫째, 듣기 능력을 키워야 합니다. 듣기 능력은 단순히 소리를 듣는 것이 아니라 소리를 통해 정보를 파악하고 해석하는 능력입니다. 듣기 능력이 갖 춰지지 않으면 다른 사람의 말을 들어도 무슨 내용인지 이해하지 못합니다. 더욱이 현재 초등 과정은 대부분 구술로 진행됩니다. 교육 개정에 따라 토 론식 수업 비중이 늘고 모둠 형식의 협력 학습이 증가하면서 학습의 60% 이상은 말을 듣고 이해해야 하는 수업이죠. 듣기 능력이 떨어진다면 학습 또한 힘들어질 수밖에 없습니다.

듣기 능력을 키우기 위해 가장 먼저 할 일은 책을 소리 내서 읽는 것입 니다. 소리 내어 읽음으로써 나의 목소리를 들을 수 있고, 눈으로 읽는 것과 소리로 읽는 것의 속도 조절이 가능해집니다. 또한 눈으로만 읽을 경우 속도가 빨라 조사나 모르는 단어를 빼먹고 읽거나, 적혀 있는 단어가 아닌 스스로 생각한 단어로 읽는 경우도 있습니다. 꾸준하게 소리 내어 읽는 연습을 하면 이런 습관을 교정할 수 있습니다. 읽는 소리를 귀로 다시 들으면서 내용을 곱씹는 연습도 가능해집니다. 그다음엔 다른 사람이 읽어 주는 책을 들으면서 책의 내용을 기억하는 연습이 필요합니다. 목소리로만 듣기 때문에 집중력과 몰입에 도움이 됩니다.

둘째, 책 내용에 대한 질문을 스스로 만들어 보는 것입니다. 아이와 책을 읽을 때 끝까지 다 읽는 것을 목표로 하거나, 책의 내용을 전달하는 것에 목표를 두면 어떨까요. 게다가 그것을 확인하는 단답형의 질문을 계속한다면 아이들은 독서를 재미없고 지루한 것으로 여길 것입니다. 책은 끝까지 정독하지 않아도 되고, 읽고 싶은 부분부터 읽어도 되고, 읽던 책을 다시 반복해 읽어도 됩니다. 책을 읽고 난 뒤 상호 작용하며 자신이 알게 된 것과 궁금한 것을 이야기해도 부모로부터 존중받을 수 있다면 성공한 독서죠. 책을 처음부터 끝까지 완독한 다음에만 질문할 필요는 전혀 없습니다. 질문은 언제든지 자유롭게 할 수 있어야 합니다.

▮▮▨ 질문을 만드는 주체는 늘 아이여야 합니다

책을 읽기 전 표지를 보며 질문을 하면 책에 대한 기대감을 유도할 수 있습니다. 책을 읽는 과정에서는 소주제별로 질문을 만들 수도 있습니다. 책을 다 읽고 나서는 전체적으로 이해를 잘하고 있는지 알아보기 위해 질문을 만들 수 있습니다.

질문의 종류는 흥미를 유발하는 질문, 책을 이해하는 데 필요한 어휘나 개념 질문, 책을 읽는 목적에 대한 질문, 등장인물과 배경에 대한 질문, 사건에 대한 질문, 문제 해결 방법에 대한 질문, 주제에 대한 질문으로 세분화할 수 있습니다. 이런 질문을 한꺼번에 만드는 것은 매우 어렵습니다. 책을 읽기 전 오늘은 어떤 질문을 만들 것인지 아이와 함께 이야기해 정해 놓고 그와 관련된 질문을 만들어 보세요. 만약 아이가 혼자 질문 만들기를 어려워한다면 질문을 하나씩 주고받아도 좋습니다. 그리고 질문의 난이도는 직관적으로 알 수 있는 것부터 곰곰이 생각해야 할 것까지 다양하게 만들도록 합니다.

예를 들어 등장인물에 대한 질문이라면 '①등장인물은 몇 명일까? ②주인공이 입은 옷은 어떤 색일까? ③주인공이 좋아하는 것은 무엇일까? ④주인공과 내가 닮은 점은 무엇일까? ⑤주인공의 행동 중 칭찬해 주고 싶은 행동은? ⑥만약 내가 주인공이라면 난 이런 상황에 어떻게 했을까?'처럼 쉽고 가벼운 것부터 만들어 본 후 책의 내용, 나의 현실에 적용하는 단계로 질문을 확장하는 것입니다. 문제를 출제하는 과정을 통해 책을 꼼꼼하게 볼 수 있고, 질문의 정답까지 생각해야 하기 때문에 책에 대한 이해력이 높아질 수 있는 활동입니다. 또한 문제를 출제하는 횟수가 많아지면 아이 스스로 난이도 높은 문제를 내려고 노력하지요. 이 과정이 곧 문해력을 키워 주는 과정입니다.

Q20

독서 논술
어떻게 준비하면 될까요?

2015년 개정 교육과정에서는 독서 교육 강화, 토의 토론 수업 확대, 과정 중심의 평가를 도입하여 창의융합형 인재 양성을 목표로 하고 있습니다. 평가 방법 또한 서술형 평가, 수행 평가에 맞춰 생각 쓰기 등으로 확대되면서 독서 논술에 대한 중요성이 높아졌습니다. 그렇다면 독서 논술은 무엇일까요?

먼저 논술의 뜻을 알아보면 '어떤 문제에 대하여 자기 생각이나 주장을 논리적으로 풀어서 적은 글'입니다. 대표적인 논술 유형은 세 가지입니다. 첫째, 어떤 주장에 대해서 찬성인지 반대인지, 또 다른 입장인지 선택한 후에 근거를 가지고 자기 생각을 서술하는 '찬반논의형'이 있습니다. 둘째, 어떤 문제를 해결할 수 있는 방법을 서술하는 '문제해결형'이 있습니다. 셋째, 자료를 보고 요약하거나 공통적인 주제를 찾고 추론을 통해 자료 속 문제를 분석하여 서술하는 '독해형'이 있습니다. 이때 논술의 자료를 책으로 선정한 것이 바로 독서 논술입니다. 책에서 읽은 내용을 바탕으로 논제에 맞춰 자기 생각이나 주장을 풀어서 적은 글을 말하는 것입니다.

체계적인 독서 논술은 초등 고학년 정도의 기본 독해력을 갖춘 상태에서 이루어집니다. 어린 나이에 시작하는 독서 논술은 내용을 이해하거나, 이해한 내용을 정리하기, 자신의 생각 표현하기를 위한 예비 활동이라고 볼 수 있습니다.

◼◼◣◥ 많이 읽기

무엇보다 많이 읽는 것이 중요합니다. 많이 읽어서 향상되는 기술은 여러가지인데 그중에서 글쓰기에 직접적으로 도움이 되는 부분은 배경지식 확장과 완전한 문장 학습에 있습니다. 배경지식은 책의 내용을 좀 더 정확하고 빠르게 이해할 수 있게 도와줍니다. 또 창의력을 자극하여 사고력 향상에도 도움을 줍니다. 그래서 유아 시기부터 다양한 배경지식과 간접 체험을 제공하기 위해 폭넓은 독서 활동을 하는 것이지요.

그렇다고 빠른 속도로 많은 권수를 읽으라는 뜻은 아닙니다. 30분 동안 책 10권을 읽은 아이를 칭찬한다면 아이들은 쉽게 빨리 읽을 수 있는 책만 읽게 될 것입니다. 많이 읽는다는 것은 시간 대비 책의 권수를 가리키는 게 아닙니다. 다독은 다양한 영역의 책을 폭넓게 읽음으로써 여러 경험을 쌓는 과정입니다.

다독에는 다양한 분야의 책을 읽는 '수평적 다독'과 한가지 분야만 읽는 '수직적 다독'이 있습니다. 수평적 다독과 수직적 다독을 고르게 경험하면 배경 지식이 확장되고 축적되면서 지식 수준이 높아집니다. 이렇게 쌓인 지식은 글을 읽을 때는 물론이고, 글을 쓸 때에도 타당한 근거 제시와 합리적인 주장의 밑바탕이 됩니다.

책에 쓰여진 글은 완벽한 형태로 구성된 완성형 문장입니다. 반면 우리가 말하는 문장은 완벽한 문장이 아닌 경우가 많습니다. 일상생활 속에서 말하는 것처럼 글을 쓰다 보면 어딘가 어색하고 무슨 뜻인지 잘 모르겠는 문장으로 나올 때가 있습니다. 이는 문법에 맞지 않는 경우입니다. 책을 많이 읽다 보면 정확한 문법은 모르더라도 잘 어울리는 문장이나 표현을 자연스럽게 익히게 됩니다. 소설, 비소설, 설명문, 생활문 등 다양한 영역의 글을 읽으며 접한 작가들의 개성 있는 문체와 독특한 표현들은 말하거나 글을 쓸 때 밑거름이 됩니다. 특히, 책을 소리 내 읽어 글을 눈과 소리로 익히면 완벽한 문장 구조를 자연스럽게 배울 수 있습니다.

▋▋▋\ 중심 문장을 찾으며
글의 전체 구조 이해하기

초등 3학년 1학기 국어 교과서에는 문단의 짜임을 학습하는 단원이 있습니다. 글의 중심 문장과 뒷받침 문장을 찾아 주제를 파악하는 단원입니다. 무조건 많이 읽는다고 중심 문장을 찾고 주제를 파악할 수 있는 것은 아닙니다. 주제를 잘 찾는 아이들은 대개 글을 여러 번 써 본 경험이 있습니다. 글을 잘 쓴다는 것은 글을 잘 읽는다는 뜻이기도 합니다. 글을 쓰는 것과 글을 읽는 것이 크게 다르지 않기 때문입니다.

글을 쓰려면 먼저 개요를 짜야 합니다. 개요를 짜기 위해서는 전하려는 핵심 주제를 정하고, 그 주제를 전달하기 위해 몇 가지 근거와 주장을 써야 합니다. 주제와 근거를 효율적으로 전달하기 위해 문단으로 나눠서 쓰게 되는데 그렇게 작성된 개요에 살을 붙여 글을 쓰면 전체 글이 완성됩니다.

이 과정을 읽기에 동일하게 적용하면 글의 전체 구조를 이해하는 데 도움이 됩니다. 글 한 편을 100으로 본다면 20% 미만의 분량이 80% 이상의 내용을 담고 있다고 합니다. 그래서 20%에 해당하는 중심 문장을 찾을 수 있어야 합니다. 각 문단의 주제를 찾고 그것을 하나로 묶는 전체 주제를 찾아 작가가 전하고자 하는 내용의 의미를 파악하는 것이 글을 읽는 방법입니다.

따라서 글을 읽을 때 문단마다 중심 내용을 파악하며 읽는 습관을 만들면 긴 글의 내용도 쉽게 파악할 수 있습니다. 문단별로 끊어서 읽은 후 문단의 주제를 찾는 것이죠. 문단 속에서 중심 내용을 찾을 때에는 핵심 단어를 먼저 찾은 다음 그에 대한 설명이나 의도를 파악해 중심 문장을 찾아야 합니다.

글의 구조를 이해하려면 의미 단위의 문단부터 이해하는 것이 첫걸음입니다. 글의 구조는 글의 종류에 따라 다르게 구성됩니다. 따라서 다양한 글을 읽어야 하고 글을 읽으면서 의미 단위의 문단을 나누고 중심 문장을 찾는 연습을 꾸준히 해야 합니다.

▍▍Ⅳ 교과서 내용 요약 정리하기

초등 3학년 이상의 아이들도 독서 후 줄거리 요약하기 활동을 어려워합니다. 요약하라고 하면 줄거리를 나열하듯이 쓰는 게 대부분입니다. 요약하기가 어려운 이유는 듣기와 읽기 활동은 정보를 습득하는 과정인 반면, 말하기와 쓰기는 습득한 정보를 나만의 방식으로 표현하는 활동이기 때문입니다. 더군다나 요즘엔 자습서, 문제집을 통해 요약 정리된 내용을 자주 보기에 자신만의 요약 방법을 찾지 못합니다. 그러나 요약 정리는 내용을 다시 한 번 나만의 방식으로 기억하면서 진짜 자기 것을 만들 수 있기 때문에 꼭 필요한 과정입니다.

요약하기 방법은 다양합니다. 처음부터 전체 내용을 요약하기보다는 장소나, 시간, 사건을 중심으로 요약하면 됩니다. 예를 들어《토끼와 거북이》라는 이솝 우화를 읽고 장소의 변화를 중심으로 요약해 보세요. 용궁의 배경부터 시작했다면 '용궁 – 들판 – 용궁 – 물가 – 용궁'처럼 장소가 변화된 순서대로 정리하는 것입니다. 그다음 장소에 따른 사건을 덧붙여 적는다면 장소에 따른 사건의 변화를 요약할 수 있습니다.

문학책이 아닌 지식 정보책인 경우 앞에서 이야기했던 문단별 중심 문장을 찾고 중심 내용을 마인드맵으로 그리며 정리합니다. 생각 정리법으로 잘 알려진 마인드맵은 핵심어를 중심으로 머릿속의 생각을 이미지화하는 방법입니다. 사고를 체계적으로 정리하는 데 도움이 되죠. 이미지로 저장한 내용은 글자보다 더 정확하게 기억될 수 있으며 보다 폭넓은 연상 반응을 불러일으키기도 합니다. 그 외에 육하원칙으로 요약하기, 그림으로 요약하기, 이야기 구조(기-승-전-결, 발단-전개-위기-절정-결말)로 요약하기, 글의 짜임(비교와 대조, 주제 나열 순서, 문제와 해결)에 따라 요약하기 등 다양한 방법이 있습니다.

요약하기를 연습하기에 가장 좋은 교재는 교과서입니다. 교과서는 학습에 필요한 내용이 담겨져 있으니 학습 효과도 좋습니다. 또한 교과서에 실린 글은 모두 잘 다듬어져 있기 때문에 주제를 명확하게 이해할 수 있으며, 의미 중심 문단 구성도 잘 되어 있습니다. 스스로 요약한 내용과 참고서나 문제집에 나와 있는 요약 정리를 비교해 보면 놓친 부분을 체크할 수도 있습니다.

⬛\\ 매일 한 문장씩 쓰는 습관 만들기

글을 잘 쓰기 위해서는 많이 써 봐야 합니다. 하지만 아이들은 글을 잘 쓰고 싶은 생각이 별로 없고, 글을 쓰기 위한 연습도 싫어하죠. 글을 잘 쓰는 것의 장점을 모르고 어떤 글이 잘 쓴 글인지도 모르기 때문입니다. 이런 악순환이 반복되어 아이들은 점점 글쓰기를 어려운 것이라고 여깁니다. 이 과정을 바꿔 주는 방법은 글쓰기의 재미를 알려주는 것입니다. 잘 쓸 수 있는 어휘력, 배경지식, 쓰기 전략을 가지고 있다 하더라도 쓰기 자체가 지루하고 긴장되는 일이라면 쓰기 힘들 것입니다. 그래서 쉽게 글을 쓸 수 있는 내용과 아주 간단한 양부터 제시해야 합니다. 한번 성공한 기억은 자신감과 동기 부여를 주기 때문입니다.

우선 글쓰기 시간을 정하는 것이 좋습니다. 습관 형성에 가장 좋은 방법은 매일 꾸준하게 반복하는 것입니다. 초등 저학년은 배운 단어를 이용해 한 문장 쓰기를 권합니다. 동일 단어를 이용해 오늘 나의 일상생활에 적용해서 한 문장 쓰기, 책 속의 내용을 표현하여 한 문장 쓰기로 하루에 두 문장을 완성하는 것입니다. 이렇게 매일매일 문장 쓰기를 반복하다 보면 1년이면 365개의 단어, 730개의 문장을 써 보게 됩니다.

초등 고학년은 세 줄 일기 쓰기를 합니다. 먼저 오늘 하루 일과 중 구체적인 사건을 떠올리도록 합니다. 그다음 사건을 설명할 수 있는 단어 세 개를 정하고, 이를 이용해서 세 줄의 일기를 씁니다. 그렇게 쓰다 보면 단어를 선택하는 방법이 다양해지고 신중하게 고를 수 있습니다. 세 줄 일기가 부모의 눈높이에서는 답답하고 부족해 보일 수 있습니다. 하지만 여기에서 가장 중요한 것은 아이가 글쓰기에 흥미를 갖고 두려움을 없애는 것입니다.

반복적인 행동이 뇌에 영향을 미치는 기간은 21일이라고 합니다. 즉 습관이 형성되려면 적어도 삼 주가 지나야 가능하다는 것입니다. 다른 말로 하면 글쓰기를 시작해서 21일 동안 지속하기가 어렵다는 뜻이기도 합니다. 그러니 아이의 글쓰기 실력이 나날이 성장할 것이라고 생각하기보다 비슷한 양이라도 매일 꾸준하게 실천하면서 즐거움을 느끼고 자신감을 키워 가도록 하는 게 중요합니다.

Q21

첨삭, 글쓰기 지도
어떻게 하면 될까요?

　　어릴 때부터 책을 많이 읽은 아이들을 보면 발표를 잘하고 글도 잘 쓰곤 합니다. 이러한 아이들은 상황에 어울리는 단어를 선택하고 매끄러운 표현을 해 공감을 얻지요. 그렇다면 글이 먼저일까요, 말이 먼저일까요? 정확하게 구분해서 무엇이 먼저라고 할 수는 없겠지만 말을 잘하는 사람들이 글을 잘 쓸 수 있는 가능성이 훨씬 높습니다. 말을 잘하면 듣는 사람들에게 좋은 문장과 좋은 표현력으로 내용을 잘 전달하고 감동을 주기도 하죠. 이렇게 읽기, 말하기, 쓰기는 어느 것 하나 빼놓을 수 없는 중요한 언어 능력입니다.

▌▌▚ 토론하는 연습이 논리력을 키운다

　　가정에서 글쓰기 지도를 한다는 것이 쉬운 일은 아닙니다. 본격적인 글쓰기 지도를 하기 전에 토론과 말하기 환경부터 점검해야 합니다. 토론하기 위해서는 다양한 배경지식과 근거가 필요합니다. 글쓰기에 필요한 능력과 다르다고 볼 수 없죠. 다만 글로 표현하지 않고 말로 표현하는 것이 다를 뿐입니다.

토론이라고 해서 어렵게 생각할 필요는 없습니다. 가정에서의 토론인만큼 온 가족이 참여하는 것이 가장 좋습니다. 가족 토론은 아이의 말하기 능력과 토론 능력의 향상을 위한 목적도 있지만 가족 간의 정서적 유대감과 안정감을 향상시키는 데도 도움이 됩니다. 토론을 너무 오래하면 지칠 수 있기 때문에 시간을 정하는 것도 좋은 방법입니다. 부모나 나이 많은 형제가 가르치려 하거나 모르고 있음을 질책하는 발언, 인신공격을 하지 않도록 규칙을 정하는 것도 좋습니다.

가정에서 토론할 경우 감정 조절이 미숙한 아이들이 쉽게 흥분하거나 좌절할 수 있습니다. 사회자의 진행과 적절한 중재가 반드시 필요합니다. 정리된 의견을 조리 있게 설명하여 상대방을 설득하는 능력을 키우는 것이 목적인 활동입니다. 그러므로 상대방 의견을 잘 듣고 공감하거나 비판하고, 궁금한 부분은 의문을 제기하도록 유도하는 것이 부모의 역할입니다.

토론의 주제는 찬반 의견을 내놓을 수 있고, 너무 어렵지 않은 것이 적당합니다. 사회적 이슈가 된 신문 기사를 보고 주제를 정하는 것도 좋지만 우리가 사는 동네, 학교생활, 일상생활 속 주제를 선정해도 좋습니다.

주제를 정해 토론했다면 그 내용을 글로 정리하는 시간이 필요합니다. 아이가 어리거나 아직 글에 대한 부담감이 있다면 부모가 정리해도 됩니다. 토론 주제, 그에 대한 찬성과 반대 의견을 적고 의견에 대한 근거를 정리하는 것입니다. 이렇게 정리된 내용은 추후 글을 쓸 때 소재가 되기도 하고,

주장에 대한 근거를 찾는 데 활용될 수 있습니다.

▮▮▮ 글쓰기의 시작은 관찰

교육부에서는 관찰력을 다음과 같이 정의합니다.

"관찰력이란 관련 지식과 오감을 사용하여 문제와 관련된 사물과 현상에 대해 필요한 정보와 자료를 얻는 탐구 과정의 가장 기본적인 활동이다."

관찰은 단순하게 보는 것이 아니라 탐구하고 사고하는 활동입니다. 글쓰기에서도 관찰력은 빼놓을 수 없습니다. 눈이 오는 모습을 글로 쓴다고 상상해 볼까요. 눈 내리는 풍경을 얼마나 자세히 관찰하느냐에 따라 글의 내용에 많은 차이가 나타납니다. 눈이 내리는 하늘, 쌓인 눈 위를 밟고 지나가는 사람들, 정원 구석에서 눈을 핥는 강아지 등을 유심히 바라보고 본 것 그대로 서술한다면 어떨까요? 일상적이고 특이하지 않은 글감이라도 훌륭한 글을 완성할 수 있을 것입니다.

글을 쓰는 소재인 글감은 구체적인 것이 좋습니다. 주변에서 쉽게 찾을 수 있는 글감을 선택해서 자세히 관찰한 다음 글로 쓰거나, 관찰하는 것과 동시에 상상해 나가며 이야기를 쓸 수도 있습니다. 예를 들어 집에 귤이 있어서 귤을 글감으로 선택했다면 과학 탐구 형식으로 귤의 모습을 관찰해 설명문을 쓸 수 있겠죠. 그게 아니라면, 농장에서 자란 귤이 우리 집에 오기까지의 과정을 상상해 생활문을 쓸 수도 있습니다. 귤을 먹는 가족의 모습을 생생하게 표현하는 글을 쓸 수도 있겠네요. 글은 어렵고 주제가 교훈적이어야 한다는 선입견을 버리고 주변에서 쉽게 볼 수 있는 평범한 것들부터 구체적으로 관찰하고 표현한다면 글쓰기 실력이 향상될 것입니다.

필사는 단순한 베껴 쓰기가 아닙니다. 책 내용을 그대로 옮겨 쓰다 보면 새로운 단어를 만나게 됩니다. 그때마다 아이는 새로운 단어를 습득하고 어려운 문장도 자주 접하면서 자연스럽게 어휘력이 향상됩니다. 또한 정확한 단어와 문장을 꾸준히 접하다 보면 틀린 단어와 문장을 봤을 때 어떤 점이 어색한지 알 수 있습니다. 책의 내용을 그대로 옮겨 적기 위해서는 단어나 짧은 문장을 순간순간 외워야 합니다. 필사를 꾸준히 하면 외울 수 있는 문장 길이가 늘어나 암기력을 높이는 데도 도움이 됩니다.

필사로 얻을 수 있는 가장 큰 효과는 집중력입니다. 어떤 글을 그대로 따라 쓰려면 읽고 쓰는 행위에 온전히 집중할 수밖에 없습니다. 집중력 역시 단기간에 갑자기 만들어지는 것이 아닙니다. 어릴 때부터 훈련이 필요한데 필사는 이를 늘리는 가장 좋은 방법입니다. 정해진 페이지를 필사하면서 문장과 문장 사이, 문단과 문단 사이의 관계를 파악하는 능력이 향상되죠. 또한 책 속에 등장하는 낯선 단어나 개념을 따로 이해함으로써 지식도 축적하게 됩니다.

필사를 할 때에는 짧은 내용부터 시작하는 것이 좋습니다. 만약 학습 내용을 따라가기 어려운 초등 3, 4학년의 아이라면 사회, 과학, 국어 교과서를 필사하는 것도 좋은 방법입니다. 논술을 시작하는 아이라면 신문 기사나 논설문 등을 필사하여 문장 구조를 익히면 좋습니다. 타인의 감정을 이해하는 것이 어려운 아이의 경우 창작 동화를 필사하면서 감정적 단어에 공감하게 하거나, '감정 사전'류의 책을 필사하면서 자신의 감정을 문장으로 만들어 보는 것도 도움이 됩니다.

▌▌▌▌ 첨삭하기

글쓰기에 첨삭이 필요할까요? 글에 정답이 있을까요? 내 생각을 담은 글에 가장 좋은 피드백은 무엇일까요? 초등 저학년이 글을 썼거나, 자기 일상과 생각을 담은 생활문이라면 글의 옳고 그름을 따지는 피드백은 그리 효과적이지 않습니다. 그보다는 글에 대한 자신감을 줄 수 있는 격려가 최고의 첨삭이겠지요. 하지만 초등 고학년이 쓴 글, 주장이 담긴 글, 지식 정보 전달이 목적인 글에는 첨삭이 필요합니다. 이때 첨삭의 기준은 네 가지로 나눠 볼 수 있습니다.

첫째, 제시문과 논제가 있는 경우에는 논제를 제대로 이해했는지 확인해야 합니다. 즉 글로 써야 하는 주제를 제대로 잘 파악하고 썼는지가 중요합니다. 간혹 제시문과 논제를 제대로 이해하지 못한 경우 자기가 해석한 대로 글을 쓸 수 있기 때문입니다. 이럴 땐 제시문을 한번 더 읽어 보면서 내용과 논제 이해가 다시 이루어져야 합니다.

둘째, 주장을 뒷받침하는 근거가 명확한지 확인해야 합니다. 자기 주장을 강화하기 위해 논리적 비약을 하거나, 주관적인 근거를 제시하거나, 근거를 생략하고 주장만 펼쳤을 경우엔 객관적인 근거를 찾아서 쓸 수 있도록 도와야 합니다.

셋째, 글을 쓰기 전 작성했던 개요의 구성대로 짜임이 완성되었는지 확인해야 합니다. 물론 글을 쓰다 보면 개요보다 더 나은 생각이 떠오를 수 있습니다. 그래서 수정할 수도 있죠. 만약 글을 고쳤다면 전체적인 일관성을 유지하는지, 형식적인 측면에서 서론, 본론, 결론의 특성에 맞게 구성되었는지, 글이 매끄럽게 연결되었는지 확인해야 합니다.

마지막으로 맞춤법, 적절한 어휘 사용, 정확한 문장이나 문법의 오류를 점검해야 합니다. 글의 표현력이 적절하고 오류가 적을수록 글에 대한 신뢰도가 높아집니다. 그러므로 어릴 때부터 글을 제대로 쓰는 연습이 필요합니다.

부모가 무조건 고쳐 주는 첨삭보다 자신이 쓴 글을 소리 내어 읽으며 문법이 이상하거나 흐름이 매끄럽지 않은 부분을 스스로 찾아서 수정할 수 있게 하는 방법을 추천합니다. 학년이 올라가고 글을 여러 번 써 본 경험이 있다면 제시한 네 가지 첨삭 기준을 아이에게 알려 주세요. 스스로 첨삭할 수 있도록 하는 것이 글쓰기 향상에 더 큰 도움이 됩니다.

4장

초등맘을 안심 시켜 줄

우리 아이 성적 향상
독서 키워드 9

Q22

초등 3, 4학년 교실 속
독서 교육은 잘 이뤄지고 있나요?

[초등 3, 4학년 독서 단원]

		학습 목표
3학년	1학기	책을 끝까지 읽고 중요한 내용이나 인상 깊은 장면을 말할 수 있다.
	2학기	책을 끝까지 읽고 생각이나 느낌을 말할 수 있다.
4학년	1학기	책을 꼼꼼히 읽고 중요한 내용이나 인물에 대해 말할 수 있다.
	2학기	책을 꼼꼼히 읽고 생각이나 느낌을 말할 수 있다.

2015 개정 교육과정에 따라 초등 3, 4학년 국어 교과서에 독서 단원이 1학기 8시간, 2학기 8시간으로 신설되었습니다. 이 독서 단원의 취지는 수업 시간에 책 한 권을 끝까지 읽고 다른 사람들과 생각을 나눌 수 있는 시간을

확보하기 위함입니다. 즉, 1, 2학년과는 달리 3학년부터는 40분 수업 안에 책 한 권을 읽을 수 없기 때문에 따로 독서 단원이 주어지게 된 것이죠.

그림책에서 글밥이 많은 도서로 넘어가는 단계이므로 독서에 흥미를 잃지 않도록 주의해야 하는 시기입니다. 독서 단원의 학습 목표와 같이 3, 4학년은 책을 끝까지, 제대로 읽어 내야 합니다. 아이가 긴 글 독서에 적응할 수 있도록 부모님이 함께 읽기를 권장합니다. 한글 읽는 것이 매끄럽지 않다면 처음에는 부모님이 소리 내서 읽어 주거나 오디오북의 도움을 받는 것도 좋은 방법입니다.

▌▌▊ 교실 속 독서 환경

교실 한편에 선생님이 학년 수준에 맞게 좋은 도서들을 골라 학급 문고를 비치해 둡니다. 일반적으로 책등이 보이게 꽂아 놓으면 아이들은 무슨 책인지 고르기 위해 책을 넣었다 뺐다 하면서 시간을 보냅니다. 그런데 책에 관심 있는 아이들만 꺼내서 살펴보죠. 즉, 독서에 관심 없는 아이들은 애초에 책을 꺼내 보지도 않는다는 것입니다.

아마 가정에서도 아이들을 위해 추천 도서 세트나 시리즈물을 구입해 책장에 빽빽하게 꽂아 두었을 것입니다. 아이는 좋아하는 책만 꺼내 읽고, 많은 책이 아이의 관심을 받지 못해 장식품처럼 꽂혀 있을 테지요. 이럴 때 의도적으로 책 표지가 보이도록 책을 집 안에 전시해 보세요. 교실에서도 이렇게 책 표지가 보이게 두면 아이들이 책에 훨씬 많은 관심을 보이고 어떤 내용일지 궁금해합니다.

아무래도 3, 4학년이 되면서 아이들은 그림이 줄고 글이 많은 책을 접합니다. 그러다 보니 아이들이 책에 대한 정보를 직관적으로 얻을 수 있는 것은 표지뿐입니다. 표지에는 이야기 배경, 주제, 인물, 대사 등 생각보다 많은 정보가 담겨 있습니다. 주기적으로 아이가 읽었으면 하는 책 위주로 전시하면 독서에 관한 아이의 관심을 키울 뿐만 아니라 다양한 장르의 책을 읽게 할 수 있습니다.

Q23

초등 3, 4학년
책 고르는 방법은요?

　　초등 1, 2학년 아이들은 그림을 보고 책을 고릅니다. 하지만 3, 4학년쯤 되면 글의 내용을 보고 책을 골라야 합니다. 이때 "평소 관심이 많던 내용인가?", "읽기 적당한 쪽수인가?", "아무데나 폈을 때 모르는 낱말은 몇 개인가?(5개 이하가 적당함)"라는 질문을 해야 합니다. 이 세 가지 질문은 아이들이 독서에 흥미를 잃지 않도록 하는 최소한의 기준이죠. 특히 모르는 낱말에 대한 기준이 중요합니다. 학년 추천 도서처럼 좋은 책이라고 해도 아이 수준에 맞지 않으면 과감히 포기하는 게 좋습니다. 1, 2개 정도 모르는 낱말은 뜻을 찾아가며 독서 흐름에 방해되지 않게 읽을 수 있습니다. 하지만 모르는 낱말이 많을 경우 단어 뜻을 찾는 데 집중하게 되어 흥미를 잃습니다. 앞서 언급했듯이 가장 중요한 건 아이가 '끝까지, 제대로' 읽는 것입니다.

3학년 시기에는 도서관에 다니면서 읽고 싶은 책을 고르도록 아이에게 선택권을 주세요. 부담스럽지 않은 장편 동화나 엉뚱한 내용으로 상상력을 자극하는 도서를 추천합니다. 이런 식으로 어느 정도 독서에 적응했다면 다양한 장르의 책을 접할 수 있도록 부모가 책 분류 번호를 지정해 주는 것이 좋습니다. '900(역사)이 붙어 있는 책 중에서 읽고 싶은 책을 찾아보자' 이런 식으로요. 000부터 900번까지 다양한 장르를 접하면서 아이가 좋아하는 분야를 발견해 나갈 수 있습니다.

책을 고르는 것에 대한 나름의 기준이 생긴 다음에는 서점에 방문하여 책을 구입하도록 합니다. 4학년 때부터는 조금 더 꼼꼼히 읽어야 하기 때문에 자기 책을 갖게 되면 밑줄을 치거나 자기 생각을 적을 수 있습니다. 또한 자기가 고른 새 책을 갖게 되었을 때 설렘과 애착이 생겨 독서가 더욱 즐거워집니다.

▌▌◥ 읽기 자체에 집중하는 경험

어떤 책을 읽을지 고르는 것만큼 중요한 것이 읽기 자체에 집중하도록 습관을 만들어 주는 것입니다. 3학년이 되면 독서에 푹 빠지는 아이와 아예 관심이 없는 아이로 나눠집니다. 그래서 꾸준하게 독서를 하도록 만드는 동기 부여가 필요하며, 독서에 아예 관심이 없는 아이가 되기 전에 독서 습관을 잡아야 합니다.

교실에서 아이들이 자유롭게 책을 읽을 수 있는 시간은 아침과 쉬는 시간, 점심시간 정도입니다. 하루를 차분하게 시작하기 위해 아침 독서를 많이 유도하는데 짧게는 5분, 길면 10분 정도 책을 읽습니다. 어떻게 보면 '책을 5분, 10분 보는 걸 읽었다고 말할 수 있을까?'라는 생각이 들 수도 있습니다. 그러나 매일 읽는다는 것이 중요합니다. 아침 독서 시간에 읽은 쪽수를 적게 하고 한 쪽을 다 못 읽었다면 '몇 쪽 몇 줄' 이렇게 적게 합니다. 매일매일 자신이 읽은 쪽수를 적게 하면 아이들은 읽는 것에만 집중하게 됩니다. 책을 읽고 나서 하는 독후 활동에 대한 부담감이 없기 때문입니다. 가정에서도 달력에 쪽수를 적도록 해서 어느새 한 권을 읽었다는 뿌듯함을 느낄 수 있도록 해 보세요.

독서 기간을 넉넉하게 주고 그 기간 안에 책을 다 읽었을 때 보상해 주는 것도 좋습니다. 평소에는 학교에서 꾸준히 독서하다가 방학을 맞아 집에서 지내면서 흐름이 끊기는 경우도 생깁니다. 그러므로 방학 때 독서 흐름을 놓치지 않도록 주의해야 합니다.

Q24

초등 3, 4학년 어휘력 공부는
어떻게 하죠?

요즘 '문해력'에 대한 관심이 뜨겁습니다. EBS에서 방영된 〈당신의 문해력〉이라는 프로그램을 보신 적이 있나요? 우리나라의 문맹률은 낮지만 글을 읽고 이해하는 능력인 문해력은 점점 저하되고 있다고 합니다. 글자를 소리 내어 읽을 수는 있지만 글의 내용은 모른다는 거죠.

낮아진 문해력, 이유는 어휘력

문해력 저하의 가장 큰 이유로 어휘력 부족을 꼽습니다. 방송 프로그램에서 중학교 2학년을 대상으로 교과서에 나오는 어휘를 가르치지 않고 수업했을 때와 가르치고 수업했을 때를 비교하는 실험을 했습니다. 아이들은 어휘를 먼저 가르쳤을 때 수업의 핵심 내용을 자세히 기억하고 수업에 집중하며 참여하는 모습을 보였습니다.

반대로 생각해 봅시다. 교과서에 나오는 낱말 뜻을 잘 모를 경우 그 수업의 내용을 이해할 수 없고, 이것이 반복되어 학습 결손이 누적되겠지요. 또한 어려운 단어가 포함된 글을 읽게 했을 때 어땠을까요. 평소 어휘력이 높고 독서량이 많은 학생은 높은 집중력을 발휘했을 뿐만 아니라 내용을 파악하는 데에 어려움이 없었습니다. 만약 아이가 학교 수업을 따라갈 수 있을지 걱정된다면 교과서를 가정에서 함께 읽어 보세요. 위 실험처럼 모르는 어휘 위주로 뜻을 알아 두면 학습 내용을 이해하는 데에 훨씬 도움이 됩니다.

국어사전을 활용해 낱말의 뜻 이해하기

[초등 3, 4학년 어휘 학습 목표]

	단원	학습 목표
3학년 1학기	7. 반갑다, 국어사전	• 국어사전 낱말 찾는 방법 알기
	9. 어떤 내용일까	• 낱말의 뜻 짐작하는 방법 알기
4학년 1학기	독서 단원	• 국어사전을 활용하며 책 읽기
	7. 사전은 내 친구	• 낱말의 뜻을 사전에서 찾으며 글 읽기

초등 3학년이 되면서부터는 사회, 과학 등 여러 가지 교과 학습이 시작됩니다. 아이들이 처음 접하는 단어가 많고 해당 교과에서 사용되는 교과 어휘들도 등장합니다. 이 시기에서는 주로 내용 이해를 위해 낱말의 뜻을 알아야 하는데요. 교육과정에서는 어휘 학습을 위해 두 가지 목표를 제시하고 있습니다.

우선 국어사전을 이용해 낱말 뜻을 찾는 방법을 익히게 됩니다. 그러므로 3학년 때부터 전자사전보다는 종이 국어사전을 구비해 놓으면 도움이 됩니다. 여러 단어를 주고 국어사전에 나오는 순서대로 배열해 보는 연습을 하며 실제로 국어사전에서 많이 찾아보는 것이 가장 좋습니다.

교실에서는 아이들의 경쟁 심리를 이용해 국어사전으로 낱말 빨리 찾기 놀이를 많이 합니다. 이때 아이들의 집중력은 엄청납니다. 국어사전에서 단어를 찾아내는 기쁨을 아이가 느껴 봐야 합니다. 평소 대화를 나눌 때, 공부할 때, 독서할 때 등 단어에 대한 궁금증이 있을 때마다 국어사전을 찾아보도록 유도하고 같이 찾는 습관을 들여 보세요. 사전적 의미로 뜻을 이해하기 어려울 때는 예시를 들어 주는 게 좋습니다. 그러면 아이는 사전적 의미와 실제로 단어가 쓰이는 상황을 동시에 학습하게 됩니다.

국어사전은 단순히 낱말 뜻만 알려 주는 것이 아닙니다. 비슷한말, 반대말 등 여러 가지 낱말과의 관계를 보여 주지요. 단어 학습장을 만들어 낱말의 사전적 뜻을 쓰고 비슷한말, 반대말을 찾아 아이가 스스로 낱말이 들어간 예시 문장을 써 보도록 지도하세요. 모르는 모든 낱말을 쓰기보다는 꼭 알아야 하는 단어 한두 개 정도만 정리하는 것이 부담스럽지 않습니다. 시중에 나온 어린이 국어사전은 글과 그림이 쉽게 설명되어 있으나 없는 단어들이 종종 있습니다. 그런 단어는 아이와 함께 찾아보고 따로 단어장에 잘 정리해 두세요.

▮▮\\ 낱말의 뜻을 짐작하는 4단계 활동

국어사전을 활용해 낱말을 이해하는 것은 어휘력 향상에 큰 도움이 됩니다. 그러나 뜻을 모르는 낱말이 있을 때마다 매번 국어사전을 찾아볼 수는 없습니다. 지나치게 자주 사전을 찾다가 자칫 낱말의 뜻을 찾는 것에만 몰두해 글의 내용은 파악하지 못하는 경우도 생길 수 있습니다. 따라서 꾸준히 글을 읽으며 낱말의 뜻을 짐작하는 방법을 훈련해야 합니다. 이를 위해 교과서에서는 4단계 활동을 제시합니다.

[단어장 예시]

단어(발음) / 나온 문장	
무례하다 (무래하다)	**짐작한 뜻:**
	국어사전: 태도나 말에 예의가 없다.
	비슷한 단어: 버릇없다, 거만하다 **반대 단어:** 정중하다
	내가 만든 문장: 영화관에서 영화 볼 때 시끄럽게 소리를 내는 것은 무례한 행동이다.

[낱말의 뜻을 짐작하는 4단계 방법]

다람쥐처럼 쥐 무리에 속하는 동물들은 이빨이 계속해서 자란다고 해요. 그렇기 때문에 이빨을 닳게 하려고 쉬지 않고 나무를 쏠거나 딱딱한 열매를 갉아 먹는 것이죠. 그래서 다람쥐가 좋아하는 먹이는 도토리, 밤, 땅콩, 호두, 잣과 같이 대부분 껍질이 딱딱한 열매예요.

국어 3-1 국어 나 224쪽

❶단계. 앞뒤 문장이나 낱말을 살펴본다.
다람쥐는 이빨이 계속 자란다. (앞 문장) 나무를 쏠거나 딱딱한 열매를 갉아 먹는다. (뒷문장) 그러므로 다람쥐는 이빨이 계속 자라지 않게 하려고 딱딱한 열매를 먹는다.

❷단계. 짐작한 뜻과 의미가 비슷한 낱말을 넣어 본다.
이빨을 짧게 하려고, 이빨을 줄어들게 하려고.

3단계. 국어사전에서 찾아보고 짐작한 뜻과 비교한다.

4단계. '닳다'를 넣어 문장을 만들어 본다.
연필이 닳아서 짧아졌다. 손톱이 다 닳게 이로 물어뜯었다.

4학년까지 이런 활동이 반복되어야 고학년이 되었을 때 국어사전 없이 낱말 뜻을 짐작하며 내용을 파악하는 데에 어려움이 없습니다. 그러므로 가정에서 대화하다가 자녀가 단어의 뜻을 물어보면 "무슨 뜻인 것 같아?"라고 되물어 보세요. 뜻은 몰라도 앞뒤 문장을 통해 추론할 수 있도록 옆에서 도와주면 아이들이 뜻을 맞추는 재미를 느끼게 됩니다.

새로운 단어를 배웠을 때 자신이 알고 있는 단어로 바꿔 보도록 하는 것도 좋습니다. 낯선 단어지만 뜻이 통하며 자신이 알고 있는 친숙한 단어로 바꿔 보는 것이지요. 그러면 단어가 서로 연관되어 기억에 오래 남습니다.

만약 위 질문을 통해 단어의 의미를 찾지 못한다면 아이에게 뜻을 바로 알려 주기보다는 단어가 포함된 다양한 예시 문장을 제시해 보세요. 아이 스스로 의미를 추론할 수 있도록 하거나, 국어사전을 활용해 단어를 스스로 찾아보도록 하는 것이 좋습니다.

Q25

초등 3, 4학년 배경지식 학습은 어떻게 할까요?

교과 학습이 시작되면서 아이들은 다양한 분야의 주제를 학습합니다. 평소 독서를 통해 다양한 분야의 지식을 접한 아이는 내용을 훨씬 잘 받아들이고 이해합니다. 하지만 그렇지 않은 아이는 많은 부분을 이해하지 못한 채 넘어갑니다. 한 교실에 모인 아이들이지만 저마다 학습 편차가 있고 배워야 할 학습량이 많다 보니, 교사는 기초적인 내용만 가르치기에도 시간이 늘 부족합니다. 가정의 도움이 절실하게 느껴지기도 하죠.

최소한 교과서에 나오는 학습 내용을 파악해야 하고 이와 관련된 독서를 해야 합니다. 기초 배경지식을 쌓기 위한 독서이기 때문에 내용을 완벽하게 이해할 필요는 없습니다. 독서를 통해 관심을 가지고 흥미를 갖는 계기를 만들고, 이를 토대로 사고의 범위를 확장해 나가는 것이지요.

▌▌\\ 학습 만화 활용하기

아이들이 좋아하는 학습 만화는 재미있고 어려운 내용을 쉽게 전달한다는 장점이 있습니다. 아이들은 재미있는 책은 여러 번 읽지요. 아이들이 어려워하는 사회나 과학 분야는 학습 만화를 이용하는 것이 좋습니다. 학습에 앞서 중요한 건 일단 그 과목에 대한 심리적 거부감이 생기지 않도록 하는 것입니다.

요즘 학습 만화는 굉장히 다양한 내용을 다루고 있습니다. 학습적인 측면에서 추천할 만하지요. 아이들은 추상적인 설명만으로는 직접 겪어 보지 못한 것을 이해하지 못합니다. 따라서 학습 만화의 쉬운 설명과 그림 자료는 더욱더 도움이 됩니다.

• 수학 영역 배경지식

아이들은 식으로 된 문제는 잘 풀지만 긴 글로 된 문장형 문제는 어렵다고 느낍니다. 읽어도 문제를 이해하지 못하는 경우도 많죠. 그래서 문장형 문제는 풀 시도조차 하지 않는 아이도 있습니다. 하지만 교사와 같이 문제를 천천히 읽으면서 풀면 어렵지 않게 해결해 냅니다. 그러니 문장형 문제들이 아이들에게 낯설지 않도록 지도해야 합니다.

초등 3학년부터는 분수와 소수 개념이 도입되는데 1보다 작은 수를 이해하는 것은 아이들이 정말 어렵게 느끼는 것 중 하나입니다. 이는 수학 관련 학습 만화를 활용하면 어느 정도 보완이 가능합니다. 수학적 개념을 다양한 상황에 적용하고 설명하기 때문에 어려운 개념을 쉽게 이해할 뿐만 아니라 개념을 확장시켜 응용할 수 있도록 도와줍니다.

• 역사 배경지식

초등 5, 6학년이 되면 역사에 대해서 배우기 시작합니다. 역사 관련 책을 읽은 학생과 안 읽은 학생의 차이는 크게 나타나죠. 읽지 않은 아이는 일단 방대한 학습량으로 인해 힘들어합니다. 게다가 역사적 사실들은 대부분 처음 듣는 내용이죠. 초등 3, 4학년 시기에 재밌는 학습 만화를 읽으며 역사에 관한 관심을 꾸준히 유지하는 것이 중요합니다. 이렇게 배경지식을 쌓으면 고학년이 되었을 때 학습에 대한 부담을 덜 뿐만 아니라 알고 있는 사실 외에 더 많은 것들을 배우고 싶어 합니다.

• 과학 영역 배경지식

아이들은 기본적으로 우리 생활에서 일어나는 현상들에 대해 많은 궁금증을 가지고 있습니다. 특히 과학은 어떤 학년 수업을 해도 많은 질문이 쏟아지는 과목입니다. 그만큼 아이들은 우리 주변에서 일어나는 일에 대해 늘 관심을 갖고 관찰하고 있습니다. 또한 '왜' 이런 현상들이 일어나는지 지적 호기심을 채우고 싶어 합니다. 과학 분야는 아이들에게 오개념을 심어 주지 않기 위해 전문적 지식을 갖추어야 합니다. 이 역할을 학습 만화가 대신해 줄 수 있습니다.

▌▌▚▚ 어린이잡지, 신문 활용하기

과학, 수학, 시사, 독서 등 다양한 분야의 어린이잡지가 발행되고 있습니다. 잡지나 신문은 학습 만화만큼 아이들이 좋아하는 매체입니다. 또 좀 더 긴 글로 제공되기 때문에 여러 분야의 지식을 쌓기에 좋습니다. 어른들은 뉴스나 신문 등 세상의 이야기를 들을 수 있는 매체가 다양하지만 아이들의 수준에 맞춰 시의성 있는 내용을 제공하는 매체는 거의 없습니다. 어린이잡지와 신문은 세상의 중요한 이야기들을 아이들의 눈높이에 맞게 제공해 줍니다. 또한 사회적으로 이슈되는 사건들과 관련 분야에 맞는 정보를 제공합니다. 아이가 긴 지문 읽는 것을 어려워한다면 부모가 읽어 주어 흥미를 붙이도록 해 주세요. 만약 수학을 싫어한다면 수학 잡지를 통해 수학에 대한 심리적 거부감을 낮출 수도 있습니다. 스스로 읽고자 하는 분야를 하나 정해 꾸준히 읽어 나가면 큰 어려움 없이 배경지식을 쌓는 데 도움이 됩니다.

실제로 어린이잡지나 신문을 보는 아이들은 인권이나 환경 문제, 국제적 사건들에 대해서 많은 관심을 보입니다. 학교에서 글쓰기 주제로 선택하거나 일기에 쓰기도 하고요. 그러니 도서관에 자주 드나들면서 자연스럽게 잡지와 신문을 접하게 해 주세요. 대다수의 학교 도서관에서는 어린이잡지 두세 가지와 어린이신문을 볼 수 있도록 제공하고 있습니다. 또한 지역 어린이 도서관에서도 아이에게 맞는 어린이잡지와 신문을 고를 수 있습니다. 대출이 되지 않아 도서관에 가야만 읽을 수 있기 때문에 아이에게 도서관에 가는 즐거움이 되기도 합니다. 좋아하는 특정 잡지를 가정에서 구독해 계속 흥미를 유지할 수 있도록 돕는 것도 배경지식 학습에 좋습니다.

어린이잡지와 신문은 중심 문장과 내용 찾기 활동의 아주 좋은 학습 자료이기도 합니다. 다양한 종류의 주제와 글로 이루어져 있기 때문에 여러 가지 유형의 글에서 중심 문장과 내용을 찾는 연습을 할 수 있습니다. 처음에는 문단 단위에서 중심 문장을 찾습니다. 만약 아이가 찾는 것을 어려워한다면 선택의 폭을 줄여서 둘 중에 어떤 게 더 중요한 내용인지 고를 수 있도록 하면 좋습니다. 중심 문장을 찾는 것이 익숙해지도록 초반에만 도와

주세요. 나중에는 아이 스스로 중심 문장을 찾아 밑줄을 그을 수 있습니다.

여러 문단에서 찾은 중심 문장을 모은 다음에는 중심 내용이 무엇인지 말로 설명하게 하세요. 글의 내용을 모르는 사람(부모님)에게 알아들을 수 있도록 잘 설명해 달라고 하는 것이지요. 그러면 아이들은 자연스럽게 중요한 내용을 간추리는 활동을 하게 됩니다. 그러고서 말로 설명한 것을 글로 적도록 합니다. 말로 표현하는 활동을 건너뛰면 아이들은 글을 잘 쓰고 싶은 마음에 부담감을 느끼고 의욕이 꺾일 수 있습니다. 말로 설명한 것을 이제 글로 써 보자고 유도하면 이미 표현해 본 덕분에 상대적으로 부담감을 느끼지 않으면서 쓸 수 있습니다.

	단원	학습 목표
3학년 1학기	2. 문단의 짜임	• 중심 문장과 뒷받침 문장 파악하기
	5. 중요한 내용을 적어요	• 중심 문장과 뒷받침 문장 파악하기
	8. 의견이 있어요	• 글을 읽고 의견 파악하기
3학년 2학기	2. 중심 내용을 찾아요	• 글을 읽고 중심 내용 찾기
	8. 글의 흐름을 생각해요	• 글의 흐름을 생각하며 내용 간추리기
4학년 1학기	2. 내용을 간추려요	• 글의 내용 간추리기

쓰기 연계

3-2 인상 깊은 경험	4-1 제안하는 글	4-2 의견 제시하는 글	4-2 독서 감상문

이같은 활동은 교과 학습에도 많은 도움이 됩니다. 초등 3학년 국어 교과서에서 1단원은 문학 관련이고, 비문학 관련에서는 중심 문장과 중심 내용을 찾는 단원이 가장 앞쪽에 배치되어 있습니다. 모든 글에서 중심 내용을 파악하는 것은 읽기의 기본이자 가장 중요한 능력이기 때문입니다. 간추리기 활동도 역시 중심 문장과 중심 내용을 바탕으로 이루어지므로 같은 활동이라고 볼 수 있습니다.

또한 중심 문장과 뒷받침 문장을 기본으로 자신의 경험이나 생각을 쓰는 쓰기 활동이 연계되기 때문에 더욱더 중요하다고 볼 수 있습니다. 따라서 독서를 통해 다양한 유형의 글에서 중심 문장과 내용을 찾아내는 능력을 필수적으로 길러야 합니다.

Q26

초등 5, 6학년 교육과정 속
독서 교육은 어떻게 이뤄지나요?

[초등 5, 6학년 독서 단원]

학습 목표		
5학년	1학기	문학 작품을 읽는 능력과 태도를 기를 수 있다.
	2학기	자신의 관심 분야와 관련된 인물이나 사건을 담은 책을 읽는 능력과 태도를 기를 수 있다.
6학년	1학기	우리 주변 문제를 다룬 책을 읽고 독서 능력과 태도를 기를 수 있다.
	2학기	사람들의 삶을 다룬 책을 읽고 독서 능력과 태도를 기를 수 있다.

2015 개정 교육과정이 적용되면서 초등 5, 6학년도 1학기 10시간, 2학기 10시간의 독서 단원이 신설되었습니다. '한 학기에 한 권 읽기'를 실천할 수

있도록 교육과정으로 만들어진 것입니다. 교사들도 독서의 중요성을 잘 알지만 고학년은 늘 시간이 부족해 독서에 집중할 수 없어 아쉬웠는데, 이제는 수업 중에 책을 긴 호흡으로 읽고 아이들과 독서와 관련된 다양한 활동을 할 수 있게 되었습니다.

▮▮▾▾ 생각하는 독서의 습관화

좀 더 자세히 살펴보면 5학년 1학기의 세부 목표는 '책을 즐기며 읽을 수 있다' 즉, 아이들이 독서에 흥미를 잃지 않도록 재미있는 문학 작품을 읽는 데 중점을 두었습니다. 5학년 2학기에는 자신이 좋아하는 분야의 책을 스스로 찾아 읽도록 합니다. 세부 목표는 '질문하거나 비판하며 책을 읽을 수 있다'이며 책을 읽는 방법에 대해 배우지요. 교과서에서는 다섯 가지의 읽기 방법을 제시합니다. 이러한 읽기 방법들이 이 시기에 잘 연습돼 내재화되면 아이들은 습관적으로 책을 이 방법대로 읽습니다. '그냥 독서'가 아닌 '생각하는 독서'를 할 수 있게 되는 것입니다.

질문하며 읽기	비판하며 읽기	상상하며 읽기

경험이나 지식을 떠올리며 읽기	사실을 확인하며 읽기

6학년 1학기에는 영화, 뉴스, 신문, 동영상 등을 같이 보며 아이들이 관심 가질 만한 사회적 문제를 다룬 책을 정해 읽습니다. 사회적 문제가 우리의

삶과 동떨어진 것이 아님을 이해하며 이야기를 나눠 보도록 한 것입니다.

　6학년 2학기에는 자신이 하고 싶은 일을 생각해 보고 자신의 꿈과 관련된 책을 읽습니다. 꼭 특정한 직업일 필요는 없습니다. 아이가 관심 있는 분야는 어떤 것이든 좋습니다. 아이들은 이를 통해 '책을 왜 읽는가'에 대한 답을 스스로 발견해 나가지요. 또한 다른 작품과 관련지어 읽도록 해 책 내용을 더 깊이 이해하고 사고를 확장하는 데 도움이 되도록 하고 있습니다. 이렇게 학년·학기별로 제시된 학습 목표를 통해 우리는 아이들의 발달 단계상 어떤 책들을 선택해서 읽는 것이 좋을지 이해할 수 있습니다(물론 아이의 흥미와 특성에 따라 다를 수 있습니다).

Q27

초등 5, 6학년 어휘력 향상을 위해 꼭 알아야 할 것은 무엇인가요?

　　요즘 아이들은 또래 중심 또는 온라인 중심으로 소통합니다. 그로 인해 접하는 어휘가 굉장히 한정적이지요. 이 정도 학년이면 당연히 알 거라고 생각했던 단어의 의미를 모르는 아이가 있어서 당황했던 적이 몇 번 있습니다. 국어 단어는 영어 단어 외우듯이 하나하나 암기하는 게 아니라 대화나 상황 속에서 감각적으로 익혀야 합니다. 그러므로 초등 5, 6학년에게는 '어른과의 대화'가 필요합니다. 아이가 새로운 언어를 확장해 나갈 수 있도록 쉬운 말로 바꾸지 않은 채 대화하고 뜻을 알려 주세요.

　　저는 5, 6학년 아이들에게 이처럼 대화형 수업을 진행합니다. 그 과정에서 누군가가 무슨 뜻인지 질문하면 단어의 의미를 몰랐던 아이는 교사의 설명을 듣고 새로운 단어를 알게 되고, 어렴풋이 뜻을 짐작한 아이는 정확하게 의미를 알게 되는 계기가 됩니다.

	단원	학습 목표
5학년 1학기	5. 글쓰기의 주장	• 동형어와 다의어 뜻 파악하는 방법 알기
	8. 아는 것과 새롭게 안 거	• 낱말의 짜임 알기(단일어, 복합어)
5학년 2학기	7. 중요한 내용을 요약해요	• 낱말의 뜻을 짐작하며 글 읽기
6학년 1학기	5. 속담을 활용해요	• 다양한 상황에서 쓰이는 속담의 뜻 알기
6학년 2학기	2. 관용 표현을 활용해요	• 여러 가지 관용 표현의 뜻 알기

[예시]

'배'			
동형어	신체 부위	과일	운송 수단
다의어	가슴과 엉덩이 사이 부위	곤충에서 머리와 가슴이 아닌 부분	긴 물건 가운데 볼록한 부분
복합어	배+탈	햇+배	나룻+배
관용구	배가 아프다	배를 두드리다	배가 등에 붙다
속담	배보다 배꼽이 더 크다	배가 남산만 하다	배만 부르면 제 세상인 줄 안다

초등 5, 6학년 어휘 학습은 이미 알고 있는 어휘의 뜻을 확장시키는 것이 중요합니다. 특히 6학년 때에는 '발이 넓다'처럼 원래의 뜻과는 전혀 달리 새로운 뜻으로 쓰이는 '관용어', 예로부터 전하여 내려오는 조상의 지혜가 담긴 '속담'을 배웁니다. 마치 한글을 처음 배우는 시기처럼 아이들은 흥미

로워하지만 평소에 잘 쓰지 않는 표현들이기에 익히는 데 애를 먹기도 합니다. 교사들은 속담이 어떤 상황에 쓰이는지 예시를 드는 데 많은 노력을 기울이죠. 아이들이 속담을 쓰는 상황을 공감하도록 설명해 주곤 합니다. '배보다 배꼽이 크다'라는 속담은 이렇게 설명합니다.

"○○이가 핸드폰을 50만 원에 샀는데 며칠 뒤에 고장이 났어. 그래서 고치러 갔더니 수리비가 60만 원이래."

아이 이름을 넣어 설명해 주면 이해하는 데 훨씬 도움이 됩니다. 또한 많은 관용 표현들을 익히기 위해 암기를 시키기도 합니다. 그림이나 몸으로 표현하기, 스피드 퀴즈로 대결하기, 모둠별로 알고 있는 관용 표현 쓰기 등 수업 시간에 즐겁게 익힐 수 있도록 지도합니다.

이 시기에 아이들이 익혀야 하는 관용 표현들을 잘 학습하도록 가정의 협조가 필요합니다. 단순히 읽고 쓰고 외우는 활동만으로는 한계가 있습니다. 스피드 퀴즈나 수수께끼처럼 놀이를 활용하거나, 실제 속담이 어떤 상황에서 쓰이는지 예시를 들어 주는 방법을 추천합니다. 또한 만화로 된 속담과 관용어 책을 구입해서 읽게 하면 아이들이 부담스럽지 않게 관용 표현을 학습할 수 있습니다.

Q28

초등 5, 6학년 이해력을 높이는 독서법은 무엇일까요?

초등 5, 6학년이 사용하는 교과서를 살펴보면 글의 양과 수준이 생각보다 높습니다. 아이들은 한 문장이 길어지거나 글 내용이 많으면 내용을 이해하고 중심 내용 찾는 것을 굉장히 어려워합니다. 이것은 앞에서 언급한 어휘력의 영향을 받습니다. 긴 문장에 모르는 단어까지 나오면 아이들은 전혀 이해할 수 없는 것으로 여기지요.

실제로 아이들은 수학에서 2.8÷4는 쉽게 풀 수 있지만 '한 병에 2.8L가 들어 있는 음료수를 4명이 똑같이 나누어 마셨습니다. 한 명이 마신 주스는 몇 L일까요?'라는 문제의 식을 세우는 데에는 어려움을 겪습니다. 어떤 아이는 문제가 너무 길면 어려운 문제라고 생각하고 포기하기도 합니다.

이렇게 거부감과 어려움을 느끼는 이유는 긴 글을 읽어 본 경험이 절대적으로 부족하기 때문입니다. 고학년이 되면서 친구와 노는 것이 더 좋고,

친구와 노는 것보다 스마트폰으로 노는 것을 더 좋아하는 것이 요즘 아이들입니다. 3, 4학년 때 읽던 아동 도서에서 벗어나 긴 글 독서를 시작해야 할 5, 6학년이 책에서 아예 손을 떼면서 긴 글에 대한 심리적 거부감과 피곤함이 더 크게 다가온 것이라 보여집니다. 이 시기에 가정에서 작은 활동을 통해 긴 글에 친숙해지도록 만들어 준다면 학업에 큰 도움이 됩니다.

▐▌ 질문 만들고 답하기

쉽게 할 수 있는 활동 중 하나는 질문 만들어 묻고 답하기입니다. 실제 초등 5, 6학년 교과서에도 소개된 활동입니다. 아이들은 교과서에 나온 질문에 답만 찾는 것이 아니라 스스로 질문을 만들고 친구들과 묻고 답하며 시간을 보냅니다. 이를 통해 아이들은 능동적으로 이야기를 이해하게 되고 다른 친구들의 의견을 들으며 사고를 확장해 나갑니다. 질문 만들기 활동은 어떤 분야의 책이든 상관없이 내용을 이해하는 데 도움이 됩니다.

[예시 - 6학년 1학기 「황금사과」]

질문 유형	실제 학생이 만든 질문
일어난 사실에 대한 질문 (글에서 답을 찾을 수 있는 질문)	• 윗동네와 아랫동네 사람들은 왜 사이가 안 좋았나요?
추론하는 질문 (글을 바탕으로 답을 찾을 수 있는 질문)	• 이 글쓴이는 왜 아이의 이름을 '사과'라고 지었을까요?
적용하는 질문 (글 내용을 바탕으로 상상, 기평히ㄴ 질ㅁ)	• 만약 사람들이 약속을 어기지 않았으면 어떻게 됐을까요? • 내가 아랫동네(윗동네) 사람이었다면 어떤 방법으로 사과를 나누ㅆ흘까ㅛ!

실제로 5학년 담임을 맡았을 때 한 아이가 주장하는 글을 쓰거나 토론할 때 자신의 배경지식을 활용해 논리적으로 의견을 내는 모습을 보았습니다. '어쩜 저렇게 아이 생각이 논리적일 수 있을까'라고 생각했는데 나중에 알고 보니 부모님과의 대화 시간이 비결이었습니다. 일주일에 책 한 권을 선정해 아이와 대화를 나누는 시간을 보내는 것이죠. "읽고 어떤 생각이 들었어?"라는 질문으로 시작해 서로의 생각을 자유롭게 나누고 꼬리에 꼬리를 문 질문을 네 시간 넘게 주고받은 적도 있었다고 합니다.

독서를 기본 바탕으로 한 '어른과의 대화'는 아이의 언어, 사고력, 논리력 발달에 큰 영향을 미칩니다. 아이와 대화를 나눌 때 기억해야 할 점은 아이에게 무언가를 가르치기 위해 노력하지 않아도 된다는 것입니다. 어떤 주제에 대해 대화를 나누는 동등한 입장이 되어 보세요. 서로의 생각을 듣고 의견을 교환할 뿐 부모의 인위적인 가르침은 없어야 합니다.

▌▌▌▌ 부담 없는 두 줄 쓰기

보통 글을 읽고 내용을 이해했는지 확인하기 위해 글의 내용을 요약하거나 자신의 생각을 쓰는 활동을 합니다. 이 과정에서 아이들은 글쓰기를 부담스러워하고 어려워합니다. 특히 읽은 내용을 머릿속으로 이해하지만 막상 글로 표현하기를 어려워하는 아이들도 많습니다.

그래서 요즘 교실에서 많이 활용되는 것이 '두 줄 쓰기'입니다. 쓰기에 대한 부담감과 거부감을 줄이기 위해 딱 두 줄만 쓰게 하는 겁니다. 아침 시간에 어떤 내용이든 상관없이 두 줄을 쓰게 하고 익숙해지면 한 줄씩 늘려가서 세 줄, 네 줄 쓰기가 됩니다. 학년 말에는 제법 긴 글을 쓰게 되는 교육법이죠. 독서 감상문 두 줄 쓰기를 통해 아이들은 자신이 책에서 인상 깊었거나 기억에 남는 문장을 쓰기도 하고, 영화 한 줄 감상평처럼 책 내용을 한 문장으로 압축해 표현하기도 합니다. 이런 두 줄 쓰기의 가장 큰 장점은 자연스럽게 중요한 내용부터 쓰게 한다는 것입니다.

가끔씩 생각하는 즐거움을 주기 위해 요즘 유행하는 주제를 주고 쓰게 하기도 합니다. '밸런스 게임'이라고 불리는 질문들을 활용하기도 하는데요. 그중 '눈물이 다이아몬드 되기 vs 소변이 황금 되기'로 생각을 쓰게 했습니다. 아이들 대부분은 눈물이 다이아몬드 되기를 선택했습니다. 소변이 황금 되기를 선택한 친구가 평소 반에서 똑똑한 편이었는데 쓴 이유들을 보니 다이아몬드는 가치가 떨어지지만 금은 가지고 있으면 점점 가치가 올라가기 때문에 선택했다고 해서 감탄하기도 했습니다. 평소 가정에서도 어렵지 않게 실천할 수 있는 글쓰기 방법이니 추천합니다.

Q29

초등 5, 6학년을 위한
논리력 독서법은 무엇인가요?

	단원	학습 내용
5학년 1학기	5. 글쓰기의 주장	• 주장에 대한 의견을 글로 쓰기
	6. 토의하며 해결해요	• 토의 주제에 맞게 자신의 의견 쓰기
5학년 2학기	3. 의견을 조정하며 토의해요	• 토의에서 자신의 의견을 뒷받침할 자료 찾기
	6. 타당성을 생각하며 토론해요	• 주제를 정해 토론하기
6학년 1학기	4. 주장과 근거를 판단해요	• 타당한 근거를 들어 논설문 쓰기
	6. 내용을 추론해요	• 내용을 추론하며 글 읽기
	7. 우리말을 가꾸어요	• 올바른 우리말을 주제로 글쓰기

	3. 타당한 근거로 글을 써요	• 알맞은 자료를 활용해 논설문 쓰기
6학년 2학기	5. 글에 담긴 생각과 비교해요	• 자신의 생각과 상대의 생각을 비교하며 토론하기
	7. 글 고쳐 쓰기	• 자신이 쓴 논설문 고쳐 쓰기

초등 5, 6학년 국어 교과서에는 주장하는 글, 토의 및 토론, 논설문 등 자신의 의견을 논리적으로 표현하는 단원이 많습니다. 5학년은 자신의 의견을 말로 표현하고 나누는 토의 및 토론으로 구성되어 있으며, 6학년은 자신의 의견을 서론-본론-결론의 형식을 갖춘 긴 글쓰기로 단원이 이루어져 있습니다. 즉, 초등 고학년 때에는 자신의 경험이나 이야기를 쓰는 것이 아닌, 다른 사람들을 이해시키고 설득시키기 위한 논리를 펼쳐야 합니다.

교과서에서 제시하는 예시 글과 주제는 굉장히 다양합니다. 아이들에게 가까이 있는 문제들(운동장 사용, 급식 음식물 쓰레기, 학급 임원, 어린이 교통사고 등)부터 미세먼지, 인공 지능, 착한 사마리아인 법, 동물 실험 등 어른들에게도 까다로운 주제들이 제시됩니다. 교과서에 나온 주제뿐만 아니라 그 당시 화제가 되는 사건들에 대해서 다루기도 합니다.

매해 아이들을 만나며 '이것까지 이해할 수 있을까?'라고 염려하지만 아이들은 걱정이 무색할 만큼 충분히 이해하며 다양한 자료를 활용합니다. 어려운 주제라고 여길 수 있지만 아이들에게 고민할 시간을 주고 자료를 찾게 하면 논리적으로 자신의 의견을 내지요. 아이들은 세계 어딘가에서 다양하게 일어나고 있는 사건과 문제들을 알아 가는 것에 기쁨을 느낍니다. 이렇게 아이들이 지적 충족감을 느끼면 자연스럽게 글을 쓰는 데 활용하고 자신만의 생각을 명확히 표현합니다.

동물원은
필요한가?

동물 실험이
필요한가?

주취감형은
폐지되어야 하는가?

공정 무역은 왜
이루어져야 하는가?

자연을 보호해야 하는가,
개발해야 하는가?

낙태법:
여성의 자기 결정권
vs 태아의 생명권 보호

사형 제도는 없애야 할까?
유지해야 할까?

착한 사마리아인 법이
법으로 제정되어야 하는가?

▮▮\\ 뉴스에 관심 갖기

　5·18 광주 민주화 운동과 6월 민주 항쟁을 배우고 나서 뉴스에 자주 언급되었던 미얀마 민주화 운동에 대해 들어 본 적이 있는지 아이들에게 물었습니다. 이때 24명 중 서너 명 정도가 들어 본 적이 있다고 손을 들었습니다. 그중 뉴스를 스스로 챙겨 보는 아이는 없었을 것입니다. 그저 뉴스 보는 부모님 옆에 있다가, 부모님 대화 속에서 접하게 되는 것들입니다.

　교사가 미얀마 민주화 운동과 우리나라 민주화 운동을 연결시켰을 때 어떤 아이가 더 잘 이해할까요? 당연히 이를 한 번이라도 들어 본 아이입니다. 교사가 들어 본 적이 있느냐고 물었을 때 손을 들면서부터 아이는 이미 수업에 집중합니다. 그리고 자신이 본 것, 들은 것에 대해 최대한 말하려고 애쓰는 모습을 보입니다. 알고 있는 것을 바탕으로 교사의 설명이 얹어지면 아이는 우리나라 민주화 운동과 미얀마 민주화 운동 간에 어떤 공통점이 있는지 찾을 수 있습니다. 또 아이들은 우리나라 사람들이 왜 미얀마를 지지하고 후원하는지 이해하게 됩니다.

이렇게 수업하면서 당시의 이슈를 같이 언급하곤 하는데, 한 번이라도 들어 본 아이와 아무것도 모르는 아이 간의 집중도와 이해도는 확연한 차이를 보입니다. 어린이신문, TV나 인터넷 뉴스 등등 어떤 것도 좋습니다. 사회적으로 이슈가 되는 사건 한 가지라도 들어 봤다고 학교 수업 시간에 손을 들 수 있는 환경을 마련해 주세요.

▮▮◣◥ 부모 관심 분야 ＝ 아이의 배경지식

초등 5, 6학년을 대상으로 독서 토론 동아리를 운영하면서《아동 노동: 세계화의 비극, 착취당하는 어린이들》(공윤희·윤예림 저, 풀빛, 2017)이라는 책을 읽고 대화를 나눈 적이 있습니다. 이 책을 고른 이유는 아이들이 당연하게 누리는 권리를 누군가는 전혀 누리지 못하고 있다는 사실을 알길 바랐기 때문입니다. 또 한걸음 더 나아가 '우리에겐 당연한 걸 왜 어떤 아이들은 누리지 못할까'에 대해서도 생각해 보길 바랐죠.

아이들은 책을 읽으면서 큰 충격을 받았습니다. 우리가 공부하는 이 시간에 어딘가에서는 정당한 대가를 받지 못한 채 착취당하고 있는 어린이가 있고, 우리도 모르게 아동 노동으로 만들어진 제품을 사용하고 있다는 사실을 알았으니까요. 책을 읽고 난 후 실제로 아동 노동 착취로 문제가 되었던 사례와 사람들이 아동 노동 착취 문제를 해결하기 위해 어떤 노력을 했는지 찾아보게 했습니다. 그러면서 '아는 것'과 '관심을 갖는 것'에 대한 중요성을 이야기했습니다. 이 사실을 아예 몰랐다면 해결하기 위한 어떤 노력도 하지 않았을 거란 점을 강조했죠.

이렇게 동아리 활동을 마친 후 6학년 2학기 국어 수업 중에 논설문 쓰는 시간이 있었습니다. 자유 주제로 쓰도록 했는데 기본적으로 아이들이 무난하게 쓸 수 있는 주제를 대여섯 개 정도 제시했습니다. 그런데 저와 함께 독서 토론 동아리 활동에 참여했던 아이가 '어린이 인권'을 주제로 논설문을 쓰면서 아동 노동이 착취되고 있다는 사실을 근거로 대었습니다. 뒷받침 자료로 책에 나왔던 사례를 활용했고요.

이때 저는, 어른들이 어느 정도 의도를 가지고 아이들이 세상을 살아가면서 알아야 하는 것들을 가르쳐야 한다고 느꼈습니다. 가장 좋은 것은 부모가 관심 있는 분야를 아이와 함께 나누는 것입니다. 이 시기에는 분야에 상관없이 배경지식을 쌓을 수 있도록 옆에서 지속적으로 도와주어야 합니다.

Q30

학년별 필독서 목록이
궁금해요

책의 종류는 굉장히 다양합니다. 부모 입장에서는 아이에게 어떤 책을 읽게 해야 하는지가 늘 고민이죠. 아이가 좋아하는 책만 읽게 할 수도 없고, 지식을 늘리는 데 도움이 되는 책만 읽게 할 수도 없습니다. 전자는 독서의 범위가 좁아질 우려가 있고, 후자는 아이가 독서 자체에 흥미를 잃게 될 수 있기 때문입니다.

이럴 때 도움이 되는 것이 흔히 소개되는 필독서입니다. 그러나 필독서라고 해서 무조건 우리 아이에게 좋은 책은 아닙니다. 아이에게 맞는 책은 아이마다 다릅니다. 5학년이라고 5학년 필독서를 읽어야 하는 것은 아닙니다. 지금 우리 아이에게 맞는 책을 읽으며, 아이가 독서에 즐거움을 느끼는 것이 가장 중요합니다.

이런 이유로 이번 주제는 초등맘 카페의 여러 부모님들과 함께 답을 하려고 합니다. 부모들이 추천을 한다는 것은 아이에게 유해한 내용이 없으면서 실제로 아이가 읽고 좋아했거나 재미있어 했다는 의미이기 때문이죠. 먼저 읽어 본 후에 추천하는 것이기 때문에 좀 더 신뢰가 생깁니다. 교과서와 연계해 읽으면 도움이 되는 도서도 함께 소개합니다.

1~2학년

제목	지은이	출판사
100층짜리 집 시리즈 ★	이와이 도시오 글·그림	북뱅크
456 수학동화 시리즈	김세실 외 저	미래앤아이세움
가부와 메이 이야기 시리즈	키무라 유이치 글/아베 히로시 그림	미래앤아이세움
감기 걸린 물고기	박정섭 글·그림	사계절
감자는 약속을 지켰을까?	백미숙 글/노영주 그림	느림보
거울속으로	이수지 그림	비룡소
검은 행복	윤미래 글/루시 그림	다림
고구마구마	사이다 글·그림	반달(킨더랜드)
고 녀석 맛있겠다 시리즈	미야니시 타츠야 글	달리
고래를 삼킨 바다 쓰레기	유다정 글/이광익 그림	와이즈만북스
고물 텔레비전의 황금 시간	하세가와 요시후미 글/이나바 다쿠야 그림	천개의 바람
고양이해결사 깜냥 1,2,3	홍민정 글/김재희 그림	창비
공룡유치원 시리즈	스티브 메쩌 글/한스 윌헬름 그림	크레용하우스
공부가 되는 탈무드 이야기	글공작소 글	아름다운사람들
귀신 잡는 빨간 주머니	조영아 글·그림	머스트비
규칙이 왜 필요할까요?	서지원 글/이영림 그림	한림출판사
그레이트북스 신 지인지기 인물이야기	그레이트북스 편집부 글	그레이트북스
금동향로 속으로 사라진 고양이	이하은 글/김태현 그림	파란자전거
기괴하고 요상한 귀신딱지 시리즈	라곰씨 글/차차 그림	라이카미
기적의 오케스트라 엘 시스테마	강무홍 글/장경혜 그림	양철북
길 떠나는 너에게	최숙희 글·그림	책읽는곰
꼬마애벌레 말캉이 1, 2	황경택 글·그림	소나무

꼬마 흡혈귀 시리즈	앙겔라 좀머-보덴부르크 글/파키나미 그림	거북이북스
꿈을 찾아 주세요	김돌 글/윤영숙 그림	그린북
나는 개다	백희나 글·그림	책읽는곰
나는 나의 주인 ★	채인선 글/안은진 그림	토토북
나는 사실대로 말했을 뿐이야!	패트리샤 맥키삭 글/지젤 포터 그림	고래이야기
나는 소심해요	엘로디 페로탱 글·그림	이마주
나도 투표했어!	마크 슐먼 글/세르주 블로크 그림	토토북
나무집 시리즈	앤디 그리피스 글/테리 덴톤 그림	시공주니어
나의 수호천사 나무	김혜연 글/안은진 그림	비룡소
날아라, 하늘다람쥐	박윤규 글/한선금 그림	현암사
너는 기적이야	최숙희 글·그림	책읽는곰
너에겐 고물? 나에겐 보물!	허은미 글/윤지 그림	창비
늑대가 들려주는 아기돼지 삼형제 이야기	존 셰스카 글/레인 스미스 그림	보림
늑대들이 사는 집	허가람 글/윤정주 그림	비룡소
달 샤베트 ★	백희나 글·그림	책읽는곰
당나귀 실베스터와 요술 조약돌	윌리엄 스타이그 글·그림	다산기획
도둑 누스토	다카바타케 준코 글/다카바타케 준 그림	이마주
동물원이 된 궁궐	김명희 글/백대승 그림	상수리
동화책을 먹은 바둑이	노경실 글/김중석 그림	사계절
들키고 싶은 비밀	황선미 글/김유대 그림	창비
똥개가 된 우리 아빠	유지은 글/이웅기 그림	봄봄출판사
마녀 옷을 입은 우리 엄마	황규섭 글/조현숙 그림	문공사
마음여행	김유강 글·그림	오올
마음과 생각이 크는 책 시리즈	테드 오닐 외 글/R.W.앨리 외 그림	비룡소
마음대로가 자유는 아나야	박현희 글/박정섭 그림	웅진주니어
마음이 커지는 그림책 시리즈	노경실 외 글/이영림 외 그림	을파소(21세기북스)

맛있는 구름콩	임정진 글/윤정주 그림	국민서관
매튜의 꿈	레오 리오니 글·그림	시공주니어
명품 가방 속으로 악어들이 사라졌어	유다정 글/민경미 그림	와이즈만북스
무엇이든 마녀상회 시리즈	안비루 야스코 글·그림	예림당
무지개마을로 오세요	에미 스미드 글·그림	지양어린이
문제가 생겼어요!	이보나 흐미엘레프스카 글·그림	논장
물은 어디서 왔을까?	신동경 글/남주현 그림	길벗어린이
미래가 온다 시리즈	김선화, 권수진 글/이철민 외 그림	와이즈만북스
받아쓰기 백 점 대작전	정연철 글/송효정 그림	시공주니어
뱀의 눈물	이윤희 글/이덕미 그림	하마
별이 되고 싶은 가로등	하마다 히로스케 글/시미다 시호 그림	이마주
비밀귀신	장수민 글/조윤주 그림	파란자전거
빨간지구만들기 초록지구만들기	한성민 글·그림	파란자전거
뻥쟁이 왕털이	김나무 글/윤봉선 그림	사계절
사자삼촌 ★	김소선 글·그림	책고래출판사
사탕공장에 가지 마	손동우 글·그림	책과콩나무
살색은 다 달라요	캐런 카츠 글·그림	보물창고
삼백이의 칠일장 1,2	천효정 글/최미란 그림	문학동네
샌드위치 바꿔 먹기	켈리 디푸치오 글/트리샤 투사 그림	보물창고
서로를 보다	윤여림 글/이유정 그림	낮은산
서바이벌 만화 과학상식 시리즈(살아남기 시리즈)	박송이 외 글/한현동 그림	미래앤아이세움
선생님 미워!	최형미 글/지영이 그림	크레용하우스
세계창작 그림책버스 시리즈	마리안 코흐 외 글/수잔 얀센 외 그림	한국슈타이너
세상에서 가장 힘이 센 말	이현정 글/이철민 그림	달달북스
세상을 뒤흔든 위인들의 좋은습관	최효찬 글/이지후 그림	녹색지팡이
수학도둑 시리즈	송도수 글/서정 엔터테인먼트 그림	서울문화사

수학유령의 미스터리 수학책 시리즈	정채은 외 글/김현민 외 그림	글송이
수학 탐정스 시리즈	조인하 글/조승연 그림	미래앤아이세움
술래가 된 낙타	이윤희 글/신보미 그림	하마
숲으로 간 코끼리	하재경 글·그림	보림
슈퍼 거북 ★	유설화 글·그림	책읽는곰
스무고개 탐정 시리즈	허교범 글/고상미 그림	비룡소
네버랜드 세계의 걸작 그림책 시리즈	맥바넷 외 글·그림	시공주니어
쓰레기가 쌓이고 쌓이면…	박기영 글/이경국 그림	웅진주니어
아름다운 가치 사전 1, 2 ★	채인선 글/김은정 그림	한울림어린이
알사탕 ★	백희나 글·그림	책읽는곰
어떤 목욕탕이 좋아?	스즈키 노리타케 글·그림	노란우산
어제저녁	백희나 글·그림	책읽는곰
엄마가 미안해	이철환 글/김형근 그림	미래아이(미래M&B)
엄마를 화나게 하는 10가지 방법	실비 드 마튀이시윅스 글/세바스티앙 디올로장 그림	어린이작가정신
엉덩이 탐정 시리즈	트롤 글·그림	미래앤아이세움
에드와르도; 세상에서 가장 못된 아이	존 버닝햄 글·그림	비룡소
왜 띄어써야돼? ★	박규빈 글·그림	길벗어린이
용기를 내, 비닐장갑!	유설화 글·그림	책읽는곰
우주 쓰레기	고나영 글/김은경 그림	와이즈만북스
원숭이 꽃신 ★	정휘창 글/한은옥 그림	여우오줌
윔피키드 시리즈	제프 키니 글·그림	미래앤아이세움
유령 호텔에 놀러 오세요	김혜정 글/홍찬주 그림	스콜라
이상한 과자 가게 전천당 시리즈	히로시마 레이코 글/쟈쟈 그림	길벗스쿨
이상한 엄마	백희나 글·그림	책읽는곰
작은 눈덩이의 꿈	이재경 글·그림	시공주니어
장난인데 뭘 그래?	제니스 레비 글/신시아 B. 데커 그림	주니어김영사
장수탕 선녀님	백희나 글·그림	책읽는곰
제가 잡아먹어도 될까요?	조프루아 드 페나르 글·그림	베틀북

지렁이 굴로 들어가 볼래?	안은영 글·그림	길벗어린이
지원이와 병관이 시리즈	고대영 글/김영진 그림	길벗어린이
천 원의 행복	신현신 글/이웅기 그림	채우리
친구를 사귀는 아주 특별한 방법	노튼 저스터 글/G. 브라이언 카라스 그림	책과콩나무
코드네임 시리즈	강경수 글·그림	시공주니어
쿠키 한 입의 인생 수업	에이미 크루즈 로젠탈 글/제인 다이어 그림	책읽는곰
통통이는 똥도 예뻐!	이상권 글/정지윤 그림	샘터
틀려도 괜찮아 ★	마키타 신지 글/하세가와 토모코 그림	토토북
풍풍이와 툴툴이	조성자 글/사석원 그림	시공주니어
할머니의 비밀 일기	윤자명 글/손영경 그림	스푼북
할머니의 용궁 여행	권민조 글·그림	천개의바람
행복한 주스나무	요시 마아라비 글/샤하르 코베르 그림	찰리북
행복한 줄무늬 선물	야스민 셰퍼 글·그림	봄볕
행복한 청소부 ★	모니카 페트 글/안토니 보라틴스키 그림	풀빛
화가 나는 건 당연해!	미셸린느 먼디 글/R.W. 앨리 그림	비룡소
휠체어는 내 다리	프란트 요제프 후아이니크 글/베레나 발하우스 그림	주니어김영사

3~4학년

제목	지은이	출판사
5번 레인	은소홀 글/노인경 그림	문학동네
가방 들어주는 아이	고정욱 글/백남원 그림	사계절
개 사용 금지법	신채연 글/김미연 그림	잇츠북어린이
긴긴밤 ★	루리 글·그림	문학동네
꽝 없는 뽑기 기계	곽유진 글/차상미 그림	비룡소
꿈을 요리하는 마법카페	김수영 글/조혜승 그림	꿈꾸는지구

내가 할아버지를 유괴했어요	안드레아스 슈타인회펠 글/넬레 팜탁 그림	아름다운사람들
도토리 마을 시리즈	나카야 미와 글·그림	웅진주니어
돌아온 진돗개 백구	송재찬 글/이혜란 그림	대교북스주니어
돼지 로봇 핑크	신현경 글/이덕화 그림	크레용하우스
떡집 시리즈	김리리 글/이승현 외 그림	비룡소
똑소리 과학	편집부	황우도서출판
로빈슨 크루소	대니얼 디포 원작/신윤덕 역/윤종태 그림	삼성출판사
마법의 시간 여행 시리즈	메리 폽 어즈번 글/살 머도카 그림	비룡소
묘지 공주	차율이 글/박병욱 그림	고래가숨쉬는도서관
미카엘라 시리즈	박에스더 글/이경희 그림	고릴라박스(비룡소)
볼 빨간 로타의 비밀 시리즈	알리스 판터뮐러 글/다니엘라 콜 그림	제제의숲
샬롯의 거미줄 ★	엘윈 브룩스 화이트 글/가스 윌리엄즈 그림	시공주니어
소원을 들어드립니다, 달떡 연구소	이현아 글/오승민 그림	보리
수상한 시리즈	박현숙 글/장서영 그림	북멘토
수호의 하얀 말	오츠카 유우조 글/아카바 수에키지 그림	한림출판사
승민이의 일기 시리즈	이승민 글/박정섭 그림	풀빛
십 년 가게 시리즈	히로시마 레이코 글/사다케 미호 그림	위즈덤하우스
아름다운 아이 크리스 이야기	R.J 팔라시오 글	책과콩나무
악당의 무게 ★	이현 글/오윤화 그림	휴먼어린이
안녕, 우주	에린 엔트라다 켈리 글	밝은미래
암호 클럽 시리즈	페니 워너 글/효고노스케 그림	가람어린이
어린이를 위한 우동 한 그릇	구리 료헤이, 다케모도 고노스케 원작/이가혜 그림	청조사
오늘은 용돈 받는 날	연유진 글/간장 그림	풀빛
욕 전쟁	서석영 글/이시정 그림	시공주니어
우리 반 채무 관계	김선정 글/우지현 그림	위즈덤하우스
우주로 가는 계단	전수경 글/소윤경 외 그림	창비

우투리 하나린 시리즈	문경민 글/소윤경 외 그림	밝은미래
인어소녀	차율이 글/전명진 그림	고래가숨쉬는도서관
일기 감추는 날	황선미 글/조미자 그림	이마주
자신만만 생활책 시리즈	전미경 외 글/홍기한 외 그림	사계절
조금만, 조금만 더	존 레이놀즈 가디너 글/마샤 슈얼 그림	시공주니어
지우개 따먹기 법칙 ★	유순희 글/최정인 그림	반달서재
푸른 사자 와니니 ★	이현 글/오윤화 그림	창비
하룻밤	이금이 글/이고은 그림	사계절

5~6학년

제목	지은이	출판사
건방이시리즈	천효정 글/강경수 외 그림	비룡소
검은 후드티 소년	이병승 글/이담 그림	북멘토
고양이 가장의 기묘한 돈벌이	보린 글/버드폴더 그림	문학동네
귤의 맛	조남주 글	문학동네
너의 운명은	한윤섭 글/백대승 그림	푸른숲주니어
달러구트 꿈 백화점 ★	이미예 글	팩토리나인
라면을 먹으면 숲이 사라져	최원형 글/이시누 그림	책읽는곰
마당을 나온 암탉 ★	황선미 글/김환영 그림	사계절
모모 ★	미하엘 엔데 글	비룡소
모비 딕	허먼 멜빌 글/밤 하비 그림	푸른숲주니어
몽실 언니 ★	권정생 글/이철수 그림	창비
별빛 전사 소은하	전수경 글/센개 그림	창비
복제인간 윤봉구 ★	임은하 글/정용환 그림	비룡소
봉주르, 뚜르	한윤섭 글/김진화 그림	문학동네
비밀의 보석 가게 마석관 1, 2	히로시마 레이코 글/사다케 미호 그림	길벗스쿨
빨강 연필	신수현 글/김성희 그림	비룡소

세금 내는 아이들	옥효진 글/김미연 그림	한국경제신문사(한경비피)
스무고개 탐정 시리즈	허교범 글/고상미 그림	비룡소
아토믹스 시리즈	서진 글/유준재 그림	비룡소
안네 프랑크의 일기 ★	오자낭 글/나지 그림	스콜라
알렙이 알렙에게	최영희 글/PJ.KIM 그림	해와나무
우리들의 일그러진 영웅	이문열 글	알에이치코리아(RHK)
자전거 소년 엄복동	김미애 글/이준선 그림	스콜라
체리새우 : 비밀글입니다	황영미 글	문학동네
침묵에 갇힌 소년	로이스 로리 글	f(에프)
페인트 ★	이희영 글	창비
한밤에 깨어나는 도서관 귀서각	보린 글/오정택 그림	문학동네
해리엇 : 175년 동안 바다를 품고 살았던 갈라파고스 거북이야기 ★	한윤섭 글/서영아 그림	문학동네
해리 포터 시리즈	J.K. 롤링 글/미나리마 그림	문학수첩

제목	지은이	출판사
1학년		
1학기		
강아지 복실이	한미호 글/김유대 그림	국민서관
구름 놀이	한태희 글·그림	미래엔아이세움
글자동물원	이안 글/최미란 그림	문학동네
꿀 독에 빠진 여우	안선모 글/김미은 그림	보물창고
동동 아기 오리 : 동시로 배우는 말놀이	권태응 글/김성민 그림	다섯수레
동물친구 ㄱㄴㄷ	김경미 글·그림	웅진주니어
라면 맛있게 먹는 법	권오삼 글/윤지회 그림	문학동네
생각하는 ㄱㄴㄷ	이지원 기획/이보나 흐미엘레프스타 그림	논장
손으로 몸으로 ㄱㄴㄷ	전금하 글·그림	문학동네
숨바꼭질 ㄱㄴㄷ	김재영 글·그림	현북스
아가 입은 앵두	서정숙 글/채상우 그림	보물창고
어머니 무명치마	김종상 글/한연호 그림	창비
이가 아파서 치과에 가요	한규호 글/원성현 그림	받침없는동화
최승호·방시혁의 말놀이 동요집	최승호 글/윤정주 그림	비룡소
표정으로 배우는 ㄱㄴㄷ	솔트앤페퍼 글·그림	소금과후투(킨더랜드)
2학기		
1학년 동시 교실	김종상 외 글/오승민 그림	주니어김영사
가을 운동회	임광희 글·그림	사계절
구슬비	권오순 글/이준성 그림	문학동네
그림자 극장 2 : 그림자놀이책 전래동화 편	송경옥 그림	북스토리아이
까르르 깔깔	이상교 글/길고은이 그림	미세기
꼬리 이모 나랑 놀자	박효미 글/김정선 그림	미래앤아이세움
나는 자라요	김희경 글/염혜원 그림	창비
나무 늘보가 사는 숲에서	아누크부아로베르, 루이리고글	보림

난 책이 좋아요	앤서니 브라운 글·그림	웅진주니어
내 마음의 동시 1학년	신현득 외 글/노성빈 외 그림	계림(계림북스)
내가 좋아하는 곡식	이성실 글/김시영 그림	호박꽃
도토리 삼 형제의 안녕하세요	이송현주 글·그림	길벗어린이
딴 생각하지 말고 귀 기울여 들어요	서보현 글/손정현 그림	상상스쿨
몰라쟁이 엄마	이태준 글/신가영 그림	우리교육
몽몽 숲의 박쥐 두 마리	이혜옥 글	한국차일드아카데미
발가락	이보나 흐미엘레프스카 글·그림	논장
별을 삼킨 괴물	민트래빗 플래닝 글·그림	민트래빗
소금을 만드는 멧돌	홍윤희 글/한태희 그림	예림아이
솔이의 추석 이야기	이억배 글·그림	길벗어린이
숲 속 재봉사	최향랑 글·그림	창비
숲 속의 모자	유우정 글·그림	미래앤아이세움
엄마 까투리	권정생 글/김세현 그림	낮은산
엄마 내가 할래요!	장선희 글/박정섭 그림	장영
역사를 바꾼 위대한 알갱이 씨앗	서경석 글/이경국 그림	미래아이(미래 M&B)
인어공주	한스 크리스티안 안데르센 글	넥서스주니어
자전거 타고 로켓 타고	카트린 르블랑 글/로렌스 리처드 그림	키즈엠
책이 꼼지락 꼼지락	김성범 글/이경국 그림	미래아이(미래 M&B)
콩 한 알과 송아지	한해숙 글/김주경 그림	애플트리태일즈

2학년

1학기

42가지 마음의 색깔	크리스티나 누녜스 페레이라, 라파엘 R. 발카르셀 글	레드스톤
7년 동안의 잠	박완서 글	어린이자가가정신
기분을 말해봐요	디디에 레비 글/파브리스 튀리에 그림	다림
까만 아기 양	엘리자베스 쇼 글·그림	푸른그림책
께롱께롱 놀이 노래	편해문 엮음/윤정주 그림	보리
내 꿈은 방울토마토 엄마	허윤 글/윤희동 그림	키위북스
내 별 잘 있나요	이화주 글/김세현 그림	상상의 힘

내가 도와줄게	테드 오닐, 제니 오닐 글	비룡소
내가 조금 불편하면 세상은 초록이 돼요	김소희 글/정은희 그림	토토북
동무 동무 씨동무	편해문 글/박향미 그림	창비
딱지 따먹기 : 아이들 시로 백창우가 만든 노래	백창우 곡/강우근 그림	보리
선생님, 바보 의사 선생님	이상희 글/김명길 그림	웅진주니어
신기한 독	홍영우 글·그림	보리
아니, 방귀 뽕나무	김은영 글/정성화 그림	사계절
아빠 얼굴이 더 빨갛다	김시민 글/이상열 그림	리젬
아주 무서운 날	탕무니우 글	찰리북
어린이가 정말 알아야 할 우리 전래 동요	신현득 엮음	현암사
오늘 내 기분은…	메리앤 코카 레플러 글·그림	키즈엠
욕심쟁이 딸기 아저씨	김유경 글·그림	노란돼지
우리 동네 이야기	정두리 글/임수진 외 그림	푸른책들
우산 쓴 지렁이	오은영 글·그림	현암사
윤동주 시집	윤동주 글	범우사
작은 집 이야기	버지니아 리 버튼 글	시공주니어
짝 바꾸는 날	이일숙 글/김진화 그림	도토리숲
치과 의사 드소토 선생님	윌리엄 스타이그 글·그림	비룡소
2학기		
감기 걸린 날	김동수 글·그림	보림
개구리와 두꺼비는 친구	아널드 로벨 글·그림	비룡소
거인의 정원	한상남 글/최재훈 그림	웅진씽크하우스
교과서 전래 동화	조동호 글/이은주 외 그림	거인
김용택 선생님이 챙겨 주신 1학년 책가방 동화	이규희 외 글/강신 그림	파랑새어린이
나무는 즐거워	이기철 글/남주현 그림	비룡소
나무들이 재잘거리는 숲 이야기	김남길 글/클레몽 그림	풀과바람
바람 부는 날	정순희 글	비룡소
밥상에 우리말이 가득하네	이미애 글/권송이 그림	웅진주니어
불가사리를 기억해	유영소 글/홍선주 그림	사계절
산새알 물새알	박목월 글/양상용 그림	푸른책들
소가 된 게으름뱅이	한은선 글/한창수 그림	지경사
수박씨	최명란 글/김동수 그림	창비

신발 신은 강아지	고상미 글·그림	위즈덤하우스
아홉 살 마음 사전	박성우 글/김효은 그림	창비
언제나 칭찬	류호선 글/박정섭 그림	사계절
엄마를 잠깐 잃어버렸어요	크리스 호튼 글·그림	보림
원숭이 오누이	채인선 글/배현주 그림	한림출판사
의좋은 형제	신원 글/김경옥 그림	한국헤르만헤세
저 풀도 춥겠다	박선미 엮음	보리
종이 봉지 공주	로버트 문치 글/마이클 마첸코 그림	비룡소
참 좋은 짝	손동연 글	푸른책들
콩이네 옆집이 수상하다!	천효정 글/윤정주 그림	문학동네
크록텔레 가족	파트리시아 베르비 글/클로디아 비엘린스키 그림	함께자람(교학사)
팥죽 할멈과 호랑이	박윤규 글/백희나 그림	시공주니어
호주머니 속 알사탕	이송현 글/전미화 그림	문학과 지성사
훨훨 간다	권정생 글/김용철 그림	국민서관

3학년

1학기

강아지똥	권정생 글/정승각 그림	길벗어린이
개구쟁이 수달은 무얼하며 놀까요?	왕입분 글/송영욱 그림	재능교육
귀신보다 더 무서워	허은순 글/김이조 그림	보리
꽃 발걸음 소리	오순택 글	아침마중
너라면 가만있겠니?	우남희 글/이채원 그림	청개구리
도토리 신랑	서정오 글/김병하 그림	보리
리디아의 정원	사라 스튜어트 글/데이비드 스몰 그림	시공주니어
만복이네 떡집	김리리 글/이승현 그림	비룡소
명절 속에 숨은 우리 과학	오주영 글/허현경 그림	시공주니어
바람의 보물찾기	강현호 글/히치 그림	청개구리
바삭바삭 갈매기	전민걸 글·그림	한림출판사
바위나리와 아기별	마해송 글/정유정 그림	길벗어린이
비밀의 문	에런 베커 글·그림	웅진주니어

삐뽀삐뽀 눈물이 달려온다	김룡 글/노인경 그림	문학동네
식물이 좋아지는 식물책	김진옥 글	궁리출판
아! 깜짝 놀라는 소리	신형건 글/강나래, 김지현 그림	푸른책들
아씨방 일곱동무	이영경 글·그림	비룡소
알고 보면 더 재미있는 곤충 이야기	김태우, 함윤미 글/공혜진, 고상미 그림	뜨인돌어린이
으악, 도깨비다!	손정원 글/유애로 그림	느림보
쥐눈이콩은 기죽지 않아	이준관 글/김정은 그림	문학동네
짝 바꾸는 날	이일숙 글/박진주 그림	도토리숲
타임 캡슐 속의 필통	남호섭 글/남궁산 그림	창비
프린들 주세요	앤드루 클레먼츠 글/양혜원 그림	사계절
플랑크톤의 비밀	김종문 글/이경국 그림	예림당
한눈에 반한 우리 미술관	장세현 글	사계절
2학기		
거인 부벨라와 지렁이 친구	조 프리드먼 글/샘 차일즈 그림	주니어RHK
귀신 선생님과 진짜 아이들	남동윤 글·그림	사계절
까불고 싶은 날	정유경 글/조미자 그림	창비
꼴찌라도 괜찮아!	우계영 글/김중석 그림	휴이넘
내 입은 불량 입	경북 봉화 분교 어린이들 글·그림	크레용하우스
눈 : 모두가 주인공인 다섯 친구 이야기	박웅현 글/차승아 그림	베틀북
눈코귀입손!	김종상 글/이동진 그림	위즈덤북
무툴라는 못 말려	베벌리 나이두 글/피에트 그로블러 그림	국민서관
설빔, 남자아이 멋진 옷	배현주 글·그림	사계절
신발 신은 강아지	고상미 글·그림	위즈덤하우스
알리키 인성교육 1	알리키 브란덴 베르크 글·그림	미래아이(미래 M&B)
어쩌면 저기 저 나무에만 둥지를 틀었을까	이정환 글/강나래 외 그림	푸른책들
온 세상 국기가 펄럭펄럭	서정훈 글/김성희 그림	웅진주니어
이야기 할아버지의 이상한 밤	임혜령 글/류재수 그림	한림출판사
지렁이 일기 예보	유강희 글/이고은 그림	비룡소
진짜 투명인간	레미 쿠르종 글·그림	씨드북

1학기

100살 동시 내 친구	한국동시문학회 편/김천정 그림	청개구리
가끔씩 비 오는 날	이가을 글/이수지 그림	창비
경제의 핏줄 화폐	김성호 글/성연 그림	미래아이(미래 M&B)
경주 최씨 부자 이야기	조은정 글/여기 그림	여원미디어
공원을 헤엄치는 붉은 물고기	곤살레 모우레 글/알리시아 바렐라 그림	북극곰
구름공항	데이비드 위즈너 글·그림	시공주니어
그림자 놀이	이수지 글·그림	비룡소
글자 없는 그림책 2	이은홍 편/신혜원 그림	사계절
나 좀 내버려 둬!	박현진 글	길벗어린이
나무 그늘을 산 총각	권규헌 글/김예린 그림	봄볕
나비를 잡는 아버지	현덕 글/원유성 그림	효리원
내 맘처럼	최종득 글/지연준 그림	열린어린이
두근두근 탐험대 1	김홍모 만화	보리
맛있는 과학 6. 소리와 파동	문희숙 글/진주 그림	주니어김영사
무지개 도시를 만드는 초록 슈퍼맨	김영숙 글/장명진 그림	위즈덤하우스
비빔툰 9. 끝은 또 다른 시작	홍승우 글·그림	문학과지성사
사과의 길	김철순 글/구은선 그림	문학동네
생명, 알면 사랑하게 되지요	최재천 글/권순영 그림	더큰아이
세종 대왕, 세계 최고의 문자를 발명하다	이은서 글/김지연 그림	보물창고
신기한 그림족자	이영경 글·그림	비룡소
아름다운 꼴찌	이철환 글/장경혜 그림	주니어RHK
알고보니 내 생활이 다 과학!	김해보, 정원선 글/이창우 그림	예림당
우산 속 둘이서	장승련 글/임수진, 김지현 그림	푸른책들
조선 사람들의 소망이 담겨 있는 신사임당 갤러리	이광표 글/이예숙 그림	그린북
주시경	이은정 글/김혜리 그림	비룡소
지붕이 들려주는 건축이야기	남궁담 글/심승희 그림	현암주니어
쩌우 까우 이야기	김기태 편역	창비

초록 고양이	위기철 글/안미영 그림	사계절
콩 한 쪽도 나누어요	고수산나 글/이해정 그림	열다
피자의 힘	김자연 글	푸른사상
2학기		
WOW 5000년 한국여성위인전 1	신현배 글/홍우리 그림	형설아이
고학년을 위한 동요 동시집	한국아동문학학회 편/나옥주 그림	상서각
마당을 나온 암탉	황선미 글/김환영, 윤예지 그림	사계절
매일매일 힘을 주는 말	박은정 글/우지현 그림	개암나무
멸치 대왕의 꿈	이월 글/이종균 그림	키즈엠
사라, 버스를 타다	윌리엄 밀러 글/존 워드 그림	사계절
사흘만 볼 수 있다면 그리고 헬렌켈러 이야기	헬렌 켈러 글	두레아이들
세상에서 가장 유명한 위인들의 편지	오주영 글/강정선 그림	채우리
쉬는 시간에 똥 싸기 싫어	김개미 글/최미란 그림	토토북
어머니의 이슬털이	이순원 글/송은실 그림	북극곰
오세암	정채봉 글/이현미 그림	창비
우리 속에 울이 있다	박방희 글/김미화 그림	푸른책들
우리 조상들은 얼마나 책을 좋아했을까?	마술연필 글/김미은 그림	보물창고
젓가락 달인	유타루 글/김윤주 그림	바람의아이들
정약용	김은미 글/홍선주 그림	비룡소
지각 중계석	김현욱 글/이순표 그림	문학동네
초희의 글방 동무	장성자 글/최정인 그림	개암나무
콩닥콩닥 짝 바꾸는 날	강정연 글/김진화 그림	시공주니어
투발루에게 수양을 가르칠 걸 그랬어!	유다정 글/박재현 그림	미래아이(미래 M&B)

5학년

1학기		
가랑비 가랑가랑 가랑파 가랑가랑	정완영 글/임종길 그림	사계절
공룡 대백과	이용규 외 글/이상민 그림	웅진주니어
난 빨강 : 박성우 청소년시집	박성우 글	창비
마음의 온도는 몇 도 일까요?	정여민 글/허구 그림	주니어김영사
바람소리 물소리 자연을 닮은 우리 악기	청동말굽 글/고광삼 그림	문학동네

브리태니커 만화 백과 : 여러 가지 식물	봄봄 스토리 글	미래엔아이세움
색깔 속에 숨은 세상 이야기	박영란, 최유성 글/송효정 그림	아이세움
생각이 꽃피는 토론2	황연성 글	이비락
수일이와 수일이	김우경 글/권사우 그림	우리교육
어린이를 위한 시크릿	윤태익, 김현태 글	살림어린이
여행자를 위한 나의 문화유산답사기 2	유홍준 글	창비
잘못 뽑은 반장	이은재 글/서영경 그림	주니어김영사
지켜라! 멸종 위기의 동식물	백은영 글/허라미 그림	뭉치

2학기

니 꿈은 뭐이가?	박은정 글/김진화 그림	웅진주니어
바다가 튕겨 낸 해님	박희순 글/신기영 그림	청개구리(청동거울)
뻥튀기는 속상해	한상순 글/임수진 그림	푸른책들
악플 전쟁	이규희 글/한수진 그림	별숲
어린이 문화재 박물관 2	문화재청 엮음/조광현 그림	사계절
전통이 살아 숨쉬는 첨단 과학 이야기	윤용현 글	교학사
존경합니다, 선생님	패트리샤 폴라코 글·그림	미래엔아이세움
파브르 식물 이야기	장 앙리 파브르 글/이제호 그림	사계절
한지돌이	이종철 글/이춘길 그림	보림

6학년

1학기

가랑비 가랑가랑 가랑파 가랑가랑	정완영 글/임종길 그림	사계절
내 마음의 동시 6학년	유경환 외 글/노성빈 그림	계림북스
등대섬 아이들	주평 글	신아출판사
말대꾸하면 안 돼요?	배봉기 글/이경영 그림	창비
불패의 신화가 된 명장 이순신	이강엽 글	웅진닷컴
뻥튀기	고일 글/권세혁 그림	주니어이서원
샘마을 몽당깨비	황선미 글/김성민 그림	창비
속담 하나 이야기 하나	임덕연 글/안윤경 그림	산하
아버지의 편지	정약용 글	함께읽는책
얘, 내옆에 앉아!	연필시 동인 글/권현진 그림	푸른책들
우주호텔	유순희 글/오승민 그림	해와나무

조선 왕실의 보물, 의궤	유지현 글/이장미 그림	토토북
황금사과	송희진 글·그림	뜨인돌어린이
2학기		
구멍 난 벼루	배유안 글/서영아 그림	토토북
나는 비단길로 간다	이현 글/백대승 그림	푸른숲주니어
노래의 자연	정현종 글	시인생각
배낭을 멘 노인	박현경, 김운기 글	문공사
사회 선생님이 들려주는 공정 무역 이야기	전국사회교사모임 글	살림출판사
생각 깨우기	이어령 글/노인경 그림	푸른숲주니어
쉽게 읽는 백범 일지	김구 글	돌베개
식구가 늘었어요	조영미 글/윤순정 그림	청개구리(청동거울)
열두 사람의 아주 특별한 동화	송재찬 외 글/한태희, 신동옥 그림	파랑새어린이
완희와 털복숭이 괴물	수잔 지터 외 글	연글놀이그리고교육
의병장 윤희순	정종숙 글/김소희 그림	한솔수북
이모의 꿈꾸는 집	정옥 글/정지윤 그림	문학과 지성사
장복이, 창대와 함께하는 열하일기	강민경 글/김도연 그림	현암주니어
지구촌 아름다운 거래 탐구생활	한수정 글/송하완 그림	파란자전거

3학년

제목	지은이	출판사	키워드
나는 3학년 2반 7번 애벌레	김원아 글/이주희 그림	창비	#과학 #생명의소중함 #동물의한살이
화를 잘 내는 법	시노 마키, 나가나와 후미코 글/이시이 유키 그림	뜨인돌어린이	#화다스리기 #똑똑하게화내기 #자기계발
어린 노동자와 희귀 금속 탄탈	앙드레 마르와 글/ 질리엥 카스타니에 그림	한울림어린이	#스마트폰금속 #아동노동 #환경오염
초등학생이 알아야할 과학 100가지	알렉스 프린스 외 글/ 페데리코 마리아니 외 그림	어스본코리아	#과학 #기본개념부터 #최신화제까지
101가지 책 사용법	박선화 글/김주경 그림	잇츠북어린이	#책사용법 #책과친해지기 #슬기 #끈기

4학년

제목	지은이	출판사	키워드
초정리 편지	배유안 글/홍선주 그림	창비	#국어 #세종대왕 #훈민정음 #한글창제
어린이가 알아야 할 가짜 뉴스와 미디어 리터러시	채화영 글/박선하 그림	팜파스	#정보홍수 #미디어리터러시 #비판적사고
손으로 그려 봐야 우리 땅을 잘 알지	구혜경, 정은주 글/김효진 그림	토토북	#사회 #한국지리 #우리나라 #지리정보
예술가가 사랑한 아름다운 유럽 도시	김향금 글/토끼도둑 그림	그린북	#예술소양 #세계문화
소리 질러, 운동장	진형민 글/이한솔 그림	창비	#정정당당 #평등 #운동장에서뛰어놀기

제목	지은이	출판사	키워드
박시백의 조선왕조실록	박시백 글	휴머니스트	#사회 #역사만화 #조선왕조
우리 역사에 숨어 있는 인권 존중의 씨앗	김영주, 김은영 글/한용욱 그림	북멘토	#사회 #인권이란 #인권존중
질문하는 환경 사전	질 알레 글/자크 아장 그림	풀빛	#과학 #환경문제 #지구용량초과의날
나는 설탕으로 만들어지지 않았다	이은재 글/김주경 그림	잇츠북	#사춘기 #성장통 #가족의힘
그래서, 동의가 뭐야?	저스틴 행콕 글/푸크시아 맥커리 그림	픽(잇츠북)	#내삶의주인은나 #동의 #존중 #인지감수성

제목	지은이	출판사	키워드
80일간의 세계 일주	쥘 베른 글/세바스티엥 무랭 그림	비룡소	#사회 #세계문화 #세계지리
초등학생이 알아야 할 참 쉬운 정치	알렉스 프리스 외 글/캘런 스토버 그림	어스본코리아	#사회 #민주주의 #민주시민 #정치
귀가 번쩍 관용어, 무릎을 탁! 국어왕	편집부	상상의집	#국어 #관용표현 #관용어
그레타 툰베리:지구를 구하는 십 대 환경 운동가	발렌티나 카메리니 글/베로니카 베치 카라텔로 그림	주니어김영사	#과학 #도덕 #환경문제 #십대환경운동가
세계를 건너 너에게 갈게	이꽃님 글	문학동네	#가족의소중함 #사춘기 #자녀와함께읽기추천

2부

자신감과 성적 향상
두 마리 토끼를 잡는

영어
독서법

5장

초등맘의 고민을 덜어 줄

우리 아이
영어 독서 기본 상식 5

Q1

아이가 영어책을 읽을 때
부모는 어떤 역할을 해야 하나요?

'패자부활전 심리'라는 말을 들어 보았나요? 예전에 한 TV 프로그램에서 소아청소년정신의학과 전문의 서천석 박사가 강연하며 한 말인데요. 공감 가는 부분이 있어 그 이야기로 영어 파트를 열어 보려 합니다. 서천석 교수는 패자부활전 심리 때문에 부모와 아이의 관계가 비정상적이 되는 경우가 있다고 말합니다. 말 그대로 부모가 자녀를 통해 '패자부활'을 하고 싶은 겁니다. 내가 실패했던, 또는 내가 이루지 못했던 것을 아이로 하여금 이루게 하려는 심리를 가리키죠. 이는 부모의 꿈을 자녀에게 투영시키는 일입니다.

저는 요즘 영어 교육 시장에서 이런 현상이 나타나는 것 같아 우려됩니다. 대한민국에서 공교육으로 자란 70년대 후반에서 80년대 초반의 세대들이 가정을 꾸리고 아이를 양육하는 시대가 되었습니다. 이 세대들은 영어를 오래 공부했지만 효과적으로 배웠다고 보기 어렵습니다. 성인이 된 지금 영어로 된 글을 읽을 수는 있으나 영어로 대화가 자유롭진 않으니까요. 이들이 영어를 잘하지 못하는 데서 오는 좌절감을 자녀에게 투영시키는 경우를 자주 봅니다. 자신이 영어를 못해 취업이 힘들었거나 승진에서 누락된 경험을 자녀가 겪게 하고 싶지 않은 거죠.

게다가 각종 소셜 미디어에서는 엄마표 영어로 성공한 사례들이 끊임없이 올라옵니다. 인스타그램, 유튜브 등 하루에도 많은 글과 영상이 인증 또는 공유라는 이름으로 올라오고 있습니다. 이렇게 홍수처럼 쏟아지는 정보를 여러분은 적절히 걸러 내고 있나요? 아니면 좋은 정보니까 그냥 다 알아 두는 것도 나쁘지 않다는 입장인가요? 성공 사례를 올리는 행위 자체가 잘못되었다는 것이 아닙니다. 정보의 공유는 유의미하고 선순환의 효력이 있으니까요. 하지만 그 정보가 우리 아이에게 맞는 방식인지 아닌지 아무런 검증 없이 받아들여 따라 하는 건 문제라는 생각입니다.

엄마표 학습으로 영어를 술술 구사한다는 아이를 보면서 긍정적인 자극을 받기보다는 부정적인 아웃풋으로 아이에게 스트레스를 주고 있진 않나요? '엄마표'라는 것이 대개 아이 주도가 아닌 엄마 주도 학습인 경우가 많습니다. 예전에 비해 오픈 소스가 많아 부모가 언제든지 원하는 정보를 얻을 수 있는 반면, 너무 많은 정보가 여과 없이 쏟아져서 취사선택하기 어려운 상황도 직면합니다. 거르는 방법을 모르면 정보의 홍수 속에서 길을 잃을 뿐입니다. 그로 인해 아이와의 관계가 개선되기보다는 악화될 수 있습니다. 소셜 미디어에 등장하는 영어 잘하는 아이들을 보면서 내 아이와 비교하고, 상대적인 박탈감을 느끼기도 합니다. 그런 모습은 아이에게든 부모에게든 도움이 되지 않습니다.

강연 내용 중에 서천석 박사는 이 상황을 운전에 빗대어 설명했습니다. 운전석에 앉은 사람은 아이이고, 조수석에서 코칭하는 사람이 부모라는 것이죠. 많은 부모들이 아이가 운전하는 것을 여유 있게 바라보지 못합니다. 직접 운전석의 액셀러레이터나 브레이크를 밟아 주거나, 핸들을 원하는 방향으로 틀기도 한다는 것이죠. 저도 그 비유에 상당히 공감합니다. 지나친 부모 주도하의 학습 방식에 익숙해지면 아이들은 수동적이 되고 무기력해집니다. 그런데 이런 아이들의 모습을 보고 부모들은 '말 잘 듣는 아이'로 오해하기도 합니다.

제가 생각하는 영어 학습에서의 부모 역할은 간단합니다. 아이가 중앙선을 넘어가려는 상황만 아니면 일단 지켜봐 주는 겁니다. 안전 운전을 할 수 있도록, 속도를 과하게 내거나 너무 느려지지 않도록, 지켜봐 주고 약간의 내비게이션 역할을 해 주는 것으로 충분합니다. 아빠가 운전을 대신 해 주고 싶어도 참는 것, 엄마가 주도하고 싶어도 기다려 주는 것이 바로 부모의 역할이라고 생각합니다. 어쩌면 이게 가장 어려운 문제일 수도 있지요.

그럼 구체적으로 아이의 영어 독서를 부모가 어떻게 도와주면 좋을까요? 국어 독서와 마찬가지로 영어 독서의 범위 역시 상당히 방대합니다. 그러다 보니 어디서부터 어떻게 시작해야 할지 막막하다는 분들이 많습니다. 범위를 정했다고 해도 세부적인 진행을 어떻게 해야 할지 모르겠다는 분도 있고요. 그 궁금증을 해소시키기 위해 이 책을 쓰게 된 만큼 최대한 자세히 설명하려고 합니다. 앞으로 나올 세부 영역에서 여러분들이 궁금해하는 내용을 조목조목 살펴보기로 하죠. 이 장에서는 먼저 영어 독서라는 큰 그림을 보기 위해 필요한 것들을 짚고 넘어가겠습니다.

▌▌▊▚ 아이 마음 읽어 주기

아이가 아주 어렸을 때는 왜 우는지, 배가 고프지는 않는지 부모가 이것저것 끊임없이 살폈죠. 아이가 초등학생이 된 지금은 어떤가요? 자신만의 생각도 있고 의사표현도 확실해진 아이를 대할 때 어떤 태도로 대하나요?

단순히 영어책을 골라 주고 읽어 주는 것보다 더 중요한 단계가 있습니다. 바로 아이의 마음을 읽어 주는 단계입니다. 이를 제대로 거치지 않으면 다음 단계로 넘어가기가 어렵습니다. 초등학생 정도 되면 아이들은 부모가 갑자기 영어책을 읽으라고 한다고 해서 순순히 읽지 않습니다. 그러므로 영어 교육보다 육아 방식의 전환을 먼저 고민해야 합니다.

아이의 마음을 읽어 준다는 말은 결국 아이에게 어떤 방식으로 동기 부여를 해 줄 것인가를 고민해야 한다는 뜻입니다. 영어책을 왜 읽어야 하고, 독서가 우리 삶에 주는 의미가 무엇인지에 대한 이야기를 자주 나눠 보세요. 아이가 부모의 말에 귀를 기울이게 해야 합니다. 아이가 부모의 말을 듣고, 따르게 된다면 부모가 어떤 방식으로 이끌던지 아이는 일단 해보려고 할 것입니다. 하지만 아이가 부모의 말에 귀 기울이지 않고 신뢰하지 않는다면, 영어책 읽기뿐만 아니라 학습 전반에서 난항을 겪게 될 것입니다.

초등 시기에 부모가 아이에게 해 줘야 할 가장 중요한 일은 아이와 좋은 관계를 형성하는 것입니다. 부모와 자식 사이가 상하 관계여서는 안 됩니다. 대신 권위 있는 부모가 되어야 합니다. 그래야 아이도 마음을 열고 자신의 이야기를 하게 됩니다. 그것이 소통이고 대화입니다. 그런 다음 아이에게 학습적인 동기 부여, 인생에 대한 조언 등을 해 줄 수 있습니다.

■■Ⅶ 영어책 골라 주기

아이의 마음을 읽었다면 다음 단계는 어떤 책을 읽을 것인지 결정하는 것입니다. 아이의 연령에 따라 혹은 관심사에 따라 적절한 책을 골라 주는 작업을 초기에 해야 합니다. 아이가 스스로 책을 구매하거나 빌려올 수 없으므로 부모가 먼저 여러 종류의 책을 소개하는 것이지요. 미술 전시회에서 큐레이터가 작품을 고르듯, 부모가 아이의 영어 학습을 위해 영어책을 골라 주는 겁니다. 그 과정에서 아이가 유독 관심을 보이는 캐릭터 등을 통해 아이의 흥미도 알게 됩니다.

이 시기에는 남들이 좋다는 전집을 무턱대고 사들이기보다는 도서관이나 전자책(E-book)을 이용해서 탐색하는 시간을 가지는 것이 중요합니다. 가장 많이 하는 실수 가운데 하나가 소셜 미디어에서 추천하거나 유명 인플루언서가 공구하는 책을 무작정 사는 행동입니다. 물론 좋은 책이겠지만 문제는 내 아이가 좋아하지 않을 수 있다는 거죠. 그러고서 부모는 오해합니다. "우리 아이에게 아직 영어책은 이른가 봐요", "우리 애는 영어책을 안좋아하더라고요"라면서요. 그렇게 더 이상 영어책을 사지 않게 되고, 아이는 영어책을 접할 기회를 잃지요.

■■Ⅶ 지나친 간섭은 금물

아이와의 관계를 개선하여 부모가 아이에게 좋은 책을 골라 주면 되겠구나 생각할 겁니다. 맞습니다. 하지만 간혹 이런 오해를 하는 분도 있습니다. 아이에게 책을 골라 주고 아이와 대화를 많이 하라고 했으니, 아이에게 골라 준 책을 아이가 제대로 읽었는지 확인해 보자는 부모죠. 이분들은 아이가 책 내용에 대해 아주 세세한 것까지 모두 알기를 원합니다. 하지만 부모의 이런 반응 괜찮을까요? 물론, 가볍게 오늘 읽은 책에 대해 이야기 나눠 보는 것은 참 좋습니다. 하지만 O, X로 답을 해야 하거나 어휘의 뜻을 물어보는 등의 행동은 삼가야 합니다.

아이가 읽은 것은 독해 문제집이 아니라 책입니다. 그게 판타지 소설일 수도 있고, 그림 동화책일 수도 있죠. 책을 읽을 때마다 부모에게 점검을 받는다면 계속 읽고 싶을까요? 그리고 이런 식의 점검이 부모의 역할일까요? 저는 아니라고 생각합니다. 이는 부모의 역할이라기보다는 선생님의 역할에 더 가깝습니다. 그러니 조금 더 여유를 가지고 아이를 바라봐 주세요. 아이의 관심을 알아 주고 책을 골라 주라고 해서 부모가 적극적으로 개입하라는 뜻은 아닙니다. 그저 판을 깔아 주고 흐뭇하게 지켜보라는 의미임을 꼭 기억하세요.

이러한 태도가 영어 독서에서만 해당되는 덕목은 아니지요. 모든 학습, 그리고 양육에 있어서 부모가 해 줄 것이 바로 기다림입니다. 엄마표 영어로 성공한 분들의 이야기를 자세히 들어 보면 한 가지 공통점이 있습니다. 학습 방식에 공통점이 있기보다는 육아 방식에 공통점이 있는데요. 아이를 기다려 주고, 아이에게 기회를 주고, 아이의 눈높이에 맞추었다는 겁니다. 여러분도 이런 방식으로 인터넷의 수많은 정보를 걸러 보면 어떨까요? 부모가 기준을 가지고 수집하면 정보의 질은 올라갑니다.

Q2

영어 독서,
언제부터 해야 하나요?

혹시 아이들이 우리말을 배워 온 과정을 기억하나요? 갓난아기 때는 눈맞춤조차 쉽지가 않지요. 그럼에도 불구하고 엄마, 아빠는 끊임없이 아이를 바라보며 무수히 많은 이야기를 합니다. 그런 시간을 1년 정도 보내고 돌 때쯤이면 "엄마"라는 옹알이만 해도 온 집안이 들썩거리지요. 아이는 두 돌 이상이 지나야 문장으로 말할 수 있습니다. 자신의 의사를 제대로 전달하려면 서너 살은 되어야 하고요. 그조차도 발음이 부정확해서 알아듣기 힘들 때도 많죠. 그래도 부모들은 잘 기다려 줍니다.

첫걸음마를 내딛을 때도 마찬가지입니다. 목을 가누고, 뒤집기를 하고, 배밀이를 하고, 기는 과정을 겪은 후에야 비로소 잡고 일어섭니다. 그리고 마침내 한 걸음 내딛게 되지요. 부모들은 이 일련의 과정 또한 매우 잘 기다립니다. 어떻게 그렇게 인내할 수 있었을까요? 어째서 우리는 아이가 못 할

지도 모른다는 불안감 없이 잘 버텼을까요? 우리는 이미 알고 있었던 것이죠. '생후 며칠 후에는 어떤 행동을 하고, 몇 개월 때는 어떤 행동을 한다'라고 많은 육아서에서 공통적으로 이야기하니까요. 즉, 데이터가 있는 셈이죠. 수많은 전문가들이 연구한 충분한 결과가 있고, 성공에 대한 확신이 있었습니다.

하지만 영어 공부는 어떤가요? 영어를 노출해 준 지 얼마 되지 않았는데도 아이가 잘하고 있는지 너무 궁금하죠. 1년이 뭔가요, 몇 달만 지나도 성과가 나오길 기대합니다. 게다가 하루에 몇 시간씩 해야 하는지, 언제 시작해야 하는지, 얼마간 지속해야 하는지 여기저기에 끊임없이 물어봅니다. 이 또한 왜일까요? 그것은 정확한 데이터가 없기 때문입니다. 일정하게 특정 현상을 장기간 관찰하기가 쉽지 않다 보니 통계를 내기가 쉽지 않습니다.

모국어 말하기나 걷기처럼 뚜렷한 성장이 보일 때까지 일정 기간이 필요하다고 정해져 있다면 우리는 덜 불안할 것입니다. 하지만 외국어 학습은 그렇지가 않아요. 언제가 적기인지, 얼만큼 인풋을 해야 아웃풋이 나오는지, 평균 독서 시간은 얼마나 되어야 하는지 등. 궁금한 것은 많지만 명확한 숫자적인 통계는 없습니다. 그래서 영어에 대한 막막함은 끝이 없습니다. 하지만 그것은 부모라면 누구나 비슷한 심정입니다. 나만 영어 교육의 비밀을 모르는 것이 아니라는 거죠. 그러므로 우리가 취해야 할 자세는 다음과 같습니다.

▮▧ 무조건 내 아이에게 맞추어라

옆집 이웃이 비싼 옷이라며 아동용 턱시도를 선물해 주었다고 합시다. 그런데 내겐 딸만 둘이라면요? 도움이 되는 선물이 전혀 아니죠. 차라리 싸구려라도 여아용 잠옷을 줬다면 고맙게 받았을 겁니다. 하지만 아무리 고가의 물건이라도 쓸모가 없으니 받았어도 고마워하기가 힘들겠지요. 바로 이 지점을 잘 헤아릴 필요가 있습니다. 모든 가정마다 사정이 다르지요. 영어 환경이 잘 조성된 집도 있을 테고, 여러 이유로 환경 설정이 어려운 집도 있을 겁니다. 그리고 언어적 재능을 타고난 아이도 있고, 그렇지 못한 아이도 있습니다. 그렇기 때문에 획일적으로 정해진 방식은 없다는 것을 알아야 합니다.

외국어 습득 이론의 창시자 스티브 크라센은 언어 '입력 가설(Input Hypothesis)'을 주장합니다. 이해할 수 있는 수준의 언어가 충분히 입력되면 자연스럽게 언어 습득이 이루어진다는 것이죠. 충분히 설득력이 있습니다. 가설이지만 적용해 볼 만한 가치가 있기 때문에 많은 전문가들이 도움이 되는 이야기라고 입을 모으는 것이겠지요. 하지만 100%란 없다는 겁니다. 그러니 여러분도 특정 방식을 내 아이에게 적용했을 때 잘되지 않는다고 해서 아이 탓을 할 필요가 없다는 사실을 인지하고 시작하세요.

모두에게 잘 맞는 기성복은 없습니다. 누군가는 어깨가 클 수도, 팔 길이가 짧을 수도, 허리가 불편할 수도 있는 겁니다. 브랜드별로 치수가 조금씩 차이가 있어 내 아이 체형에 잘 맞는 브랜드가 있듯이, 영어 독서도 그것을 찾아가는 과정이라고 생각하세요.

▌▌▚▏ 누가 읽을 것인가?

영어책 읽기란 영어책을 읽는 주체가 누구냐에 따라 시기가 달라질 수 있습니다. 아이가 직접 읽는 시기를 이야기한다면 더 늦어질 수 있고, 부모가 읽어 주는 시점을 이야기한다면 더 빨라질 수 있겠지요. 저는 누가

지로 나누어 이야기하겠습니다.

먼저, 부모가 영어책을 읽어 주는 시기는 특정할 필요가 없습니다. 영어책이든 한글책이든 배 속에 있을 때부터 읽어 줘도 됩니다. 이 시기에 읽어 주는 영어책은 책의 내용을 파악하거나 학습을 하기 위한 것이라기보다는 그저 부모의 음성을 들려 주고 정서적인 안정감을 느끼게 하는 역할을 합니다.

아기들이 언어를 배우는 것이 엄마 배 속에 있을 때부터라는 연구 결과가 있습니다. 미국 퍼시픽 루터란 대학(Pacific Lutheran University)의 심리학 교수 크리스틴 문은 아이가 출생 전 10주 동안 배 속에서 들은 언어의 음성을 기억하고 이를 습득하는 능력을 갖춘 채 태어난다고 주장했습니다. 또한, 워싱턴 대학의 '학습과 두뇌 과학 연구소' 소장이자 공동 연구자인 패트리샤 쿨 박사 역시 "그동안 아기들이 '태어나면서부터 배운다'고 생각해 왔으나, 이번 실험을 통해 아기들이 엄마의 배 속에 있을 때부터 배운다는 사실을 알게 됐다"고 말했습니다. 그러니 미룰 필요는 없겠지요.

아이가 좀 큰 후에 영어책 읽기를 해 줄 때 자신의 발음을 걱정하는 분도 있는데요. 같은 맥락에서 전혀 걱정할 필요가 없다고 말씀드리고 싶습니다. 아이가 크면서 영어책을 스스로 읽게 되는 경우도 있고, 여러 미디어를 통해 접하는 경우도 있습니다. 그러다 보면 발음은 저절로 원어민에게 가장 가까운 쪽으로 따라갑니다. 아이들도 좋은 소리가 무엇인지, 정확한 소리가 뭔지 많이 들으면서 점차 알게 되거든요. 가끔 읽어 주는 부모 발음을 전적으로 따라가지 않습니다. 아이와 교감을 나누는 시간으로 영어책을 읽어 준다면 발음은 크게 걱정하지 않아도 됩니다.

두 번째로는 아이가 직접 영어책을 읽어 가는 경우입니다. 아이가 책을 스스로 읽는 시기는 우리말 책을 읽는 과정과 비슷합니다. 우리말을 듣고 말할 수 있더라도 한글을 학습하는 시기는 따로 있지요. 한글책을 스스로 읽는 시기는 초등 입학 전후입니다. 마찬가지로 외국어 학습에도 단계가 있는데요. 소리를 충분히 듣는 시기가 지나고 나서 천천히 파닉스 단계를 거친 후 리딩 단계로 접어듭니다. 소리 인풋을 넣어 주는 과정에서 일부 아이들은 파닉스 단계를 뛰어넘고 바로 글을 읽는 경우도 있습니다. 하지만 일반적으로는 기본 규칙을 익히는 파닉스 단계를 거친 후 책 읽기를 시작합니다. 소리 내어 읽는 음독부터 시작하며, 이 시기에는 떠듬떠듬 읽을 수 있다는 점을 알고 있어야 합니다.

읽기 독립은 한글책을 혼자 읽는 것처럼 영어책을 혼자 읽을 수 있는 시점에 해야 합니다. 이 시기를 급하게 당길 필요는 없습니다. 읽어 주기와 스스로 읽기를 병행하며 서서히 스스로 읽기 쪽으로 무게를 두면 됩니다.

▌▊▍ 시기와 함께 고려할 사항

부모가 영어책을 읽어 주는 시기를 늦출 필요는 없다고 이야기했습니다. 하지만 아이가 혼자 스스로 읽어 내는 길까지는 아직 갈 길이 멀기에 읽어 주기와 스스로 읽기를 병행하는 것이 좋다고도 말했습니다. 하지만 모든 아이들의 상황이 같지는 않지요. 이 책을 읽는 분들 중에는 아직 아이가 어린 경우도 있고, 이미 초등학교 중학년 이상이 되어 버린 경우도 있을 겁니다. 형제자매 중 한 아이는 훌쩍 커 버렸을 수도 있고요. 이럴 때 우리가 고려해야 할 사항이 있습니다. 많은 분들이 이 부분에서 좌절하고 영어책 읽기를 포기하기 때문입니다.

아이가 어릴 때 영어책을 경험해 주지 않던 가정이 있다고 해 봅시다. 아이가 초등학생이 되어 보니 주변 아이들은 영어책을 읽고 있는 겁니다. 엄마는 조바심이 나겠지요. 그때부터 부랴부랴 영어책 읽기를 시킵니다. 초등 저학년이라면 그래도 다행인데 초등 3학년 이상이라면 한글책은 문고판을 시도할 학년인데 영어는 너무 쉬운 파닉스 리더스를 읽어야 하는 상황입니다. 어떤 문제가 생길까요? 그렇습니다. 아이의 흥미까지 챙기기가 어려울 수 있습니다. 아이가 시시하게 생각한다는 거죠. 제 학년 수준에 맞는 영어책을 주자니 또 너무 어렵고요. 그렇게 아이는 영어책을 멀리하게 됩니다.

만약 우리가 영어책을 대체 언제부터 읽어 주는 것이 효과적인가에 대한 답을 찾는 것이 목표라면, 저는 바로 '오늘부터'라고 말하고 싶습니다. 하루라도 빨리 아이가 영어책을 접할 수 있도록 해야 한글책과 영어책 간의 간극이 덜 벌어지게 된다는 점을 꼭 기억하세요.

마음은 바로 당장 읽어 주고 싶은데 너무 막막하지요? 이럴 때 좋은 것이 그림책입니다. 그림책은 글량이 적고 영어 수준은 낮지만 어른이 읽어도 좋을 만큼 여러 가지 생각을 하게 해 줍니다. 유아에게 읽어 줄 때는 그림과 함께 글자 그대로를 읽어 주면 됩니다. 초등 아이라면 그 책이 의미하는 바가 무엇인지, 이 책의 작가가 표현하고 싶은 것이 무엇인지까지 생각을 확장해 볼 수 있습니다. 그렇게 접근해야 영어도 잡고, 아이의 사고력 확장도 잡을 수 있습니다.

영어책을 언제부터 읽어 줘야 할지 막막했던 분들에게 조금이나마 도움이 되는 내용이었으면 합니다. "배 속에서부터 읽어 주세요"라고 말하면 초등 이후에 시작하는 것이 늦었다고 생각할 수 있습니다. 하지만 모든 건 선택의 문제입니다. 배 속에서부터 읽어 줄 수 있는 환경이었음에도 불구하고 그 시기는 음악과 모국어로 채워 주고 싶다는 분도 있습니다. 워낙 요즘 엄마표 영어의 시작 연령이 낮아지다 보니 초등맘의 불안이 더욱 높아지기도 했고요. 하지만 전혀 늦지 않았다고 전하고 싶어요. 초등 전학년 내내 듣기, 읽기 등 인풋 활동을 많이 해 주는 것은 어떤 상황에서든, 어떤 학년에서든 도움이 됩니다. 불안을 조금 내려놓고 바로 오늘부터 시작하세요.

Q3

영어 노출 시간은
어느 정도가 적당한가요?

《아웃라이어》(말콤 글래드웰 저, 김영사, 2009)라는 책에는 '1만 시간의 법칙' 이야기가 나옵니다. 심리학자 안데르스 에릭슨이 '재능 논쟁의 사례 A'라는 연구 결과를 내놓았는데요. 말콤 글래드웰은 이를 두고 이런 의견을 덧붙였죠. "에릭슨의 연구에서 무릎을 탁 치게 되는 부분은 그들이 '타고난 천재', 즉 다른 사람이 시간을 쪼개 연습하고 있을 때 노력하지 않고 정상에 올라간 연주자를 발견하지 못했다는 점이다. 더불어 그들은 '미완의 대기', 다시 말해 어느 누구보다 열심히 노력하지만 정상의 자리에 오르기엔 뭔가가 부족한 사람도 발견하지 못했다." 그러면서 연구자들은 진정한 전문가가 되기 위해 필요한 '매직 넘버'에 수긍하고 있었고 그것이 바로 1만 시간이었습니다.

영어 공부에도 많은 시간을 투자해야 하기에 시작부터 1만 시간 이야기를 꺼냈습니다. 실제로 전문가라고 일컬을 수 있는 많은 사람들이 1만 시간 이상 같은 일을 반복적으로 해 왔다는 것은 부인하기 어렵습니다. 저도 하루에 8시간씩 주 5일 근무 기준으로 한 회사에 14년을 다녔습니다. 육아 휴직 기간을 뺀다고 해도 2만 시간은 족히 됩니다. 그러니 저는 제가 일했던 분야에서 전문가라고 이야기할 수 있겠죠.

그렇다면 영어 공부도 꼭 1만 시간을 해야 할까요? 아주 어렸을 때부터 영어에 지속적으로 노출해 주어 1만 시간이 넘는 시점에 스피킹 아웃풋이 나오는 사례는 아주 많습니다. 대표적인 예가 영어유치원 3년 차 아이들입니다. 그래서 저는 영어유치원을 보내려면 3년은 다녀야 한다고 이야기합니다. 1, 2년 차는 조금 흉내만 내다 말게 되는 경우가 많습니다. 왜일까요? 일단 어떤 일이든 일정 시간의 인풋이 필요하기 마련입니다. 게다가 영어는 언어입니다. 앞서 우리가 모국어를 말하기까지 얼마나 많은 시간을 기다렸는지 생각해 보면 알 수 있어요. '외국어로서의 영어(EFL, English as a foreign language)' 환경에서 우리가 현실적으로 낼 수 있는 시간을 고려해 얼만큼 노출해 주면 좋을지 이야기해 보겠습니다.

▋◤ 영어는 장기 적립식 적금이다

저는 영어 인풋 시간을 적금에 비유하곤 합니다. 여러분은 적금을 넣을 때 먼저 무엇을 고려하나요? 내가 만기 때 얼마를 찾을 수 있을지 생각해서 역산으로 금액을 불입하는 분도 있고, 반대로 내 현재 상황에 맞춰 불입액을 먼저 정한 뒤 만기 때 찾는 금액은 적더라도 꾸준히 넣어야겠다 결심하는 분이 있습니다. 무슨 이야기인지 알겠지요? 우리는 적금을 찾을 때 우리가 넣은 돈만큼 받는 것이 당연하다고 여깁니다. 아이들의 영어도 다르지 않습니다. 영어뿐만 아니라 모든 학습에 있어서 당연히 인풋이 필요합니다. 그만큼 아웃풋이 나오는 것도 부인할 수 없죠. 다만, 내가 어느 은행에서 어느 상품을 선택했느냐에 따라 얼마의 이자를 받게 되는가는 다를 수 있습니다. 그래서 우리는 좋은 학원, 좋은 선생님, 좋은 교재를 끊임없이 찾는 것이죠.

하지만 기본은 바뀌지 않아요. 집어넣은 만큼 나옵니다. 또 언어라는 특성상 단기가 아닌 장기로 가야 합니다. 우리가 10만큼 넣으면 12개월 후에 120만큼 얻게 되고, 1,000만큼 넣으면 12개월 후에 12,000만큼 얻게 됩니다. 적은 돈을 넣는다면 큰 돈을 모으기까지 더 오래 걸릴 수밖에 없습니다. 영어 역시 학습할 수 있는 시간이 짧다면 실력이 늘기까지 오랜 시간이 필요할 수밖에 없습니다.

공부라는 게 넣은 만큼 그대로 나오는 공식과 같지 않으니 이에 이견이 있으신 분도 있을 텐데요. 맞습니다. 학습은 유형의 것이 아니라 무형의 것이지요. 알맞은 은행 계좌에 정확히 돈을 입금하는 적금과 달리, 학습은 뇌의 어느 부분에 얼만큼 입력되었는지 알 수가 없습니다. 그러니 같은 시간을 공부해도 결과치가 다를 수밖에 없죠. 하지만 적어도 어린 나이에 외국어 습득을 위해 얼마나 많은 시간을 투자했는가의 문제에는 이 적금 공식이 부합할 것입니다.

▌▙▌ 무조건 하루 세 시간씩 노출해야 한다고요?

엄마표 영어를 하는 분들 중에 하루에 무조건 세 시간씩 영어에 노출을 해 주어야 아이가 원어민처럼 말하게 된다는 이야기를 맹신하는 분들이 꽤 있습니다. 세 시간씩 공을 들여 영어에 노출해 주는 일이 나쁜 것은 아닙니다. 1만 시간의 법칙으로 보면 맞는 말이기도 하지요. 하지만 여기서 빠진 것은 '하우(How)'입니다. 어떻게 노출해 줄지에 대한 이야기가 빠져 있습니다. 영어 소리를 틀어 주기만 하는, 일명 '흘려 듣기' 방식으로도 효과가 있을까요? 잔잔한 클래식을 틀어 주는 것과 영어를 틀어 주는 것은 어떤 차이가 있을까요? 또는 영어가 아닌 전혀 다른 언어를 틀어 줘도 습득이 될까요?

말콤 글래드웰이 《아웃라이어》에서 이야기한 1만 시간의 법칙이 잘못 인용되어 쓰이는 경우가 많은 것을 보고 안데르스 에릭슨은 《1만시간의 재발견》(안데르스 에릭슨·로버트 풀 저, 비지니스북스, 2016)이라는 책을 씁니다. 1만 시간을 '그냥' 쓰면 안 된다고 전하죠. 1만 시간 동안 그저 노출해 주는 것만으로는 부족할 수 있다는 겁니다. 안데르스 에릭슨은 다음과 같이 이야기합니다.

1만 시간을 흘려보내는 것이 아니라 집중하는 시간이 필요하다고 말이지요. 또한 자신이 하고 있는 일이 양으로는 측정 가능하지만 질적인 측면에서는 알기가 어려우므로 적절한 피드백이 있어야 합니다. 즉, 전문가 또는 멘토의 도움을 받는 일이겠지요. 그렇게 해서 알게 된 잘못된 방향 또는

방법을 고쳐 다시 집중하는 작업이 이어져야 합니다. 이런 사이클로 1만 시간을 보내는 것이 중요하다는 요지였습니다. 즉, 무의미한 행동으로 시간을 보낸다고 해서 모두가 장인이 되는 건 아니라는 거지요. 그러므로 우리는 피드백을 받을 수 있는 누군가가 필요하고, 이는 아이들의 입장에서는 부모가 될 수도 있고, 잘 선정된 도서나 영상이 될 수도 있는 겁니다. 또는 전문가인 선생님이 될 수도 있겠지요.

그러니 무조건 하루에 세 시간은 아이를 영어에 노출해야 한다는 주장에 매몰될 필요는 없습니다. 숫자 자체보다는 세 시간을 어떻게 보내야 하는지에 집중해야 합니다. 이 점을 꼭 기억하세요.

▐▌ 영어 노출에 매직 넘버란 없다

그럼에도 불구하고 많은 학부모들이 매일 세 시간이라는 이야기에 혹하는 까닭은 바로 명확히 제시된 숫자 때문인데요. 수가 명시될 경우 우리의 심리는 그 시간에만 도달하면 어떤 방식으로 하든, 어떤 방향으로 가든 성공할 거라는 막연한 믿음이 생깁니다. 그런 면에서 세 시간은 동기 부여의 숫자로 의미를 가질 수는 있습니다. 하지만 모두가 일괄적으로 성공하는 매직 넘버로 보기는 어렵습니다. 그저 매일 조금씩 고도로 집중하는 시간을 투입해 1만 시간에 도달하는 과정일 뿐입니다.

아이의 성향에 따라 다르고 각 가정의 상황에 따라 달라질 수밖에 없는 것이 영어 교육의 현실입니다. 어떤 집은 엄마가 전업맘이며 영어를 잘하는 집이고, 어떤 집은 엄마가 워킹맘이면서 영알못입니다. 또 어떤 집은 아이가 하나이고, 어떤 집은 셋입니다. 어떤 집은 부모의 교육관이 부딪혀 하루 세 시간씩 영어 노출을 해 줄 상황이 되지 않을 수 있고, 또 어떤 집은 아빠의 지지가 엄청날 수도 있을 겁니다. 이 모든 변수를 고려하지 않고 영어는 무조건 세 시간만 확보하면 다 된다고 말하면 어떻게 될까요. 마치 부모가 노력을 덜해서 아이 영어 실력이 늘지 않는 것으로 귀결될 수 있겠죠. 그 과정에서 좌절하고 자책하는 학부모를 많이 보았습니다.

'하우(How)'에는 어떤 방식으로 어떤 콘텐츠를 제공하느냐의 문제도 있지만, 감정적인 부분도 포함되어 있습니다. 워킹맘이라면 영어 감정에 대한 부분도 신경을 써야 합니다. 영어 노출에 감정이라니 무슨 말인지 모르겠지요? 아이가 재밌어하고 관심 있는 주제에 몰입할 수 있도록 도와주어야 합니다. 그런데 물리적 시간의 한계 때문에 엄마가 원하는 콘텐츠를 주는 경우가 있습니다. 저 역시 그런 실수를 많이 했습니다. 게다가 저는 아이에게 필요한 것을 체계적으로 줘야 한다는 강박에 사로잡혀 제가 원하는 대로 아이의 스케줄을 짰던 기억이 있습니다.

그러면 아이는 좋지 않은 감정이 쌓여 결국 영어를 거부하게 됩니다. 또는 부모와의 관계에 부정적 영향을 미치기도 하고요. 특히 워킹맘은 늘 시간이 부족하다고 생각해 짧은 시간 동안 많은 양을 넣어 주려는 과한 욕심을 부립니다. 엄마의 욕심만큼 성과가 나오지 않으면 '우리 아이는 안 되는구나'라며 포기해 버리는 분을 꽤 많이 보았어요. 아이는 충분히 할 수 있는데 엄마가 조급했던 것은 아닌지 생각해 봐야 합니다. 영어 학습에 반드시 지켜야 하는 매직 넘버는 없음을 기억하세요.

▌▌▟ 시간을 구성하는 내용에 집중하라

아이가 영어를 즐길 시간을 매일매일 마련해 주길 바랍니다. 워킹맘이든, 전업맘이든(사실 이런 말로 나누는 것 자체가 아이러니하지만 편의상 구분합니다) 아이에게 물리적으로 시간을 쏟는 것에 집중할 것인지, 그보다 질적인 부분에 집중할 것인지 결정해야 합니다. 가정의 상황에 맞게 영어 노출 시간을 정했다면, 그 시간 동안 할 활동을 생각해 봅시다. 얼마나 알차게 내용을 구성할지를 고민하는 것이 보다 합리적입니다.

콘텐츠의 주체는 언제나 아이가 되어야 합니다. 부모는 여러 가지 활동을 다 해 주고 싶겠지요. 엄마가 스케줄링한 대로 아이가 따라 온다면 엄마는 정말 뿌듯할 테고요. 하지만 아이는 어떨까요? 엄마와 시간을 보내는 것이라고 생각해 기뻤는데 엄마가 마치 학원 선생님처럼 군다면요? 영어 전공자이고 해당 업무를 오래 해 왔던지라 저 역시 이런 실수를 초반에 했습니다. 학원처럼 시스템이 있어야 영어 학습이 가능하다고 믿었어요. 하지만 아이 입장에서 생각하지 못한 것이 있더라고요. 바로 '재미'였습니다.

재미있으려면 온전히 그 시간 동안의 콘텐츠는 아이가 주도권을 가지고 있어야 합니다. 엄마는 그저 거들어 줄 뿐, 아이가 하고 싶어하는 콘텐츠로 채우면 짧은 시간도 효과적으로 보낼 수 있습니다. 아이와 함께 보내는 시간을 어떻게 활용해야 아이가 즐거워할지 고민해 보세요.

Q4

어떤 영어책을
읽어야 할까요?

앞서 국어 독서 부분에서도 스티브 잡스 이야기가 잠시 등장했지요. 다들 스티브 잡스를 애플사의 창업자, 뛰어난 사업가이자 개발자로 알고 있을 겁니다. 그런데 스티브 잡스가 애플을 잠시 떠난 사이 애니메이션 회사 '픽사'를 인수해 영화 〈토이 스토리〉를 만들었다는 걸 알고 계시나요? 스티브 잡스가 픽사를 인수한 이유에는 다른 목적이 있긴 했지만, 어쨌거나 잡스는 IT 기기가 아닌 영화를 만들었고 그 과정에서 많은 것을 얻었다고 합니다. 특히, 명연설가로도 유명한 스티브 잡스가 '스토리텔링'을 바탕으로 한 본인의 연설 스타일을 갈고 닦은 곳이 픽사였다고 하네요.

그럼 스토리텔링의 바탕은 무엇일까요? 바로 독서입니다. 국어 독서뿐만 아니라 영어 독서도 아주 중요합니다. 외국어를 학습함에 있어서 그 나라의 언어로 쓰인 책을 읽는 행위는 사고의 확장을 가져다 줍니다. 그 나라의 문화, 언어 사용의 예 등을 알게 해 주고요. 그뿐만 아니라 비문학은 정보 습득에 유용하고, 문학 작품은 감수성을 높여 주기도 하죠. 그럼 우리는 어떤 종류의 책을 읽어야 할까요? 뭐든 책이기만 하면 다 좋은 걸까요? 사실 이것에 대해 제 개인적인 의견은 '예스(Yes)'입니다. 초기 독서 습관을 위해서는 어떤 종류의 책이든 상관없이 모두 괜찮습니다.

만화책도 괜찮나요?

저는 다양한 종류의 책을 경험해 보는 것 자체는 나쁘지 않다고 생각합니다. 게다가 학습 만화는 어려운 개념이나 분야에 쉽게 접근할 수 있다는 면에서 긍정적이고요. 그런데 영어책에선 일단 학습 만화라는 개념의 책이 많지 않습니다. 그나마 있는 책은 난이도가 상당히 높습니다. 말풍선에 글자를 처리해 넣고 캐릭터가 등장해 만화책처럼 보이지만 내용의 난이도는 매우 높아요. 또 우리나라의 학습 만화와 달리 글자 크기가 매우 작고 정보량도 엄청납니다. 이제 막 영어책을 읽기 시작하는 아이들이 가볍게 만화책처럼 읽을 수 없죠.

영어 만화책을 본 적 있는 학부모라면 공감할 텐데요. 만화책 대부분이 대문자로 쓰여져 있습니다. 우리가 어렸을 때 많이 접했던 스누피 같은 4컷 만화도 마찬가지예요. 처음 영어를 배워 읽기 시작하는 단계의 아이들은 대문자보다 소문자로 쓰인 글에 더 익숙합니다. 대문자로만 쓰인 영어를 읽어 내기란 쉽지 않죠. 또 만화는 짧고 함축적이기 때문에 설명이 충분한 글보다 오히려 이해하기 힘들 수도 있습니다. 그렇더라도 아이가 읽고 싶어 한다면 말릴 이유는 전혀 없습니다. 다행히 최근에는 소문자로 쓰여진 만화책도 구할 수 있기 때문에 다양한 책들을 접하게 도와주세요.

실제로 저희 집 둘째는 《도그맨(Dog man)》이라는 책의 그림만 보고도 내용을 파악하더라고요. 글은 저에게 읽어 달라고 합니다. 제가 읽어 주면서 본인이 그림만 보고 파악한 내용이 맞았는지 틀렸는지 확인하는 과정을 거칩니다. 어떤 방식이든 좋아요. 만화책이라도 아이가 흥미로워 한다면 보는 것을 막지 마세요.

▮▮◥ 어떤 장르의 책을 읽어야 도움이 되나요?

많은 부모의 로망 중 하나는 아이가 〈해리 포터(Harry Potter)〉 시리즈를 읽는 것입니다. 〈해리 포터〉 시리즈의 에이알(AR, Accelerated Readers) 또는 렉사일(Lexile) 지수를 검색하고 우리 아이가 언제쯤 읽을 수 있을지, 지금 우리 아이 레벨에서 〈해리 포터〉 시리즈까지 도달하려면 얼마나 남았는지 알아보는 부모를 많이 봅니다.

그런데 여러분, 〈해리 포터〉 시리즈를 모두 찾아볼 만큼 좋아하나요? 저는 〈해리 포터〉 시리즈나 〈반지의 제왕〉 시리즈 같은 판타지물을 별로 좋아하지 않습니다. 한때 〈해리 포터〉 시리즈가 엄청난 인기를 끌길래 읽어 볼까 시도했다가 포기했어요. 제겐 재밌지 않더라고요. 영화도 1편 빼고는 보지 않았어요. 그런데 저희 남편은 정말 좋아합니다. 그래서 저는 이 이야기를 드리고 싶어요. 장르 선택은 어디까지나 취향이라고요. '남들이 뭘 보니까, 이건 꼭 봐야 한다니까'에 너무 집착하지 않아도 된다는 겁니다. 다른 사람들이 뽑아 놓은 책 목록을 맹신할 필요도 없습니다. 우리 아이가 좋아하는 장르가 판타지가 아니라면 《매직 트리 하우스(Magic Tree House)》도, 〈해리 포터〉 시리즈도 남들처럼 즐겁게 읽을 수 없습니다.

아이가 좋아하는 분야를 찾는 것이 먼저입니다. 어떤 장르든, 위에서 말했듯이 그것이 만화책이라고 해도 즐겁게 읽는다면 도움이 됩니다. 영어책 독서의 목적이 큰 교훈을 얻는 것은 아니죠. 외국어를 좀 더 자연스럽게 받아들이기 위한 목적이므로 어떤 장르라도 괜찮습니다. 좋아하는 분야를 추천했을 때 아이가 영아책 읽기에 더 흥미를 느낄 가능성이 높아요.

저희 집은 딸들은 〈팬시 낸시(Fancy Nancy)〉 시리즈에 한참 빠져 있었습니다. 말괄량이 팬시에게 동질 의식을 느끼면서 주인공이 겪는 일에 공감을 많이 하더라고요. 이렇게 아이들이 몰두할 수 있는 책을 찾아 주는 것이 좋습니다. 여러 종류의 장르를 골고루 읽혀야 한다는 압박감은 내려놓아도 됩니다. 아이가 읽고 싶어 하고 좋아하는 장르의 책을 많이 읽혀 주세요. 비록 책 편식을 하더라도, 그것이 읽기 싫은 책을 억지로 골고루 읽는 것보다는 훨씬 도움이 되는 방향임을 잊지 마세요.

■■\\ 비문학 꼭 읽혀야 하나요?

대체로 아이들이 읽고 있는 책들은 스토리 중심의 그림책일 확률이 높습니다. 리더스나 챕터북으로 올라가더라도 대부분 기승전결의 스토리가 있는 문학에 가깝지요. 앞서 말했듯이 아이가 좋아하는 책을 읽어야 하는데 비문학은 너무 재미 없지 않을까 고민될 겁니다. 비문학은 다소 딱딱한 주제가 많고 과학 또는 사회 분야의 책이 많아서 해당 분야에 관심이 있는 아이가 아니라면 조금 지루해하거나 어려워할 수 있습니다. 따라서 비문학 도서는 단계별로 접근하는 것이 좋습니다.

처음에는 실사 사진이 많고 글자가 적은 책으로 시작합니다. 이런 책들도 리더스처럼 단계별로 난이도를 나눠 놓은 시리즈들이 있습니다. 사실적인 그림으로 아이들의 관심을 끈 후에 조금씩 설명이 들어간 책을 제공해 주면 어렵지 않게 비문학 책으로의 진입이 가능합니다.

비문학 분야를 읽는 연습을 해야 하는 이유는 수능 지문에 비문학 부분이 많은 비중을 차지하기 때문입니다. 비문학 지문이 많다는 것은 무엇을 의미할까요? 배경지식 없이 읽어 내기가 쉽지 않은 지문을 제시하여 학생의 문해력을 판단하겠다는 의미입니다. 처음 보는 지문을 통찰력 있게 읽고 세부 사항을 파악해 문제를 풀어내는지 보겠다는 것이 수능의 의도죠.

그러므로 비문학 분야를 평소에 읽어 두는 것이 좋습니다. 스토리와 감정선이 있는 책도 좋지만 그것들이 완전히 배제된 사실만으로도 글이 구성될 수 있다는 것을 아이들이 미리 알아야 합니다. 그리고 대부분의 비문학 분야는 과학, 사회 분야의 새로운 지식이나 전문성을 다루는 글이 많으므로 아이들이 배경지식을 쌓는 데에도 도움이 됩니다.

[만화책]

도그 맨(Dog Man) 시리즈

그래픽 노블이라는 장르의 책으로, 주인공의 엉뚱한 행동이 아이들의 웃음 포인트를 자극한다. 만화책임에도 글밥이 많기는 하나 그림으로 이해하기 쉬워 성별 구분 없이 아이들에게 인기가 많다.

누들 헤드(Noodlehead) 시리즈

누들 헤드는 가운데가 뚫려 속이 텅 빈 형태이다. 그래서 바보, 멍청이라는 뜻이 있다. 깔깔거리고 웃을 정도로 기상천외한 행동을 하는 덤앤더머 같은 주인공이 기억에 남는다. 글밥이 아주 많지 않아 초기 리더스 아이들도 쉽게 읽을 수 있다.

시스터즈(Sisters)

글밥은 적지 않다. 자매가 있는 집이라면 특히 첫째들이 공감할 내용이 많이 나오는 만화책이다. 스마일(Smile), 시스터즈(Sisters), 거츠(Guts) 이렇게 세 권짜리 시리즈이다.

[비문학]

브레인 뱅크(Brain Bank) 시리즈

논픽션(Non-fiction)을 읽기 시작하는 초기 단계에 유용한 책이다. 사회, 과학 두 가지 분야로 나누어져 있으며 실사 그림과 함께 짧은 문장으로 구성되어 있다. 단계는 GK(미취학)부터 Grade 2까지 있다.

내셔널 지오그래픽(National Geographic) 시리즈
레벨은 1-3까지 있다. 홈페이지를 함께 이용하면 논픽션을 읽을 때 더 도움이 될 것이다.

타임 포 키즈(Time for Kids) 시리즈
신문기사를 다루고 있기 때문에 사회, 과학 전 분야를 두루 배울 수 있다. 단계별로 있어 저학년이어도 접근이 가능하다. 공식 홈페이지를 이용하면 더 많은 정보를 얻을 수 있다.

Q5

영어 독서가 대한민국 입시에도
도움이 될까요?

우리나라 입시에서 영어 독서가 빛을 발할 수 있을지도 궁금할 겁니다. 국어 독서와 맥락을 같이할 것 같은데요. 우리가 국어 시험을 잘 보기 위해 선행되어야 하는 것이 무엇일까요? 바로 글을 읽는 능력입니다. 단순히 문자를 읽는 단계부터 시작해서 내포된 의미를 찾아내는 추론 단계까지 모두 읽기 능력에 포함되는 것이지요. 즉, 우리는 학습을 하기 위한 전제조건인 글 읽기를 할 줄 알아야 합니다.

그래서 어쩌면 이 질문은 모순일 수 있습니다. 독서 활동은 입시나 학업과 떨어뜨려 놓고 생각할 수 없습니다. 우리말 독서든, 영어 독서든 독서 활동은 결국 학습과 연결됩니다. 그런데 우리는 어째서 독서 활동을 지속하지 못할까요? 그 문제에 대해 생각해 보고, 앞으로 우리 아이들에게 어떻게 독서 지도를 하면 좋을지 살펴보겠습니다. 특히 영어는 외국어이기 때문에 더욱 어려울 수 있습니다. 이상과 현실이 너무 동떨어져 있기 때문이지요.

▌▌▚▌ 2021 현재 대한민국은?

최근 고교학점제 도입과 관련하여 초등 학부모의 고민이 많으리라 생각합니다. 2025년부터 시행되는 고교학점제는 대학교처럼 고등학교 때부터 자신이 관심 있는 분야의 수업을 학점으로 이수하는 것을 말합니다. 필수 과목, 선택 과목 등이 있고 그 안에서 자유롭게 수강 신청을 해서 듣는 형태입니다. 자신이 다니는 학교에 원하는 교과목이 개설되지 않으면 인근 학교에 신청하여 듣기도 하고, 온라인으로 신청하는 방법도 고안한다고 합니다. 미국 드라마나 영화에서 본 것처럼 고등학생들이 교실마다 돌아다니며 수업을 듣는 모습을 상상하면 됩니다. 그런데 그건 사실 이상에 가깝지요. 교육부에서 원하던 그림도 그런 것이겠으나 늘 취지와 다르게 결과가 나오는 것이 안타까울 뿐입니다. 그럼에도 불구하고 우리가 알아야 할 것이 있습니다. 정책은 계속해서 나아지고 있고 변화하고 있다는 사실이지요.

무엇보다 학습 방식이 많이 변했습니다. 주입식 교육에서 조금씩 벗어나고 있는 모습을 볼 수 있습니다. 현재 초등학생들은 수업 시간에 손을 들고 발표하는 것이 꽤 자연스럽고, 프로젝트 수업이나 모둠 활동도 다양해졌습니다. 중학교도 각종 수행 평가들이 있어서 과정 평가를 담아 낼 수 있다는 장점이 있습니다. 게다가 자유학년제로 진로를 탐색할 수 있는 시기도 생겼지요.

공교육에 대한 비판만 하기보다는 아주 조금씩이지만 변화하고 있음을 인식하는 편이 더 나을 것입니다. 앞으로도 바뀌어야 할 부분이 많은 것은 부인할 수 없습니다. 하지만 그것은 비단 정책의 문제만은 아닙니다. 교사와 학부모의 인식 변화가 첫 번째라고 생각합니다. 아무리 좋은 교과서를 만들어도 현장에서 교사가 교수법을 제대로 활용할 수 없다면 무용지물이지요. 또 아무리 좋은 정책을 만들어도 학부모가 그것을 받아들이지 못하고 사교육으로 메꾸려 한다면 소용없고요.

아이들의 독서를 막아서는 사람도 부모인 경우가 많습니다. 아이들이 배워야 할 많은 내용이 책에 있음에도 부모들은 그 영역을 문제집이나 학원으로 대신하려 합니다. 그래서 현재 대한민국에 필요한 것은 교사 교육과 부모 교육이라고 생각합니다.

대학 입시 정말 필요한가?

저는 제 첫딸이 태어났을 시점부터 대학 무용론에 대해 종종 생각했습니다. 하지만 저희 아이는 너무 빠르게 크고 있고, 당장 우리 아이들 세대에서는 뭔가 큰 변화가 있을 것 같진 않습니다. 그런데 2019년 전 세계를 뒤덮은 코로나19 바이러스가 그 시기를 앞당기고 있다는 느낌이 듭니다. 코로나19는 참 많은 것을 앞당겼습니다. AI와 의료 기술, 인터넷 환경 등 많은 것들을 바꾸어 놓았지요. 코로나 바이러스 때문에 전 세계는 물리적 거리를 두게 되었지만 온라인상에서는 오히려 거리를 좁히게 되었습니다.

제 경우만 해도 온라인 강의를 할 때 수강생의 60~70%가 지방에 사는 분들입니다. 상대적으로 교육 정보를 접할 기회가 적었던 분들에게 온라인 강의나 세미나는 몹시 유용하지요. 저는 앞으로도 온라인과 오프라인 강의를 병행해야겠다는 생각을 하게 되었습니다. 그런데 여러분, 저나 여러분이나 이런 시대에 살던 사람이 아니지요. 그럼에도 다행히 금방 적응했습니다. 우리 아이들은 더 빨리 적응할 수 있겠지요? 그러므로 우리 아이들은 학습 능력을 길러야 합니다. 지식을 아무런 여과 없이 받아들이는 시대가 저물고 있습니다. 새로운 정보와 지식을 아이들이 얼만큼 빨리 이해할 수 있는지 살펴야 합니다. 그러한 학습 능력을 개발하기 위해 독서는 필수입니다.

대학은 필요 없으니 당장 아이가 잘하는 것을 찾아 개발해 주라는 말을 하는 것이 아닙니다. 적어도 이제는 모든 가능성을 열어 놓을 시점에 도달했다는 생각입니다. 공부가 적성에 맞는 아이도 있고, 다른 것에 더 관심을 보이는 아이도 있을 것입니다. 2000년대 생들은 부모 세대가 생각하는 것보다 훨씬 더 새로운 존재입니다. 사고의 체계나 확장의 범위가 기성세대와 완전히 다릅니다. 이제는 그것을 인정해야 할 시기입니다.

▋W 지식과 지혜는 다르다?

이 험난한 세상에서 살아남으려면 여러 아이템을 장착하고 그때그때 필요한 아이템을 꺼내 사용해야 합니다. 게임 속 서바이벌과 비슷하죠. 그런데 아이템을 아이가 스스로 얻는 게 아니라 부모가 돈으로 사 주는 경우도 있습니다. 그렇게 평생 사 줄 수 있다면 괜찮겠지만 그럴 수 없는 상황은 분명 일어납니다. 아이가 직접 아이템을 얻을 수 있도록 방법을 알려 주는 것이 더 현명한 부모입니다.

자기에게 어떤 아이템이 필요할지 스스로 판단하고 그것을 얻으려면 어떻게 해야 할지 생각하는 아이로 키워야 합니다. 그래야 고난과 역경이 왔을 때 자기가 가진 아이템 중에서 어떤 것을 사용해야 가장 효율적일지 알 수 있지요. 부모가 모든 것을 채워 줘서 다 가지고 있는 아이라면 정작 고난이 닥쳤을 때 어떤 아이템을 써야 할지 몰라 우왕좌왕할 수 있습니다. 그래서 우리는 직접 경험과 간접 경험을 통해 아이 스스로 지식을 습득하게 도와야 합니다. 간접 경험으로 아주 좋은 것이 책이고, 요즘은 유튜브와 같은 미디어도 있죠. 이 과정은 지식뿐 아니라 지혜도 얻을 수 있도록 돕습니다. 지혜를 얻는 과정에서 '공감'이라는 것을 하게 되고, 이를 통해 타인의 삶을 이해하게 됩니다. 공감 능력은 혼자 사는 사회가 아닌 더불어 사는 사회 속에서 꼭 필요한 덕목이고 아이템입니다.

▌▚▌ 그래서 더욱 중요한 독서, 영어도 그럴까요?

모국어 독서가 왜 필요한지는 충분히 이해하셨죠? 그런데 영어도 꼭 독서를 통해서 배워야 할까요? 주로 의사소통의 기능을 하는 영어는 책을 통해서가 아니라도 영상이나 사교육으로 배울 수 있다고 생각하는 분들이 많을 겁니다. 그러나 다음과 같은 이유로 영어 독서 역시 중요합니다.

첫째, 원어민이 쓰는 표현을 배울 수 있습니다. 교과서나 문제집에서 볼 수 없는, 실제 다양하게 사용되는 진짜 영어를 접하는 기회가 늘어납니다. 모국어 책도 마찬가지죠. 책에서 쓰이는 문어체 표현을 많이 익혀 두면 좋은 글쓰기로도 연결됩니다. 그런 면에서 영어 독서도 중요하고요. 또한 영어책 속에서 우리와 전혀 다른 문화를 엿볼 수 있어서 색다른 재미를 발견하게 됩니다.

둘째, 입시와도 연결 고리가 있습니다. 책을 읽는 뇌와 영상을 보는 뇌는 다릅니다. 책에는 기승전결, 짜임새 있는 줄거리의 순서, 작가의 의도가 있습니다. 책 한 권을 읽으면 이 모든 것들이 알게 모르게 내 것이 됩니다. 소설류의 영어책도 있지만 과학이나 수학 이야기를 다룬, 또는 예술 분야를 다룬 책도 많습니다. 이런 비문학류 책은 수능과 직결됩니다.

그럼 우리가 유명한 비문학류 책을 다 찾아서 읽어야 할까요? 그렇지 않습니다. 뒤에서 더 다루겠지만 우리는 문해력을 키우는 것에 집중해야 합니다. 안 본 지문이 없을 정도로 모든 책을 다 읽는 것이 아니라 어떤 새로운 지문이 나타나더라도 읽어 내는 것을 목표로 삼아야 합니다. 평소 영어든, 국어든 독서를 많이 하는 아이들은 생활 속에서도, 입시에서도 성공할 수 있습니다.

6장

초등맘이 놓치기 쉬운

우리 아이
영어 독서 습관 10

Q6

정독 vs 다독
도대체 뭐가 맞나요?

정독과 다독에 대한 의견은 분분합니다. 그렇기에 어느 한쪽을 골라서 답이라고 단정지을 수 없습니다. 그래서 '어떻게' 읽어야 한다에 대한 정답은 말할 수 없을지라도 '언제, 어떻게' 읽어야 하는지에 대한 이야기는 할 수 있을 듯합니다. 언제 정독을 하면 좋고, 언제 다독을 하면 효과적인지 말입니다.

이 내용을 다루기에 앞서 용어에 대한 정의를 하고 넘어가야 할 것 같습니다. 다독은 여러분이 알고 있듯이 '많이 읽는 것'을 의미할까요? 아닙니다. 다독은 영어로 폭넓은 읽기, 즉 'Extensive reading'이라고 합니다. 무조건 많이 읽는 것이 아니라 확장을 위한 읽기라고 볼 수 있습니다. 분야를 점차 넓혀 가며 읽는 방법이라고 할 수 있겠지요. 정독은 영어로 집중하여 읽기, 즉 'Intensive reading'이라고 합니다. 주의를 기울여 읽는 것을 가리키지요. 의미를 알고 나니 더더욱 둘 다 필요한 읽기 전략임을 알겠네요. 그렇다면 어떤 경우에 다독이, 어떤 경우에 정독이 필요한지 알아봅시다.

▌▌◥◣ 다독, 이럴 때 필요해

파닉스 규칙을 막 배우기 시작한 아이들은 다독이 절대적으로 필요합니다. 여기서 제가 다독이라고 말씀드리는 것은 일단 많이 읽는 다독(多讀)을 가리킵니다. 아이가 한글을 막 배우기 시작하면 책 제목이든, 간판이든 닥치는 대로 읽는 모습을 보입니다. 읽기 시작했을 때 자신감을 불어넣어 주는 차원에서도 좋고, 많이 읽고 많이 보면 더 잘 읽을 수 있기도 하지요. 그래서 파닉스와 사이트 워드를 학습한 시기에 다독하면 유창하게 읽는 데 도움이 됩니다. 이때는 책의 두께가 얇고 내용이 많지 않아 여러 권 읽는 것이 가능합니다.

파닉스 이후 1점대 정도의 리더스북을 읽고 있는 아이들도 마찬가지입니다. 글밥이 많지 않기 때문에 여러 권 읽는 것이 어렵지 않은 때입니다. 그림책도 좋고 리더스도 좋으니 아이가 읽고 싶은 만큼 읽게 해 주세요. 부모가 잠자리 독서로 읽어 줄 때도 이 시기만큼은 다독이 가능합니다. 아이의 글 읽기 레벨이 올라가면 아무래도 한두 권 이상 읽어 주기가 어려워지기 때문이죠.

또 다양한 분야로의 확장이 필요할 때에도 다독해야 합니다. 비문학으로의 확장, 또는 분야별 확장을 하는 시기를 말합니다. 영어로 다독은 원래 확장의 의미를 포함하고 있다고 이야기했습니다. 글 읽기에 어느 정도 재미를 붙인 아이들은 그림책을 보다가 날씨를 주제로 한 이야기책을 보고 날씨를 다룬 과학 분야의 책으로 옮겨 갈 수 있습니다. 그때 우리말 배경지식이 필요하다면 한글책으로의 확장도 괜찮습니다. 반대로 배경지식 학습을 위해 우리말 책을 읽다가 관심 분야가 나오면 영어책으로의 확장도 가능합니다.

물론 어떤 분야로의 확장만을 다독으로 보는 것은 아닙니다. 글을 읽을 때 그 책 안에서 의미의 확장을 돕는 방식도 다독이 될 수 있습니다. 그러므로 초기 학습자에게도 다독이 필요하지만 일정 수준 이상의 학습자에게도 다독은 여전히 중요하고 의미 있는 책 읽기 방식입니다.

▌▐▙ 천천히 주의 깊게 읽는 정독도 중요합니다

아이가 읽는 책의 글밥이 적은 것은 아이 연령이 어려서일 수 있고, 책의 호흡이 짧아서일 수도 있습니다. 어떤 이유든지 엉덩이가 들썩들썩하는 친구들이 있지요. 이런 아이들에게는 짧은 호흡으로 여러 권을 읽는 활동과 더불어 한두 권 정도는 집중해서 정독하는 습관을 길러 주면 좋습니다. 이때는 영어책 읽기뿐 아니라 공부 습관도 들여야 하는 시기입니다. 그래서 한 글자 한 글자 정성스레 읽어 나가는 노력을 해야 하지요. 물론, 아이가 스트레스를 받거나 지루하지 않게 해 줘야겠지요?

앞서 다독이 필요한 시기, 그리고 다독을 쉽게 할 수 있는 시기는 글밥이 적을 때라고 말했습니다. 그 말은 반대로 글밥이 길어지면 다독이 어려울 수도 있다는 이야기입니다. 그리고 글밥이 많아진다는 것은 책에서 담고 있는 이야기가 많다는 뜻입니다. 보다 정확하게 읽는 연습도 필요하다는 의미이지요. 그래서 읽는 책의 권수에 집착하는 다독보다 질에 더욱 관심을 가지는 정독을 해야 합니다.

글밥의 길이 때문에 다독에서 정독으로 넘어가는 경우라면 하루에 몇 권을 읽었는지 권수를 기준으로 판단하기보다는, 하루에 몇 시간 또는 몇 분의 독서 시간을 가졌는지를 살펴야 합니다. 또 하나 주의할 것은 아이에게 책의 내용을 세세하게 브리핑하라고 하면 곤란합니다. 아이에게 과도한 스트레스를 주면 독서에 대한 흥미가 떨어질 수 있음을 기억하세요.

마지막으로는 독후 활동을 하는 경우에도 정독이 필요합니다. 아이가 국어 독서를 할 때마다 매번 독후감을 써야 한다면 책을 읽고 싶을까요? 영어책도 마찬가지입니다. 늘 독후 활동의 압박에 시달리면 책 자체를 읽고 싶지 않을 것입니다. 책을 읽을 때마다 독후 활동을 할 필요는 없습니다. 책을 재밌게 읽었다면 그것으로 끝이고, 시리즈라면 다음 권을 읽으면 됩니다.

하지만 영어 독서를 할 때 부모의 자세가 조금 달라지곤 합니다. 아이가 내용을 알고 있는지 확인하고 싶고 모르는 어휘는 없는지, 해석은 제대로 했는지 궁금해하지요. 그러다 보니 독후 활동으로 소개되는 다양한 워크시트를 풀게 하고요. 그런데 워크시트의 대부분은 글쓰기를 수반하고 있습니다. 그리기나 만들기 활동일 수도 있지만 부모는 왠지 뭔가를 쓰고 요약하면 잘했다고 생각하고 몹시 뿌듯해합니다. 이 일련의 과정이 아이들에겐 큰 스트레스로 작용할 수 있습니다.

그렇기에 독후 활동을 할 때는 횟수보다 아이의 흥미를 유지하는 데 집중해야 합니다. 책을 열 권쯤 읽었다면 그중 아이가 정말 좋아하는 책을 한 권 골라 독후 활동을 꾸려 보세요. AR 테스트를 봐도 되고, 인터넷에서 워크시트를 내려받아서 풀게 해도 되고요. 간단하게 책의 내용을 요약해 보아도 됩니다. 읽기 수준은 높지만 쓰기 수준은 따라 오지 못하는 아이라면 한글로 요약해도 좋습니다. 글쓰기를 싫어하는 친구들은 대략적인 줄거리를 말로 이야기해 보라고 할 수도 있습니다. 아이들이 책 읽기를 계속할 수 있는 방향으로 이끌어 주기 바랍니다.

▌▌ 음독할 때와 묵독할 때

　　다독과 정독 이야기를 하다 보면 음독과 묵독에 대한 질문도 많이 받습니다. 여러 육아서나 영어 관련 교육 서적에서도 음독과 묵독에 대해 다루죠. 엄마표 영어를 하는 분들 사이에서 집중 듣기라는 말도 유행처럼 쓰이고 있습니다. 그럼 음독은 뭐고 묵독은 뭔지 용어 설명부터 해 보겠습니다. 음독은 'Read aloud'라고 하며 큰 소리로 읽는 것을 말합니다. 묵독은 소리를 내지 않고 눈으로 읽는 'Silent reading'을 뜻합니다. 음독과 묵독은 어떻게 활용하면 좋으며, 각각의 방식은 어떤 장점이 있을까요?

　　음독은 소리 내어 글을 읽기 때문에 말하는 소리를 스스로 들을 수 있습니다. 초기 학습자들은 파닉스 이후에 책 읽기가 자연스럽게 될 때까지 음독을 하면 도움이 많이 됩니다. 아이가 책을 읽는 동안 엄마나 아빠가 아이의 소리를 들을 수 있다는 장점도 있습니다. 여기서 아이의 발음이나 속도를 절대 지적하지 말아야 합니다. 녹음을 해 보는 것도 좋은 방법입니다.

　　부모가 영어책을 읽어 주는 것도 음독의 과정입니다. 음독으로 아이에게 책을 읽어 줄 때 여러 가지 방법을 가미하면 책 읽기에 재미가 생깁니다. 가령, 큰 소리로 읽기나 개미처럼 작은 목소리로 읽기, 할머니 목소리 흉내 내기, 빠르게 읽기, 느리게 읽기 등의 방식으로 읽어 주는 것이지요. 아이와 깔깔거리면서 잠자리 독서 시간을 보낼 수 있습니다. 낮 시간에도 이런 방법으로 읽어 주면 같은 책도 색다른 느낌으로 다가올 것입니다.

　　그럼 묵독은 언제 도움이 될까요? 영어 학습 초기 단계에는 글밥이 적은 책을 읽다 보니 소리 내어 읽는 것에 큰 부담이 없습니다. 하지만 글밥이 많아지고 모르는 어휘가 늘면 조금씩 소리 내어 읽는 것이 부담스러워지죠. 그럴 때 집중 듣기라는 말로 잘 알려진 '청독' 단계를 거치면 좋습니다. CD나 MP3로 음원을 틀어 놓고 소리를 들으면서 눈으로 책의 글자를 따라가는 방식입니다. 들으면서 읽는 것이지요. 청독 과정부터 입으로 소리를 내지 않고 눈으로 읽기 시작합니다. 이것이 익숙해지면 음원 없이 눈으로 읽는 속도가 더 빨라지는 시기가 옵니다. 그때부터는 묵독으로 편안하게 읽는 단계가 되지요.

▌Ⅶ 기타 읽기 방법

소개한 읽기 방법 말고도 훑어 읽기(스키밍, Skimming), 찾아 읽기(스캐닝, Scanning) 등이 있습니다. 스키밍과 스캐닝은 언뜻 비슷해 보여도 조금 다릅니다. 둘 다 빠르게 훑어보며 읽는 속독 방식이지만 스키밍은 말 그대로 훑어보는 방식입니다. 이 책을 읽을 것인가 말 것인가 결정하기 위해 빠르게 훑어보는 것과 같지요.

스캐닝은 찾아 읽는 것입니다. 책의 특정 부분에서 정보를 얻기 위함인데요. 예를 들어 내용을 모두 읽은 후에 특정 부분의 정답이나 정보를 다시 찾아보기 위해서 읽는 경우를 말합니다. 이때는 차례나 인덱스를 통해 자신이 원하는 지점을 찾아 세부 사항을 탐색하는 방식을 사용하기도 합니다.

스키밍, 스캐닝 모두 속독의 한 방법이고 경우에 따라 달리 쓰이기는 하지만 결국 훑어보는 읽기 전략입니다. 이런 이론적 배경을 알고 아이의 영어 독서를 지도하면 흔들리지 않고 단단하게 아이의 실력을 키워 갈 수 있습니다.

Q7

영어책을 정독하는
구체적인 방법이 있나요?

한 줄 한 줄 모두 해석하고 모르는 단어를 찾아서 노트에 적고 다시 그걸 암기하는 과정으로 책을 읽는 것, 이것을 정독이라고 생각했다면 큰 오산입니다. 정독의 사전적 의미는 '뜻을 새겨 가며 자세히 읽는다'입니다. 그런 의미에서 사전으로 단어를 모두 찾고 한 문장씩 해석해야 하는 건 아닐까 생각할 수 있습니다. 하지만 그것은 독서가 아니라 문제 풀이 방식입니다. 세부 사항을 과하게 파악하려는 자세이지요. 이는 문제의 정답을 맞춰야 하는 경우에 필요한 기술입니다. 이런 방식으로 독서한다면 금방 지쳐서 일주일에 한 권도 읽기 힘들 겁니다. 글밥이 늘어난다면 더욱 힘들겠죠.

실제로 제가 가르치는 아이들 중 한 친구가 이렇게 한 적이 있습니다. 책 읽기 숙제를 내 주었는데 반복적으로 해 오지 않아서 이유를 물으니 너무 어렵고 단어 뜻을 모르겠다고 하더군요. 그런데 그 아이는 저학년도 아니었고,

영어 독서 경험만 없었을 뿐 영어 자체를 못하거나 독해 실력이 떨어지는 친구도 아니었습니다. 그래서 바로 책의 난이도를 낮추기 보다는 모르는 단어를 사전에서 찾아보며 읽어 오면 어떨까 하고 이야기해 줬는데요. 다음번 숙제를 확인했더니 책에 모르는 단어를 빼곡히 써 놓은 게 아니겠어요? 그 아이는 독서를 숙제라고 생각했고 즐거움을 느끼기보다는 의무감으로 하고 있던 겁니다. 물론 단어를 다 찾으니 해석이 되고, 문맥이 이해가 되니 책이 재미있다는 사실은 알게 되었다고 하더군요. 하지만 그렇게 힘든 방식으로 독서를 지속하기는 어렵지요. 그 숙제는 결국 제가 그만하자고 했습니다.

여러분도 혹시 자녀의 독서를 이런 식으로 진행했던 것은 아닌지 돌아보세요. 어렸을 때 글밥이 적은 책은 사전을 찾을 일이 적고, 그림에서 힌트를 얻을 수 있고, 무엇보다 부모가 읽어 줄 수 있었지요. 하지만 얼리챕터북부터는 그림이 현저히 줄고 글은 많아집니다. 부모가 읽어 주기에도 양이 너무 많죠. 이럴 때 혼자 읽을 수밖에 없는 아이들을 어떻게 지도해야 할까요?

▌ ▟ 읽기 전략을 활용하세요

문장을 하나하나 뜯어서 분석하는 것을 목표로 잡을 것이 아니라 전체적인 내용 파악에 집중해야 합니다. 그래서 저는 정독을 '정보를 파악하되 지치지 않게'라고 표현합니다. 정보를 파악해 가는 과정에서 스스로 지치거나 힘들지 않게 노력해가는 것이지요. 몇 가지 읽기 전략을 소개합니다. 읽기 전 미리 전략들을 염두에 두세요. 다 읽은 후 해당 전략에 맞춰 독후 활동을 해도 좋습니다. 독후 활동을 할 때는 위에 소개한 대로 찾아 읽는 스캐닝 방법이 필요하겠지요?

• 주제, 요지 찾기

가장 기본적인 단계입니다. 글의 세부 사항보다는 전체적인 흐름, 스토리, 중심 내용 등을 파악해야 해결할 수 있습니다. 스토리북은 그 책의 주제가 무엇인지 찾아보고 이야기해 보는 정도로 끝내면 됩니다. 하지만 그림책에는 그러한 정답이 없을 수도 있습니다. 아이의 상상력에 기반한 기발한 대답도 정답으로 해 주면 아이가 활동을 계속 이어 나갈 수 있습니다. 또, 시리즈나 리더스는 책 제목에서 이미 주제가 드러나는 경우가 많습니다. 신문 기사를 읽을 때는 헤드라인을 먼저 확인해 보는 것도 주제, 요지 찾기의 기술을 연습하는 데 도움이 됩니다.

• 줄거리 파악하기

주제와 요지를 찾았다면 그걸 조금 더 길게 표현하도록 유도합니다. 전체 내용이 무엇인지, 주인공은 어떤 일을 겪었는지 등을 물으며 책의 줄거리를 파악해 봅니다. 긴 글을 읽고 짧게 요약하거나 줄거리를 설명하는 일은 아이들에게 어려운 과정입니다. 어떻게 이어 말하고 써야 하는지 잘 모르기 때문입니다. 부모가 이를 유도할 만한 질문을 해 주거나 다음과 같이 단락별, 페이지별, 챕터별, 권별로 요약해 보면 좋습니다.

단락별 요약	페이지별 요약	챕터별 요약	권별 요약
Paragraph 1	Page 2-10	Chapter 1	
Paragraph 2	Page 11-20	Chapter 2	Book 1
Paragraph 3	Page 21-30	Chapter 3	

•사건 순서 파악하기

| First | → | Second / Next | → | Last / Finally |

초등 2학년 1학기 국어책에 '차례대로 말해요'라는 단원이 있습니다. 사건의 시간 순서대로 말하는 것인데요. 글을 읽고 시간 순서대로 배열하거나, 시간을 나타내는 단어를 찾는 방식으로 접근하도록 구성된 단원입니다. 마찬가지로 영어에서도 사건 또는 줄거리를 시간 순서대로 배열해 보면 읽은 내용을 더욱 잘 이해할 수 있습니다.

하지만 이는 사건이 시간 순서대로 발생한 경우에만 가능합니다. 어떤 텍스트를 읽었느냐에 따라 어떤 읽기 전략을 사용할지는 바뀔 수 있습니다. 아이가 순서를 나타내는 말을 잘 모를 경우 예시를 보여 주어 글쓰기를 도울 수 있습니다.

시작	중간	끝
First	Next	Finally
Initailly	Then	Afterward
To begin	Later	Eventually
In the beginning	After that	In conclusion
Before	Meanwhile	Last

• 대조, 비교하기

A의 특징   공통점   B의 특징

   글의 종류에 따라 대조, 비교하기에 좋은 글이 있습니다. 서로 반대되는 캐릭터가 나오거나 선과 악이 분명한 구조가 그런 글이지요. 공통점과 다른 점을 찾는 활동이라던지, 그래프 등으로 수치를 비교할 수 있는 글들도 이런 독후 활동을 하기 적합합니다. 이때 밴다이어그램이나 막대, 또는 원형 그래프 등의 활동지를 활용하면 좋습니다.

• 원인, 결과 찾기

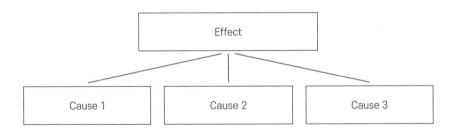

   모든 일에는 원인이 존재합니다. 그에 따른 결과가 어떠하다는 인과 관계가 있기 마련이시요. 추리 소설이나 큰 사선을 다룬 이야기만이 원인과

결과를 풀어낼 수 있는 것은 아닙니다. '닭이 먼저냐, 알이 먼저냐'처럼 무엇이 원인이고 결과인지 불분명한 문제도 있죠. 계절에 대한 이야기를 읽고 눈이 와서 겨울인지, 겨울이어서 눈이 오는지에 대해 생각한 다음 '인과 관계(Cause and Effect)'로 풀어도 재밌겠지요.

아이들의 왕성한 호기심과 창의력을 어른들의 잣대로 가두지 않아야 합니다. 독후 활동이라고 해서 틀에 박힌 것을 사용할 것이 아니라 그때그때 상황에 맞게 써 주는 것이 좋습니다.

Q8

어떻게 해야 아이가
영어책에 흥미를 가질까요?

아이에게 무슨 일을 해 보라고 권유하기 전에 부모가 먼저 그 일을 해 보세요. 그것이 가져다주는 즐거움이 무엇인지 반드시 깨달아야 하고 실제 그것에 대한 공감 능력이 있어야만 아이에게도 권할 수 있습니다. 경우에 따라 직접 해 볼 수 없는 것들도 있겠지만 '독서'는 충분히 가능한 영역입니다. 엄마, 아빠가 집에서 책 읽는 것에 흥미가 없고 독서의 즐거움을 모른다면 아이에게 아무리 책을 읽으라고 강요해도 달라지는 것은 없을 테지요. 영어책도 마찬가지입니다.

실제로 저는 독서광입니다. 저희 집에는 아이들 책만큼 제 책도 많습니다. 저는 아이들에게 책을 읽으라고 강요하지 않습니다. 전집 같은 것도 사 주지 않습니다. 아이가 필요하다고 하는 책은 도서관에서 빌려 보게 하고, 없다면 구입합니다.

유·초등 때 처음 영어책을 읽기 시작하는 아이들에게 영어책은 두려운 존재입니다. 그러므로 영어책 읽어라, 우리말 책 읽어라 잔소리하는 것보다 부모가 먼저 읽는 모습을 보여 주세요. 부모가 몸소 실천하는 모습을 보여 주면 아이는 금세 책에 익숙해집니다. 아이 스스로 독서가 좋아서 습관처럼 책을 읽게 되지요. 영어 독서는 그렇게 시작됩니다.

영어는 외국어이므로 모국어보다 더 많은 시간과 노력을 기울여야 합니다. 하지만 결코 되지 않을 일은 아니라는 점을 기억하세요. 아주 쉬운 난이도의 영어 그림책부터 도전해 보세요. 아이들은 외국어로 책을 접하면 자신이 과연 읽을 수 있을까 하고 두려움을 느낍니다. 발음이 좋지 않아도 좋으니 초반에는 부모가 직접 읽어 주세요. 정서적 교감을 위해서 아이를 안고 스킨십을 하면서 책을 읽어 주길 권합니다.

▌Ⅶ 독서는 쾌락이다

소설가 김영하는 독서가 습관이 아니라 쾌락이라고 말했습니다. 제가 앞서 이야기한 내용과 일맥상통합니다. 저에게는 독서가 참 즐거워서 그 시간이 곧 휴식 같아요. 그래서인지 저희 아이들도 "엄마, 나 좀 쉴게."라고 말하며 책을 들고 침대나 소파에 눕죠.

여러분 가정은 어떤가요? 아이들에게 습관을 길러 준다는 명목하에 또 다른 형태의 스트레스를 주고 있는 건 아닌지요. '어느 집 아이는 이렇다더라, 어떤 애는 이런 책을 읽고 있더라, 학년이 같은데 왜 우리집 아이는 이걸 못 읽지?'라며 자책하고 있나요? 그 자책 끝에 아이에게 과도한 학습을 시키고 있진 않나요?

저는 회사를 오래 다닌 직장인이기도 합니다. 직장인은 누구나 성과라는 것을 내야 합니다. 물론 회사는 그에 따른 보상을 하지요. 부모 역시 아이들이 어떤 행동을 습관화하기 위해 일정 시간 이상 노력하고 성과를 낸다면 그에 상응하는 보상을 해 줘야 합니다.

어느 집은 스티커 판에 스티커를 붙이는 행위가 보상일 수 있습니다. 어느 집은 아이가 원하던 장난감일 수 있고요. 혹시 보상이 독이 되진 않을까 걱정할 수도 있는데, 똑똑하게 보상을 해 주면 됩니다. 영어 독서가 결국 즐거움으로 자리 잡을 수 있도록 말이죠. 그저 부모가 원하는 AR 지수에 도달하기 위한 독서가 아니라 진심으로 즐기는 독서로 갈 수 있도록 도와야 합니다. 그러기 위해서는 부모가 영어 독서를 할 때 아이의 흥미를 유발하는 방법을 알고 있어야 합니다.

▌▚ 영어책도 즐길 수 있다

가장 중요한 포인트는 실천입니다. 어떤 사람은 무슨 일이든 해도 안 될 거라고 생각합니다. 또 어떤 사람은 되든 안 되든 일단 해 보죠. 당연히 먼저 행동에 옮긴 사람이 유리합니다. 실패를 하더라도 말입니다. 실패를 통해서도 무언가를 배우기 때문입니다. 하지만 아무것도 하지 않은 사람에게는 실패도, 성공도, 어떠한 배움도 없습니다. 다음 내용에서 반드시 한 가지 이상 실천해 보기 바랍니다.

• 5세 이전 아이: 책 표지 그림을 읽어 보자

그림을 보는 게 아니라 '읽어' 보세요. 그림책은 앞표지와 뒤표지에 생각보다 많은 정보가 들어 있습니다. 저는 영어책을 오랫동안 만들어 온 영어 교재 편집자였습니다. 물론, 교과서나 문제집 위주였지만 그 또한 표지 선정이 아주 중요한 작업입니다. 많은 사람들이 선호하고, 저자의 의도가 잘 드러나며, 가장 예쁘고 눈에 띄는 일러스트를 표지에 사용합니다. 영유아들이 많이 읽는 영어 그림책에서 표지 그림은 특히 중요합니다. 주제가 함축된 그림을 넣어 제목과 어우러지게 하고, 책 내용을 추측할 수 있도록 그림에 여러 장치를 둡니다. 그러한 요소를 찾으며 책 표지를 꼼꼼히 살펴보기 바랍니다.

저는 아이들과 함께 앞뒤 그림책 표지만 보고 책장을 열어 보지 못하는 날도 있었습니다. 아이들은 어른들이 미처 보지 못한 것까지 찾아냅니다. 아이들의 안목을 믿어 보세요. 표지를 넘기면 내지가 나오기 전 면지가 있기 마련입니다. 면지에도 작가의 의도를 담은 일러스트가 종종 있으니 여기까지 놓치지 말고 살펴보세요.

• 전 연령: 반드시 첫 페이지는 부모와 함께

아이에게 영어책을 읽어 주는 일은 정말 부담스럽습니다. 한글책과 달리 감정을 풍부하게 전달하기가 어렵고, 어려운 단어나 잘 쓰지 않는 단어가 갑자기 튀어나올까 봐 걱정도 되고요. 아이가 어서 파닉스 단계를 지나 혼자 읽으면 얼마나 좋을까 싶습니다. 하지만 아이가 파닉스 단계를 끝마쳐도 여전히 자유자재로 읽어 낼 수 있는 책은 많지 않습니다. 영상도 아니고 책을, 한글책도 아니고 영어책을 아이가 스스로 완독하기를 바라면 곤란합니다.

부모가 매일 읽어 주기 버겁다면 이 방법을 써 보세요. 책의 첫장은 무조건 엄마가 읽어 주는 겁니다. 이것도 제 경험에서 나온 이야기인데요. 아이와 독서를 시작할 때는 첫 장만 읽어 준다고 약속합니다. 그러고서 어떤 책은 진짜 한 장만, 또 어떤 책은 끝까지 다 읽어 주기도 해요. 읽다 보면 저 역시 뒷이야기가 궁금해져 더 읽고 싶을 때도 많습니다. 이렇게 저는 항상 챕터북의 맨 첫 챕터는 제가 읽어 줍니다. 그리고 뒷부분은 '엄마도 궁금하니 네가 읽고 알려 달라'고 합니다. 아이는 엄마와의 약속을 지키기 위해서 열심히 읽고 줄거리를 이야기합니다. 이런 방법은 아이가 몰입하기에 아주 좋습니다. 그리고 시리즈물의 첫 물꼬를 틀 때도 좋은 방법입니다.

• 전 연령: 배경지식은 책이 아닌 다른 것으로

아이에게 환심을 사려면 다양한 방법을 총동원해야 합니다. 진짜 이렇게까지 해야 하나 싶은 생각이 든다면 잘하고 있는 겁니다. 무조건 영어책에서 시작해 영어책으로 끝내야 한다는 고정관념을 버리세요.

아이들이 가지고 있는 배경지식은 다릅니다. 공구나 누군가의 추천으로 책을 덥석 산 후에 내 아이에겐 잘 맞지 않는 것을 느낀 적이 있을 겁니다. 아이의 성향이나 배경지식이 다르기 때문에 책을 고를 때에는 아이의 성향을 잘 파악해야 합니다. 하지만 우리가 책 내용을 모두 파악하고 살 수는 없지요. 그러므로 기왕 산 책이라면 잘 활용해야 합니다.

구매한 영어책에 배경지식이 필요하다면 한글책으로 먼저 배경지식을 쌓으세요. 아이가 흥미 없어 하는 소재라면 비슷한 주제의 영상물을 찾아 보여 주세요. 그 후에 영어책을 읽어 주면 관심을 보일 것입니다. "다른 애들은 보는데 너는 왜 안 보니? 이게 얼마짜린 줄 아니?"라며 아이를 나무라는 것보다 훨씬 효과적입니다. 윈윈 전략을 써야지 루즈루즈 전략을 써서는 안 되겠지요. 아이와 부모 모두에게 도움이 되는 방식으로 바꿔 보세요.

Q9

문해력을 키워 주는
영어 독서법이 있나요?

EBS에서 방영된 다큐멘터리 〈당신의 문해력〉이 화제였죠. '문해력'이라는 말 자체가 큰 화두였는데요. 요즘에는 디지털 문해력, 정치적 문해력, 과학적 문해력, 수 문해력 등 다양한 용어들이 나오고 있습니다. 하지만 문해력이 정확히 무엇인지, 이를 통해 무엇을 얻을 수 있고, 문해력이 떨어지면 어떤 문제가 생기는지 모르는 분이 많습니다. 어떻게 하면 우리 아이들이 문해력을 높이는 독서를 할 수 있는지 살펴보겠습니다.

당신의 문해력은?

라틴어 'Literatus'가 문해력(Literacy)이란 말의 어원입니다. 고대에는 문학에 조예가 깊고 학식 있는 사람을 일컫는 말이었는데요. 종교 개혁 이후에는 자신의 모국어를 읽고 쓸 수 있는 능력을 가진 사람이라는 뜻으로 정의되었습니다. 모국어를 읽고 쓴다는 것은 글을 읽고 내용을 파악하는 능력을 가졌다는 의미입니다. 계약서 같은 문서를 읽고 그것을 완전히 이해해 서명할 수 있는 능력 정도로 생각하면 되겠네요. 2008년 국립국어원에서 국민 기초 문해력을 조사해 전혀 읽고 쓸 수 없는 비문해력을 0으로 하여 총 4수준까지 나누었습니다. 아래 표를 살펴보세요.

	단계	점수	문해력 정도	비율	비고
문해력 부족 (7%)	0수준		읽고 쓰는 능력이 전혀 없음	1.7%	
	1수준	24점 이하	낱글자나 단어를 읽을 수 있으나 문장 이해 능력은 거의 없음	5.3%	중학교 평균의 30% 이하
기초 문해력 보유 (93%)	2수준	28~ 48점	초청장, 명함 등 간단한 생활문을 읽고 원하는 정보를 찾아낼 수 있음	21.1%	중학교 평균의 30~60%
			다소 길거나 복잡한 문장은 이해하지 못함		
	3수준	52~ 72점	신문 기사나 광고, 공공 기관 서식 등 일상적인 생활문을 대부분 이해할 수 있음	36.8%	중학교 평균의 70~80%
			법령문 등 복잡한 문서의 이해나 추론 능력은 부족함		
	4수준	76점 이상	길고 어려운 문장이나 내용이 복잡한 문장도 잘 이해할 수 있음	35.1%	중학교 평균수준 이상
			글에 직접 드러나지 않은 내용을 추론할 수 있음		

　　EBS 문해력 시리즈에서 성인들을 대상으로 제시했던 문제들이 있습니다. 생각보다 쉽지 않은데요. 약 봉투의 지시 사항을 잘 이해하는지 알아보는 수준의 내용부터, 근로계약서의 조항을 제대로 이해하는지, 법의 판결문

을 잘 이해하는지까지 알아보는 문제입니다. 단순히 내용을 파악하는 것을 넘어 책이나 학자들의 이론을 읽고 어떤 내용인지 추론하는 영역까지 제시됩니다. 여러분의 문해력 실력이 어느 정도인지 체크해 보세요.

2. 다음은 근로기준법 규정 중 일부이다. ( ) 안에 들어갈 말로 가장 적절한 것은?

제60조(연차 유급 휴가)

① 사용자는 1년간 80% 이상 출근한 근로자에게 15일의 유급 휴가를 주어야 한다.

② 사용자는 3년 이상 계속하여 근로한 근로자에게는 제1항에 따른 휴가에 최초 1년을 초과하는 계속 근로 연수 매 2년에 대하여 1일을 가산한 유급 휴가를 주어야 한다.

나는 올해 입사 5년 차이니까 이번 해에는 급여 산정에 포함되는 연차를 최대 (   )일을 쓸 수 있어.

○ 15   ○ 16   ○ 17   ○ 18

9. 과학과 종교의 관계에 대한 아인슈타인의 견해를 추론한 것으로 가장 적절한 것은?

아인슈타인은 과학은 현재 있는 그대로의 실재를 파악하는 일에만 관심을 두고 종교는 인간이 어떻게 살 것인가라는 가치 판단에만 관계하는 것이라고 보았다. 그리하여 그는 '종교 없는 과학은 무력하고, 과학 없는 종교는 눈 먼 것이다'라고 표현하였다.

○ 상호 배타적   ○ 상호 호혜적   ○ 상호 보완적   ○ 상호 모순적

첫 번째 문제를 봅시다. 3년 이상 근무했을 때 2년마다 1개씩 늘어난다고 했으므로 1, 2년 차까지는 15개, 3년 차부터는 16개, 5년 차에 비로소 17개로 늘어납니다. 그러므로 정답은 17입니다. 두 번째는 아인슈타인이 과학과 종교에 대해 말한 내용을 바탕으로 둘의 관계를 어떻게 보고 있는지 추론해 보라는 문제입니다. 종교가 없는 과학은 무력하고, 과학 없는 종교는 눈먼 것이라고 했으므로 둘의 관계는 상호 보완적이라고 볼 수 있습니다. 이런 것이 바로 문해력입니다. 추론 능력까지 포함하는 문해력을 키우기 위해 독서가 필수라는 것은 부인할 수 없습니다.

▎▎▊▌ 영어에서 문해력이란?

영어에서 읽고 쓰는 능력을 따져 보면 파닉스 학습으로 거슬러 올라갑니다. 문자 인식을 하는 단계부터 영어 문해력이 시작됩니다. 모국어와 달리 영어책을 읽으면서 문해력을 높이기 위해서는 글자만 읽어 내는 것보다 책 속에 나와 있는 그림이나 사진을 통해 유추하는 능력을 키워야 합니다. 그림책부터 시작하면 그림 속에서 얻을 수 있는 힌트와 문화적 요소 등을 통해 글자 그대로의 뜻 이상을 추론할 수 있습니다.

영어는 외국어이기 때문에 모국어 수준만큼의 문해력을 얻기 위해서는 두세 배의 노력이 필요합니다. 그 근간과 양분이 되는 것이 바로 모국어의 문해력입니다. 모국어 실력이 탄탄하지 않으면 깊이 있는 사고가 어렵고 결국 외국어의 문해력까지 방해받습니다.

▎▎▊▌ 문해력을 높이는 독서법
• 사실과 의견 구분하기

평소 가정에서 아이들과 어떤 정보를 검색하거나 책을 읽을 때 객관적 사실과 주관적 의견을 구분하는 활동을 해 보세요. 초등 저학년은 구분 활동까지만 해 보아도 매우 유의미합니다. 고학년은 객관적 사실의 출처가 분명하고 신뢰할 만한지를 함께 판단해 봅니다. 요즘 온라인 뉴스 기사 중에 가짜 뉴스가 많지요. 우리가 문해력을 조금만 동원하면 가짜 뉴스 정도는 판별할 수 있습니다. 마지막으로 해당 사실을 근거로 하는 글쓴이의 의견이 타당한지 확인합니다. 그리고 나라면 어떤 의견을 낼 수 있었을지 생각해 본다면 저자의 의도까지 파악할 수 있습니다.

• 다양한 분야로의 확장

아이가 특정 분야의 도서만 읽고 관심 없는 분야의 책은 잘 읽지 않는 현상을 가리켜 독서 편식이라는 표현을 많이 씁니다. 독서의 즐거움을 느끼려면 좋아하는 책을 충분히 읽어야 하지만 문해력을 높이기 위해서는 다양한 분야로의 확장이 필요합니다. 여기에서 확장이란 전혀 관련 없는 분야에서 서로 연결할 수 있는 접점을 찾는 일입니다. 이는 뇌를 쓰게 만드는 행위이고 동시에 뇌의 시냅스를 연결하는 일이기도 합니다. 자기가 알던 분야의 내용만으로는 채워지지 않던 것이 전혀 다른 분야의 책을 읽으면서 연계되어 해결된다는 것을 깨닫게 되지요. 통합교과, 융합교육을 지향하는 오늘날의 교육 방향과도 일치합니다. 이를 링크(Link)라고 합니다.

링킹 활동이 활발하게 이루어지면 이해력이 높아지고 새로운 텍스트를 만나더라도 당황하지 않습니다. 수능 입시에서 어떤 지문이 등장해도 대처 능력이 생기지요. 이것이 문해력의 힘입니다. 따라서 영어도 그림책, 자연관찰 책, 신문 기사 등 다양한 분야, 다양한 장르의 글을 접해야 합니다.

• 타인의 생각에 공감하기

자기 생각에 갇혀 다른 사람의 의견을 잘 받아들이지 못하는 어른을 본 적 있나요? 요즘 이런 어른을 '꼰대'라고 부르지요. 꼰대들도 결국 문해력이 낮은 것입니다. 꼰대는 자기가 뱉은 말이 무엇을 의미하는지, 상대방이 어떻게 받아들일지 '역지사지'가 되지 않습니다. 즉, 글이든 말이든 자신의 생각대로만 해석합니다. 이는 열린 사고를 저해하는 가장 큰 요소입니다.

열린 사고를 잘할 수 있도록 아이들을 교육해야 합니다. 책을 읽는 것에 그치기보다 감상문을 써 보거나 요약을 해 보는 활동을 이어서 하면 이런 능력을 키워 줄 수 있습니다. 영어책을 읽을 때 캐릭터 분석을 하는 것도 하나의 팁이 될 수 있습니다. 주인공의 입장이 되어 생각해 보고, 각 캐릭터의 성격을 분석해 보는 것입니다. 이러한 활동은 사람과 사람 사이에서 역지사지를 잘하게 돕지요.

• 쓰이지 않은 부분을 생각해 보기

행간의 의미를 잘 파악하라는 말이 있습니다. 읽은 내용이 전부가 아닐 수 있지요. 소설을 읽는다면 '작가는 어째서 이런 대사를 썼을까?', '작가는 왜 이런 장면을 굳이 넣었을까?'에 대한 생각을 해 봐야 합니다. 어떤 책이 열린 결말로 끝났을 때 '작가는 왜 이런 결말을 썼을까?', '만약 내가 작가라면 어떤 결말을 맺었을까?', '내 주변에 이와 비슷한 일은 없었나?'라는 생각의 확장을 이끌어 내야 합니다. 이를 두고 책을 능동적으로 읽는다고 말합니다.

책을 수동적으로만 읽으면 책장을 덮은 다음에 남는 것이 없습니다. 흥미와 재미 위주로만 책을 읽으면 사고의 확장은 불가능합니다. 그래서 우리는 능동적으로 책을 읽어야 합니다. 앞서 언급했던 영어 그림책을 읽어 주는 방법에서 앞표지와 뒤표지도 꼭 읽으라고 당부했던 이유가 이것입니다. 표지에 함축된 의미, 작가의 의도, 텍스트 속에서 미처 찾아내지 못한 내용을 유추해 볼 수 있기 때문이죠.

문해력은 훈련을 통해 기를 수 있습니다. 초등학생 수준에서 가능한 방법 위주로, 우리 아이가 관심 있어 하는 활동부터 시작해 보세요. 부모가 식탁에서 하는 대화를 주제로 시작해도 좋고, 한창 이슈인 뉴스를 바탕으로 시작해도 됩니다. 가정에서 실천할 수 있는 방법부터 찾아보세요.

Q10

영상이나 기타 기기를 활용한 독서는 어디까지 허용해야 하나요?

여러분은 하루에 스마트폰을 얼마나 보나요? 저는 제 스스로 스마트폰 중독이 아닐까 고민한 적이 있습니다. 아이와 시간을 보내면서도 스마트폰을 손에서 놓지 못한 경험은 누구나 있을 것입니다. 이렇듯 미디어 사용 시간은 어른도 조절하기 힘듭니다. 이를 아이 스스로 조절하기란 얼마나 힘들까요?

페이스북 부사장을 지낸 이력이 있는 차마트 팔리하피티야는 미디어 과다 사용이 이용자 개인의 의지 박약 때문은 아니라고 말합니다. 그는 페이스북의 역할에 대해 엄청난 죄책감을 느낀다고 덧붙였는데요. 이를 '도파민에 의해 작동하는 단기 피드백 순환 고리'라고 규정했죠. 수많은 소셜 미디어와 온라인 게임은 데이터를 기반으로 이용자들이 디지털 콘텐츠와 서비스에 과몰입하도록 유도합니다. 유튜브의 알고리즘을 통한 추천 영상도 이와 같습니다. 소비지가 어떤 콘텐츠를 소비하는지 성향을 분석한 다음 관련 콘텐츠를 계속 추천하며 과몰입하게 만드는 것이죠. 이용자의 의지가 약해서 미디어를 떠나지 못하는 것이 아니라 그렇게 하도록 대대적으로 마케팅을 하고 있는 겁니다.

요즘은 아주 어린 나이에도 미디어를 활용한 영어 학습을 시키는 경우를 자주 봅니다. 그 방법이 효과적이어서 아이들의 영어 스피킹 아웃풋을 끌어내는 데 큰 일조를 합니다. 또한 미디어와 떼려야 뗄 수 없는 요즘 아이들에게 이런 자극은 기본이라고 믿는 부모도 많습니다. EFL(English as a Foreign Language) 환경에서 영어유치원에 가지 않고 영어 학습에 성공하는 가장 좋은 방법이라고 이야기하는 분위기이기도 합니다. 저는 일부는 찬성하고 일부는 반대하는 입장인데요. 그 이유와 대안에 대해 이야기하겠습니다.

▮▮\\ 미디어 노출, 어떻게 조절해야 할까?

영유아들의 미디어 노출 시기가 점점 빨리지고 있습니다. 스마트 미디어를 처음 접하는 시기를 조사한 자료에서 만 1세가 45.1%를 차지했습니다. 육아정책연구소에서 발표한 〈2019년 영유아의 스마트 미디어 사용 실태 및 부모 인식 분석〉과, 한국정보화진흥원에서 조사한 바에 의하면 유아동 시기의 스마트 미디어 과의존 증가 폭이 위험한 수준이라고 합니다. 예전에 비해 미디어가 생활화되다 보니 쉽게 노출되고, 경각심도 덜해져 있는 것은 분명해 보입니다.

저는 노출 자체가 잘못되었다고 보진 않습니다. 다만 잘못 사용되고 있는 점이 아쉽습니다. 미디어를 잘 활용하기 위해 일찍부터 미디어에 노출한다는 생각에는 분명 문제가 있습니다. 미디어를 많이 소비하는 것이 미디어를 잘 활용하는 것은 아니지요. 예를 들어 요즘은 협업의 툴(Tool)로 구글 시트를 많이 쓰고, 스케줄도 공유하곤 하죠. 또 대면 작업을 줄이기 위해 '줌(Zoom)'이나 '유튜브(YouTube)'를 많이 이용합니다. 이렇게 보다 나은 작업 환경이나 효율성을 위한 것을 활용이라고 이야기해야 하지 않을까요? 어릴 때부터 미디어를 접하게 해 줘야 한다는 이유로 아이들이 유튜브 영상을 수동적으로 소비하는 것은 좋은 활용의 예가 아닙니다. 아이들이 미디어를 도구로 삼아 보다 생산적인 활동을 할 수 있게 도와주세요.

이렇게 말하면 대부분의 부모는 아이의 영상 시청 시간을 제한하려는 태도를 취합니다. 미디어 중독이 될 수 있고, 시간 낭비라고 생각하기 때문입니다. 하지만 엄격한 시간 제약을 두는 것은 자율성을 낮추는 행위이기 때문에 신중해야 합니다. 시간 제약을 두지 말라는 뜻이 아니라 부모가 일방적으로 시간을 정하면 안 된다는 뜻입니다. 아이와 논의하여 합리적인 해결책을 찾아 영상 시청 시간을 정해 보세요.

영어 실력 향상만을 목적으로 한다면 시간 제한 없이 두는 것이 맞습니다. 최대한 오래 노출되어야 더 빨리 아웃풋이 나오니까요. 하지만 미디어 중독으로 진행될 수 있는 아이들이 상당수이며, 어린 나이에 장시간 미디어에 노출되면 학습 태도나 학업 성취도에 문제가 생기는 경우가 더 많습니다. 특히 초등학생들 중에서 자리에 오래 앉아 있지 못하고 산만하며 주의력이 결핍된 아이들이 있는데요. 이는 시각적 미디어 노출 정도와 상관관계가 높습니다.

저는 아이들과 상의해서 본인 스케줄은 본인이 적게 하고 쉬는 시간이나 영상 보는 시간도 스스로 정하게 합니다. 이렇게 하면 아이가 영상 시청 시간을 스스로 조절할 수 있습니다. 또한, 자신이 보고 싶은 영상을 보기 위해하기 싫은 것도 먼저 해 놓는 만족 지연 능력까지 향상됩니다.

영어 학습에만 초점을 맞추는 바람에 다른 것들을 놓치는 부모를 많이 봅니다. 아이 인생 전반을 설계한다고 생각해 당장의 가시적인 성과만을 쫓지 않길 바랍니다.

▌▌▌ 전자책과 종이책

종이책이나 신문은 곧 없어질 거라는 사람들이 있었습니다. 반대로 전자책이나 인터넷 신문을 누가 보겠냐는 사람들도 있었지요. 결과적으로 모두 옳았습니다. 우리는 여전히 종이책을 읽고 있지만 전자책 비율이 점차 늘고 있습니다. 종이 신문을 구독하는 사람은 많이 줄었지만 인터넷 기사를 읽는 사람은 엄청나게 늘었죠.

우리가 어렸을 때와 달리 요즘 아이들은 전자책을 쉽게 접합니다. 온라인으로 영어 도서를 패키지로 제공하는 업체들도 많습니다. 제가 아이를 키우기 시작했던 10년 전쯤에 막 생기기 시작한 트렌드입니다. 저는 이쪽 업계에서 근무한 지 오래됐기 때문에 이 움직임을 더 빨리 접했습니다.

둘 다 장단점이 있지만 개인적으로 전자책을 30%, 종이책을 70% 정도로 유지하면 어떨까 합니다. 즉, 온라인과 오프라인이 공존하는 지금의 형태와 같은 것이죠. 그러면 전자책의 기능과 장점이 무엇인지, 종이책을 계속해서 읽어야 하는 이유가 무엇인지 이야기해 보겠습니다.

영어 원서에서 어린이용 전자책은 대부분 음원을 포함합니다. 그러므로 오디오나 CD를 따로 준비할 필요가 없고 그림, 텍스트, 소리를 한 번에 해결할 수 있습니다. ORT(Oxford Reading Tree) 교재를 전자책 버전으로 제공하고 있는 '리딩앤'이라는 업체는 ORT 음원을 미국식 발음과 영국식 발음

두 가지로 제공합니다. 음원의 속도도 조절할 수 있습니다. 책을 읽고 나서 내용을 확인하는 문제를 풀고, 책에 나온 문장을 따라 말하거나 써 보는 파트도 있습니다.

부모 입장에서 유용한 것은 모든 것이 기록된다는 점입니다. 부모가 따로 정리하지 않아도 아이가 책을 읽고 문제를 푼 것이 고스란히 데이터로 남기 때문에 확인이 용이합니다. 게다가 가격도 정말 저렴합니다. 월정액을 지불하면 수백 권 이상의 영어책을 볼 수 있지요. 도서관을 방문할 수 없거나 영어 원서를 구입하는 비용이 부담되는 분들은 전자책이 아주 좋은 도구입니다.

이렇게 좋은 전자책이지만 이것만 읽어선 안 됩니다. 영어 종이책을 구입하거나 빌리는 데 어려움이 없다면 종이책 경험도 정말 중요합니다. 영어책의 형태는 매우 다양합니다. 하드커버인 책도 있고, 페이퍼백인 책도 있고, 팝업북도 있고, 플랩북도 있습니다. 그림이 전부인 책도 있고요. 직접 만져 보고 오감을 통해 읽기를 할 수 있는 책도 있습니다. 우리에게 다양한 선택지가 있는 셈이죠. 독서를 할 때 우리의 뇌는 활성화됩니다. 특히 측두엽의 특정 부위가 활성화되어 유아동기 뇌 발달에 큰 도움이 됩니다. 그렇기 때문에 보다 적극적이고 능동적으로 책을 읽기 위해 종이책 경험도 꼭 추천합니다.

Q11

아이 성향에 따라 독서 방법에 차이가 있나요?

저는 삼 남매 중 첫째로 자랐습니다. 어려서부터 저희 삼 남매의 성격은 다 달랐습니다. 결국 저는 프리랜서, 둘째는 공무원, 셋째는 대기업에 다니고 있지요. 저희 엄마는 매번 한 배 속에서 나왔는데 너흰 어쩜 이리 다르냐는 소리를 했습니다. 그런데 제가 결혼해서 아이를 낳으니 그 말이 정말 와닿습니다. 딸 둘이 정말 다르더라고요.

처음엔 첫째를 키워 본 노하우를 그대로 둘째에게 적용해 키웠습니다. 둘째가 순한 편이라서 별로 힘들이지 않고 그런대로 키웠지요. 그런데 아이의 자아가 형성되는 시기가 되자 뭔가 다름을 감지했습니다. 워킹맘이었던 저는 바쁜 스케줄 때문에 같은 어린이집, 같은 미술학원, 같은 피아노 학원 등에 아이들을 보냈는데 어느 순간 둘의 성향이 너무 다르다는 것을 느끼게 되었어요.

하나는 언어적인 발달이 눈에 띄었고, 하나는 수에 관한 관심이 지대했습니다. 그 사실을 알게 되면서 저는 첫째가 했던 걸 둘째에게 똑같이 시키는 일은 그만두었습니다. 본인이 하고 싶다고 하면 모를까, 첫째 때 만족스러웠던 학습이라도 둘째에게 그대로 적용하지 않았어요. 본인이 하고 싶다는 의사 표시를 확실히 한 경우가 성과도 높았습니다. 이렇게 부모는 아이들의 성향을 관찰하고 어떤 활동이나 학습을 하게 할지 고민해야 합니다. 그래야 효과적인 목표 달성도 가능해집니다.

독서에서도 아이를 이해하는 것이 중요합니다. 아이의 인지 발달 수준에 맞게 독서를 이어가되, 책을 싫어하거나 지나치게 한쪽으로 치우친 성향의 아이는 보다 다양한 것을 접하도록 부모가 안내해 줘야 합니다. 아이의 성향을 알고 대처하는 것과, 모르는 상태로 시간을 흘려보내는 것은 다르지요.

부모의 성향을 이해하는 과정도 필요해

앞서 육아를 할 때 부모가 아이의 성향을 잘 파악하면 수월하다고 이야기한 바 있습니다. 그런데 부모 자신의 성향도 알 필요가 있습니다. 여러분은 교육서를 읽으며 어떤 생각을 하나요? '아, 다 내가 아는 얘기네', '우리 애랑은 안 맞아', '해 봤는데 안 되던데?'라며 부정적으로 생각하나요? 아니면 '아는 이야기인 줄 알았는데 이런 이론과 접목하니 새롭네', '우리 아이 이야기는 아니지만 알아 두면 좋겠네', '해 봤는데 잘 안 되었던 건 이런 이유 때문이구나, 다시 도전해 봐야겠다'라고 생각하나요?

아이를 잘 양육하기 위해서는 부모의 태도 변화가 필요합니다. 제가 영어를 가르치는 아이들만 보아도 그렇습니다. 저와 아이의 합이 잘 맞아서 학습이 잘되는 경우도 있지만 부모님, 교사인 저, 학습자인 학생의 삼박자가 잘 맞아떨어졌을 때 훨씬 좋은 성과로 이어졌지요.

MBTI 검사를 해 보고 성향을 알아 두면 양육에 도움이 될 것입니다. 내가 어떤 성향이고, 어떤 태도로 내 아이를 대하고 있는지, 아이는 또 어떤 성향이기에 이런 부분은 잘되고 저런 부분은 힘들어하는지 알 수 있기 때문입니다. 이것은 영어 독서를 넘어서 학습 전반에 아주 큰 도움이 됩니다.

저의 성향은 ENFJ-T 유형인데요. 여기서 E는 'Extroversion' 즉 외향적이라는 뜻이고, N은 'iNtuition'으로 직관적인 성향을 나타냅니다. F는 'Feeling' 즉 감정적인 성향을, J는 'Judging'으로 판단을 의미하며 융통성보다는 계획된 것을 좋아하는 다소 고지식할 수 있는 성향을 말합니다. 끝에 붙은 T는 ENFJ 성향자들 중에서는 내성적인 편에 가깝다는 척도입니다. 이렇게 제 성향을 세분화해서 살펴보는 것은 아이를 양육할 때나, 교사로서 아이들을 가르칠 때, 프리랜서로 살면서 내 시간을 관리할 때 도움이 됩니다.

유튜브에 〈임작가 TV〉라는 채널이 있습니다. 그곳에 가면 부모의 MBTI 성향에 따라 어떤 식의 양육 방식이 있는지 소개하는 가이드 영상이 있습니다. 유형별로 나와 있으니 자신의 MBTI 유형에 맞는 것을 찾아보고 도움을 받아 보세요.

▌▙ 외향적인 아이 vs 내향적인 아이

아이의 경우 MBTI 검사를 해 보지 않아도 외향적인지 내향적인지는 대부분의 부모가 금방 파악할 것입니다. 꼭 그런 것은 아니지만 외향적이고 활동적인 아이들은 오랫동안 한곳에 엉덩이를 붙이고 책 읽는 것을 어려워하는 경우가 많습니다. 내향적인 아이들은 한곳에 오래 잘 앉아 있고 조용히 집중하는 듯하지만 그렇다고 또 반드시 책을 좋아하는 것도 아닙니다. 그 시간에 독서가 아니라 그림 그리기나 만들기를 하는 아이들도 많거든요. 그렇더라도 자리에 앉히는 것부터 시작해야 하는 외향적인 아이들에 비하면 수월하기는 합니다.

외향적이냐, 내향적이냐에 따라 읽어야 할 책이 달라지는 것은 아닙니다. 하지만 책을 읽는 방법이나 독후 활동은 달리하는 편이 좋습니다. 외향적인 아이들은 읽으면서 액션이 큰 것을 좋아하고 의성어를 넣어 말하기를 좋아합니다. 부모가 그렇게 읽어 주면서 아이에게 한 파트를 맡겨 보세요. 한 페이지는 엄마가, 한 페이지는 아이가 읽도록 해 주면 아이가 몰입하기 시작합니다. 외향적이라고 모두 산만한 것은 아닙니다. 다만 확률상 그럴 수 있으니 몰입을 위해 부모가 도와주세요.

내향적인 아이는 혼자 있기를 좋아하고 조용한 것을 좋아합니다. 저학년 때는 소리 내어 읽는 것이 좋은 방법이지만 내향적인 아이에게 강요하지는 마세요. 조용히 묵독하게 도와주고 독후 활동도 그림으로 표현하기, 글로 써 보기로 이끌어 주면 아이가 훨씬 편안하게 받아들일 수 있습니다. 제가 가르치던 아이 중에서 소리 내어 하는 활동을 어려워하는 친구가 있었습니다. 어떻게 도울 수 있을까 고심하다가 녹음을 활용하여 책 읽기를 진행했어요. 처음에는 녹음된 자기 목소리를 듣는 것조차 힘들어했지만 점차 나아져 나중에는 책 읽기의 즐거움에 푹 빠졌답니다.

▮▮◥ 감각적 아이 vs 직관적 아이

오감을 통해 정보를 수집하는 유형을 '감각적 아이' 유형이라고 하고, 오감을 통하지 않고도 직관적으로 정보를 파악하는 유형을 '직관적 아이'라고 표현합니다. 감각적 아이들은 만져 보고, 눈으로 보고, 귀로 듣고,

냄새를 맡고, 맛을 보는 탐색 활동을 즐깁니다. 책 중에서도 팝업북이나 촉감, 조작책을 선호하죠. 꼭 유아용 책이 아니라도 영어 원서 중에서는 심심치 않게 찾아볼 수 있습니다.

《There Are No Cats in This Book》이라는 책은 조작하고 만지며 읽을 수 있습니다. 초등학교 저학년들이 읽을 만한 책 중에서도 이렇게 조작북 형태로 나온 것이 많이 있습니다. 〈메이지(Maisy)〉 시리즈도 플랩북으로 유명합니다.

직관적인 아이들은 눈에 보이지 않은 것을 보고도 상상할 수 있고 추상적인 것을 마음껏 표현할 수 있습니다. 이런 아이들은 질문 확장형 독서를 해 주면 도움이 됩니다. 책을 읽고 거기서 그치는 것이 아니라 '그래서? 왜? 다음은?'이라는 추임새를 계속 넣어 주면 아이의 사고 확장에 도움이 되지요. 서로 질문을 주고받으며 논쟁하는 유대인의 전통적인 토론 교육법인 '하브루타식 질문'을 활용한 교육을 하면 높은 효과를 볼 수 있습니다.

▌Ⅶ 사고형 아이 vs 감정형 아이

사고형과 감정형은 어떻게 다를까요? 사고형은 전체 인구의 약 70%에 해당한다고 합니다. 법과 규범을 중시하고, 뭔가 부당한 일을 당했을 때 따져 묻는 스타일이 이런 유형에 속합니다. 그리고 감정형은 좋은 게 좋은 거라고 여기는 타입을 말합니다. 유형에 따라 독서 방식에 차이가 있는건 아니지만 사고형 아이에게는 감정형 질문을, 감정형 아이에게는 사고형 질문을 골고루 해 주는 것이 좋습니다. 책을 읽는 과정에서 '주인공의 마음이 어땠을까?'와 같은 감정형 질문을 감정형 아이에게만 할 필요는 없다는 뜻입니다. 아이의 성향을 잘 알고 대처한다는 것은 아이가 모자란 부분을 채워 주는 것을 의미하기도 합니다.

다양한 유형의 아이들이 있고, 그런 아이들을 또 다양한 유형의 부모가 양육합니다. 이 과정에서 모두가 완벽한 육아를 할 수는 없습니다. 그럼에도 자신과 아이의 성향을 알고 대응하면 양육엔 도움이 되겠지요. 실제로 많은 부모는 궁금해합니다. '내 아이 영어 독서가 잘되지 않는 이유가 따로 있을까?'라고요. 그런 의문이 들 때 이 팁을 참고해 보세요.

Q12

어휘 학습은
어떻게 하면 효과적인가요?

세상에는 우리가 한 번도 들어 보지 못한 언어도 존재할 것입니다. 전혀 경험해 보지 못한 낯선 언어를 배경지식 없이 계속 듣기만 해도 어느 순간 이해가 되고, 들리게 될까요? 만약 그렇다면 시간은 얼마나 필요할까요? 아마 쉬운 도전은 아닐 테지요. 그럴 수밖에 없는 이유는 처음 듣는 언어인 데다가 목적 없이 듣기만 하는 건 무의미하기 때문입니다. 게다가 낯선 언어의 문화적 배경이나 문장 구조, 어휘에 대한 기본 지식도 전무하지요.

어쩌면 우리 아이들이 처해 있는 상황도 마찬가지가 아닐까 싶습니다. 모국어 습득 이전의 아이들은 어떤 언어라도 많이 듣다 보면 습득할 수 있습니다. 하지만 이미 모국어가 자리 잡은 아이들은 배경지식이나 적절한 동기 부여 없이는 학습 효과를 기대하기 어려울 수 있습니다. 언어 습득의 결정적 시기가 지난 학습자라면 모국어 습득 방식처럼 해서 외국어를 익히기엔 시간이 너무 많이 걸릴 수 있어요. 이때 우리는 교사로서, 엄마로서 아이들에게 약간의 도움을 줄 수 있습니다. 그것은 적절한 동기 부여일 수도 있고, 낯선 언어를 읽는 방법을 알려 주는 것일 수도 있고, 낯선 언어의 문장 구조 및 문법 사항을 알려 주는 것일 수도 있습니다.

모국어가 어느 정도 완성된 이후에 외국어를 배울 때는 이런 점들이 중요합니다. 성인이든 유아든 간에 모국어 외에 또 다른 언어를 배운다는 것은 쉬운 일이 아닙니다. 그럴 때 도움이 되는 것은 그 외국어의 어휘를 많이 아는 것입니다. 일단 어휘의 인풋이 들어가면 들리지 않던 것도 들리게 되고, 반복적으로 어휘를 들려 주면 습득하기도 하지요. 칵테일 효과라고 들어 보았나요? 시끄러운 파티장에 있더라도 멀리서 들리는 자신의 이름에는 고개를 돌린다는 실험입니다. 자기가 들어 본 적이 있는 익숙한 소리는 소음 속에서도 귀에 꽂히는 것이죠. 그런 면에서 어휘의 중요성을 간과할 수 없습니다.

▮ ▶ 어휘는 암기해야 하나요?

많은 분들이 어휘를 암기해야 하느냐고 질문합니다. 이에 대한 답은 초등 저학년과 고학년이 다릅니다. 앞서 말했듯 모국어와 달리 외국어는 어휘 암기 없이 배우기가 어렵습니다. 그렇다면 암기를 얼마나 해야 하는지, 언제 해야 하는지, 완벽한 스펠링을 외워야 하는지 등 궁금증이 끊임없지요.

• 저학년

저학년은 영어 단어를 암기로 접근할 필요가 전혀 없습니다. 여전히 듣기 활동이 더 중요하므로 어휘도 인풋의 하나로 여겨 끊임없이 노출해 주세요. 저학년 아이들은 발달 과정상 아직 우리말도 쓰기가 쉽지 않은 친구들이 많습니다. 손에 힘이 부족하기도 하고 단기 기억력이 어른들의 생각만큼 좋지 않기 때문에 어휘를 암기 영역으로 접근하면 힘들 수 있어요. 영어 단어의 스펠링 하나 암기하는 것보다 영어를 긍정적으로 여기는 감정에 신경 써야 하는 연령임을 기억하세요.

주제별 노래로 노출

부모 세대가 영어를 배울 때와 달리 요즘은 소리 노출이 자연스러운 시대입니다. 유튜브에는 다양한 채널의 영어 노래가 넘쳐 납니다. 대표적인 채널은 〈Super Simple Song〉, 〈Pinkfong〉, 〈ABC Kids TV〉 등이 있습니다. 생활 속에서 자주 쓰는 표현이 다양하게 등장하는 노래 영상들이라서 유아, 초등 저학년 시기에 어휘를 접하는데 도움이 됩니다. 노래를 들려 주고 노래에 나오는 어휘와 실제 사물을 매칭하거나 그림으로 접하면서 자연스럽게 습득하는 방식입니다. 영어유치원에서도 많이 쓰는 학습법으로 영유아에게 효과적입니다. 다만 익히는 데 시간이 오래 걸린다는 단점이 있지요.

플래시 카드 노출

재미에 학습적인 요소를 더해 주고 싶은 분이라면 플래시카드 활동도 좋습니다. 교재 뒤에 플래시카드가 붙어 있을 수 있고, 영어 알파벳 또는 영어 단어 플래시카드를 따로 판매하는 경우도 있습니다. 앞면에는 그림이 있고 뒷면에는 영어 단어가 있는 일반적인 형태가 좋습니다. 플래시카드를 이용해 그림과 단어를 매칭하는 연습을 해 주는 게 기본입니다. 눈에 잘 띄는 곳에 놓고 자주 볼 수 있도록 해 주면 됩니다.

그러나 이렇게만 하면 아이들이 금세 지루해하겠지요. 그래서 플래시카드로 아이와 게임을 하면 좋습니다. 그림이 있는 면을 펼쳐 놓고 영어로 말할 수 있다면 카드를 가져가는 게임입니다. 많이 가져간 사람이 이기는 방식이죠. 파닉스 학습을 하고 있는 아이들이라면 그림이 아니라 글자가 있는 면만 보여 주고 그림 힌트 없이 읽어 내는 연습을 시켜 줍니다. 아이가 이겼을 때에는 그에 상응하는 보상을 해 주세요. 칭찬은 고래도 춤추게 하는 법입니다. 그렇게 선순환되면 아이는 부모에게 또 게임을 하자고 조를 겁니다. 아이가 집에 있는 플래시카드를 모두 읽어 낸 다음에는 다른 종류를 마련하거나 가정에서 직접 만들어 활용해도 좋습니다.

영어 동화책 안에서 찾아보기

저학년은 그림과 어휘를 매칭하는 활동을 반복적으로 해 줘야 하는 시기입니다. 그런데 플래시카드처럼 개별 어휘만 연습하다 보면 책 속 어휘가 생소하게 느껴질 수 있습니다. 그래서 늘 영어책을 가까이 해야 합니다. 영어책 속에서 그림과 어휘를 연결해 보는 활동도 도움이 됩니다. 파닉스 학습이나 사이트워드 학습까지 연계할 수 있는 좋은 재료이기도 하죠.

집에 있는 영어책 하나를 꺼내 옵니다. 책 속에서 그림에 해당하는 글자가 어떤 글자일지 아이와 함께 추측해 봅니다. 단어에 동그라미로 표시하는 활동을 해도 좋습니다. 책이 손상될까 염려된다면 포스트잇을 사용합니다.

• 고학년

편의상 초등 4학년부터 고학년이라고 구분하겠습니다. 학교에서 영어 교과를 본격적으로 학습하는 시기이다 보니 단순히 눈으로 익히는 영단어 학습에 한계가 느껴지는 시기입니다. 3, 4학년의 경우 단어 또는 어구를 읽고 쓸 수 있는 것이 성취 기준 중에 하나입니다. 5, 6학년은 문장 또는 문단을 읽고, 쓸 수 있는 것이 성취 기준입니다. 그러므로 읽기뿐만 아니라 스펠링을 외워서 쓸 수 있는 단계까지 도달해야 합니다. 그래야 중학교 학습과 연결하는 것이 수월해지겠지요.

망각 곡선을 활용하여 잊어버리기 전에 반복 학습

저는 학창 시절 학원 문 앞에서 단어를 빠르게 암기한 후 단어 시험을 친 경험이 있습니다. 요즘에도 많은 학생들이 이 방식을 씁니다. 바쁜 요즘 아이들은 시간을 쪼개서 쓰다 보니 어쩔 수 없기도 하지요. 그리고 이렇게 암기하면 시험 직전에 집중해서 봤으니 시험 점수가 잘 나올 확률이 높습니다. 그래서 아이들은 계속 이런 방식으로 단어를 외울 가능성이 크죠.

이 방법은 순간적으로 암기가 잘되지만 망각 또한 잘되는 방식입니다. 우리가 어휘 학습을 하는 이유는 당장 눈앞에 놓인 시험을 위해서가 아니라 아는 어휘의 양을 늘려 전반적인 영어 실력을 높이기 위함입니다. 시험 직전의 단어 암기 방식은 시험 이후에는 거의 쓸모없는 지식이 되어 버릴 가능성이 높습니다.

그러니 한꺼번에 많은 양을 암기하기보다는 조금씩이라도 매일하거나, 한 차례 외운 것을 반복해서 보는 것이 좋습니다. 에빙하우스의 망각 곡선을 보면 하루 뒤 기억의 50%가량이 사라지는 것을 알 수 있습니다. 그러므로 시험 봤던 단어를 당일에 한 번 더 보는 것이 도움이 됩니다.

눈으로만 암기하지 말 것

눈으로만 암기하지 말라고 해서 꼭 쓰기를 수반하라는 뜻은 아닙니다. 두 가지 이상의 감각을 이용하라는 뜻으로 이해하면 됩니다. 눈과 입을 사용하거나, 눈과 귀를 사용하거나, 눈과 손을 사용하거나 하는 식이죠. 요즘 아이들이 눈으로만 외우고 쓰지 않는다며 걱정하는 분도 있습니다. 그러나 눈으로 암기해도 곧잘 외우는 아이들이 있습니다. 물론 부모는 조금 더 오래 기억하고, 조금 더 효율적으로 암기하길 원하지요. 그래서 노트에 써 가면서 공부하듯이 암기했으면 합니다.

하지만 꼭 쓰기 활동과 연계해야 하는 것은 아닙니다. 들으면서 외우기도, 입으로 말하면서 외우기도 괜찮습니다. 요즘 학교에서도 쓰이는 어휘 암기 앱 중 '클래스카드(Classcard)'라는 것이 있습니다. 이 앱을 활용하면 듣고, 녹음해 보고, 써 보는 활동을 하며 어휘를 암기할 수 있습니다. 노트 필기가 어렵다면 타이핑을 하는 것도 좋은 방법입니다. 직접 영어 단어를 쳐 보고 뜻을 써 보는 활동이 큰 도움이 된답니다.

문맥 속에서 암기할 것

무엇보다 효과적인 방법은 단어를 문맥 속에서 이해하고 외우는 것입니다. 내가 공부한 어휘의 실제 쓰임을 익혀 가는 것이야말로 진정한 어휘 공부겠지요. 하지만 모든 어휘를 문장으로 외울 시간과 여유가 없다 보니 간편하게 나온 단어장, 어휘집 등으로 학습하게 됩니다. 어휘 교재를 고를 때 부모는 반드시 '예문이 적절한가'를 살펴봐야 합니다. 예문이 많으면 좋겠지만 모두 읽을 시간이 부족하니 적절한 예문이 소개되어 있는가를 보면 됩니다.

그리고 '연어(Collocation)'라고 부르는 짝꿍 어휘들이 있습니다. 예를 들면 '낮잠을 자다'라는 말을 할 때 동사 'take'와 결합해서 'take a nap'으로 쓰는 식이죠. '숙제를 하다'라는 표현을 쓸 때도 'homework'라는 단어 하나를 알기보다는 쓰임새를 아는 것이 더 효과적입니다. 'do one's homework'라고 쓰인 어휘집을 고르면 더 도움이 되겠죠.

영어 공부에는 왕도가 없습니다. 어휘 학습도 마찬가지입니다. 몇 가지 효과적인 방법을 제시했지만 암기하는 능력은 아이들마다 차이가 있기 마련입니다. 제가 소개한 방법을 참고하되 아이가 잘할 수 있는 방식을 찾아주세요.

Q13

영어 발음 연습은
어떻게 하죠?

저는 외국에서 오래 생활해 온 사람도 아니고, 버터향 물씬 나는 발음도 아니지만 특별히 영어 발음에 콤플렉스를 느껴 본 적이 없었습니다. 외국인을 만나 의사소통할 때도 문제가 없었고, 외국 여행을 갔을 때도 딱히 답답한 적은 없었습니다. 그렇게 직장생활을 하고, 아이 영어책도 읽어 주고, 학생들도 가르쳤지요.

그러던 어느 날 서점에서 우연히 《발음을 부탁해》(샤론 강 저, 샤론샤인북스, 2020)라는 책을 보게 되었습니다. 음소를 기준으로 발음을 나누어 놓은 책이었습니다. 이 책을 계기로 이것저것 알아보다가 '샤론 강'이라는 발음 스승님을 만나게 되었습니다. 그리고 제가 지금까지 잘못 발음하고 있던 것들이 있음을 깨닫고 큰 충격을 받았습니다. 동시에 발음의 중요성, 발음에 대한 견해가 조금 바뀌는 계기가 되었죠.

혹자는 발음이 그리 중요하지 않다고 말합니다. 요즘 같은 글로벌 시대에 미국식 영어만이 정답은 아니기에 나라마다의 발음 특성을 인정하는 것이 맞겠지요. 또 억양에는 그들만의 아이덴티티가 있기 때문에 무조건 미국 발음이나 영국 발음을 흉내 낼 필요가 없다고 생각할 수 있습니다.

하지만 반은 맞고 반은 틀린 이야기입니다. 적어도 그들과 의사소통이 가능한 범주에는 들어가야 합니다. 한국 사람들이 쓰는 영어 발음은 원어민과 의사소통이 불가능할 정도로 잘못된 경우가 많습니다. 따라서 이런 부분은 다음 세대에게 대물림하지 않기를 바랍니다. 대표적으로 우리가 잘못 발음하고 있는 것들이 무엇인지 살펴볼까요?

	우리가 하는 발음	올바른 발음
cocoa	코코아	코우코우
buffet	뷔페	버페이
margarine	마가린	마저린
Pilates	필라테스	필라리(티)즈

발음에 신경 쓸 것, 원어민 발음에 익숙해질 것. 이는 의사소통이 가능한 범주 안에서 발음해야 한다는 뜻입니다. 결코 미국 사람의 발음을 그대로 따라 하는 수준이 되어야 한단 이야기는 아닙니다.

▮▮▮ 음소를 알면 좋은 점이 뭘까요?

음소는 'Phoneme'이라고 하며 어떤 언어에서 의미 구별 기능을 갖는 음성상의 최소 단위를 말합니다. 예를 들어 'cat'이라는 단어에서 /c/, /a/, /t/가 각각 음소인 셈입니다. 이런 개별 소리를 어디에서 배울까요? 바로 파닉스라는 이름으로 배우고 있습니다. 덕분에 우리는 개별 소리를 이미 알고 있습니다. 그런데 이 소리를 원어민이 아닌 한국인 선생님한테 배우는 경우가 대부분입니다. 그래서 생각보다 원어민의 진짜 음소 소리를 모르는 경우가 많습니다. 특히, 모음 부분에서 말이지요.

우리나라 사람들 대부분이 10년 넘게 학교에서 영어를 배웠어도 기본적인 리스닝이 되지 않는 경우가 많습니다. 제대로 된 음소를 배우지 못했기 때문입니다. 말하기를 할 때 발음을 제대로 하는가는 2차적인 문제입니다. 음소를 알면 1차적으로 듣기 실력이 나아진다는 장점이 있습니다. 의사소통 과정에서는 내 의견을 전달하는 말하기 능력도 중요하지만 상대방의 말을 듣는 듣기 능력도 중요하죠. 어릴 때부터 영상이나 음원으로 영어를 익힌 아이들은 따로 음소 교육을 받지 않더라도 원어민의 진짜 소리를 아는 경우가 대부분입니다. 이 아이들의 장점이 바로 앞서 설명한 '듣기' 실력이죠.

음소 교육을 제대로 받아야 듣기 실력이 향상됩니다. 원어민이 내는 소리를 알고 있기 때문에 그 소리를 정확히 들을 수 있는 것입니다. 또한 아이가 어릴수록 들은 소리 그대로 말로 이어집니다.

▌▐Ⅶ 음소와 파닉스는 같은 건가요?

앞서 잠시 언급했던 파닉스가 음소와 같은 것인지 궁금하지요? 사실 조금 다릅니다. 음소 교육을 위해 먼저 알아야 할 것 중에 국제음성기호인 'IPA'라는 것이 있습니다. 우리가 중·고등학교 때 배웠던 발음 기호와 같냐고 생각하면 편합니다. 발음 기호가 나타내는 소리를 정확히 구현해 내는 것이 음소 교육입니다.

이와 달리 파닉스는 소리와 글자와의 관계를 배우는 것입니다. 원어민의 교육 과정을 기준으로 하면 어릴 때부터 들어서 익힌 소리가 어떤 글자로 쓰여 지는지, 특정 글자를 보면 어떻게 읽어야 하는지를 배우는 것이죠. 우리가 한글을 배우는 것과 같은 원리라고 생각하면 됩니다.

간혹, 파닉스를 발음 교육으로 알고 있는 분들도 있습니다. 파닉스는 단순 발음을 알려 주는 교육이 아니라 발음(소리)과 글자와의 관계를 알아 가는 과정입니다. 말하고 듣는 데 그치지 않고 일정 시기가 되면 한글을 배워야 하는 것과 마찬가지라고 생각하면 됩니다. 스스로 책을 읽다가 한글을 깨치는 경우도 있지만 읽고 쓰는 학습이 필요한 것처럼, 파닉스도 비슷한 과정을 거칩니다.

그렇다면 이미 들어 본 소리가 많아야 유리하겠지요? 그런데 EFL 환경에서는 들은 소리가 부족한 경우가 많습니다. 그래서 소리와 글자의 관계를 배우는 것이 아니라 그냥 글자 읽기나 암기 학습으로 바뀌는 경우가 대부분이죠. 파닉스 교육이 절름발이식이 되어 버리는 상황입니다. 파닉스가 발음 교육도 아니고 그렇다고 읽기 교육도 아닌, 규칙 암기 학습으로 변질되어 안타깝습니다.

▌Ⅶ 제대로 된 발음 교육은 어떻게 하나요?

가정에서 아이들에게 특별히 해 줄 만한 발음 교육은 없습니다. 특수한 상황을 제외하곤 부모의 발음이 원어민의 발음과 같을 수 없기 때문이죠. 그럼 제대로 된 발음 교육을 할 수 없을까요? 그렇지 않습니다. 발음 교육이라고 특별한 무엇을 해야 하는 것이 아니니까요. 그저 원어민 소리에 노출을 많이 하는 것이 답입니다. 오히려 편하게 접근해 보세요.

정확한 원어민 소리를 위해서는 정제된 CD 소리도 좋지만, 날것의 소리도 좋다고 생각합니다. CD나 DVD는 교육용으로 다듬어져 만든 경우가 대부분입니다. 전문 성우가 정확한 발음을 구사하며 일정한 속도로 읽지요. 물론, 이런 소리도 들어야 합니다. 초기 학습자의 경우에는 꼭 필요한 과정이기도 하고요.

하지만 좀 더 정확한 음소를 배우기 위해서는 정제되지 않은 소리도 많이 들을 필요가 있습니다. 영어를 모국어로 쓰는 국가의 원어민 소리라면 무엇이든 괜찮으니 성인의 소리도, 어린이의 소리도 다양하게 들어 보는 겁니다. 영화나, 애니메이션을 포함해 넷플릭스, 유튜브 등에서 다양한 원어민 소리를 접하게 해 주세요. 가정에서 부모가 쉽게 해 줄 수 있습니다. 스피킹을 스피킹으로 가르칠 수 없듯이, 발음의 기본을 잘 잡기 위해서는 발음하는 법을 익히기 이전에 많은 듣기가 필요합니다.

부모가 먼저 공부하고 아이에게 알려 주는 것도 좋은 방법입니다. 발음이 문제라고 해서 콤플렉스를 느낄 필요는 없습니다. 발음이 전부는 아니라는 말을 꼭 전하고 싶습니다. 우리의 모국어인 한국어를 잘 구사하고 있다면 그것으로 충분합니다. 외국어를 완벽하게 발음하지 못한다고 해서 문제될 것은 없지요. 발음보다는 의사소통이 되는지 되지 않는지에 초점을 맞추어야 합니다. 그러므로 아이에게 발음에 대한 스트레스를 주지 않았으면 합니다. 정말 발음이 문제라는 생각이라면 우선 우리말 발음을 챙겨 보길 바랍니다. 우리말에서 되지 않는 발음이 있을 수 있기 때문입니다.

발음을 부탁해

영어의 발음을 알기 쉽게 정리한 학습서이다. 음소 학습부터 단어 읽기와 발음 교정까지 가능하도록 구성되어 있다. 원리편, 실전편, 교정편 세 권이 시리즈이다.

Rachel's English

입모양을 통해 정확한 미국식 발음을 설명해주고 있다. 최근에는 주제별 어휘 모음도 업로드 중이다. 뉴스에 나오는 표현을 이용해 정확한 발음 교육을 제공한다.

JenniferESL

정확한 미국식 영어 발음을 설명하는 유튜브로 98만명이 구독중이다. 홈페이지 (www.englishwithjennifer.com)를 방문하면 더 많은 정보와 자료를 얻을 수 있다.

Sounds American

실제 사람이 보여줄 수 없는 입 안의 모습과 구강구조를 그림과 동영상으로 자세히 설명해준다. 영어교사나 학부모가 발음 설명을 해줄 때 참고하면 좋은 유튜브 채널이다.

Q14

영자 신문 읽기는
언제부터 하면 되나요?

　　'뉴욕 타임스(New York Times)', '워싱턴 포스트(Washington Post)' 말만 들어도 참 멋지지요? 우리 아이가 영자 신문을 끼고 '타임(Times)지' 를 읽는 모습, 상상해 봤나요? 상상만 해도 입가에 미소가 머금어지죠. 자, 그럼 여러분은 언제 신문을 읽었나요? 포털 사이트에 뜨는 가십성 기사 말 고 정치나 경제에 대한 깊이 있는 기사, 논설문 등을 읽어 본 적이 언제인가 요? 저는 아이에게 영자 신문을 권할 정도가 되려면 부모도 아이와 함께 읽 고 이야기 나눌 준비가 되어야 한다고 생각합니다.

　　부모는 아이의 학습이 아이만을 성장시킨다고 생각하기 쉽습니다. 하지 만 아이를 양육하는 시간 전체는 부모도 함께 성장하게 한다고 믿습니다. 물론 아이가 아직 알파벳도 모르는데 영자 신문을 들이미는 부모는 없겠죠. 그래도 제가 볼 땐 요즘 부모는 아이들이 하루라도 빨리 성과를 냈으면 하는 욕심이 과한 듯합니다. 우리 아이들은 아직 많은 것을 있는 그대로 보고, 듣고, 자기만의 색깔로 표현하는 일을 해야 하는 시기입니다. 그러니 조금만 더 기다려 주세요.

▌◥ 그럼 언제가 적기인가요?

적절한 시기는 비판적 사고(Critical Thinking)를 할 수 있을 때입니다. 우리가 신문 기사나 논설문을 보면 한눈에 내용이 이해가 될 때도 있지만 상당한 배경지식이 필요함을 느끼게 됩니다. 그 기사 하나만으로는 충분히 이해되지 않는 사건들이 많지요. 개별 사건이 아니라 여러 문제가 얽히고설켜 복잡한 사건들의 기사를 이해하고, 자신의 생각을 정리해서 말하거나 쓰는 것은 초등 고학년이라도 어려울 수 있습니다. 그래서 사실 제대로 된 신문 기사를 접해야 하는 시기는 아이들의 비판적 사고가 가능해지는 중학생 이후입니다.

▌◥ 초등학생들이 볼 만한 영자 신문

그럼 초등학생들이 볼 만한 신문은 없을까요? 아이들이 보는 소년동아 같은 신문 구성에 초등학생용으로 제공되는 영자 신문이 있습니다. 정식 영자 신문을 접하기 전에 신문과 기사의 형태를 접하고 글쓰기까지 연결해 볼 수 있지요.

국내에서 유명한 어린이용 영자 신문은 NE능률이 발간하는 'NE Times Kids'와 타임즈코어에서 발간하는 'Kids Times'가 있습니다. NE Times Kids 사이트에서는 무료 샘플과 레벨테스트를 받아 볼 수 있습니다. 단계는 Kinder – Kids – Junior – NE Times 총 4단계로 나뉩니다.

출처:https://www.netimes.co.kr/pages/popup/newspaper.asp?newspaper_types=4

출처:https://www.netimes.co.kr

위 사진처럼 한 주의 주요 이슈와 '과학(Science)', '인물(People)', '문화(Culture)' 등 다양한 분야의 기사를 제공합니다. 학습용으로 만들어진 영자 신문이라서 확인 문제까지 풀 수 있고 마지막에는 여러 형태의 쓰기 활동도 해 볼 수 있습니다. 연간 구독을 신청할 수 있으며, 단계별로 되어 있어서 저학년도 볼 수 있습니다.

출처:http://www.kidstimes.net/

'Kids Times'의 구성 역시 'NE Times Kids'와 비슷합니다. 두 업체에서 무료 샘플을 받아 본 후 장기적으로 구독할 만한 신문을 선택하세요. 양이 많아서 좋을 수도 있지만 그렇지 않을 수도 있습니다. 아이에게 알맞은 양과 구성으로 되어 있는지 살펴보세요. 홈페이지에서 음원과 해석이 제공되니 영어에 자신 없는 부모도 아이를 도와줄 수 있습니다.

명불허전 'Time for Kids'

국내 업체에서 만든 영자 신문은 학습용으로 재구성한 것이지만, 타임지에서 운영하는 어린이용 영자 신문인 'TIme for Kids'는 말 그대로 어린이용 신문입니다. 코로나19로 잠시 정간되었다가 현재는 다시 발행되고 있습니다.

K-1, 2, 3-4, 5-6의 4단계로 나뉘어져 있고, 온라인에서 최신 기사가 아닌 지난 기사는 무료로 볼 수 있습니다. 최신 기사를 구독하려면 교사나 부

[Time for kids 사이트]

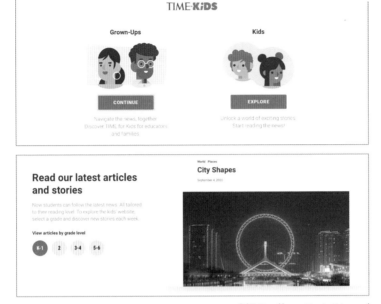

출처:https://www.timeforkids.com/

모로 로그인해 가격을 확인할 수 있습니다. 'TIme for Kids'는 외국 기사를 사용하므로 영어 문장이 자연스럽습니다. 양질의 문장을 수준별로 접할 수 있다는 것이 큰 장점이죠. 다만, 학습용 자료가 아니기 때문에 과학, 스포츠, 자연에 대한 내용이 대부분입니다. 분야의 스펙트럼이 넓지 않은 것이 단점입니다.

Q15

영어 글쓰기를 잘할 수 있는
영어 독서법은요?

영어에서 네 가지 기능(Listening, Speaking, Reading, Writing)은 항상 유기적으로 연결되어 있습니다. 그래서 영어 독서에 대해 이야기하면서 글쓰기를 빼놓을 수 없습니다. 특히 요즘 같은 인공 지능 시대에 정말 필요한 능력 중에 하나가 자기표현 능력이라고 생각합니다. 글쓰기만큼 자기를 잘 드러낼 수 있는 것이 있을까요? 우리말 글쓰기도 초등 시기에 아주 중요한데, 그 틀이 단단히 되어 있다면 영어 글쓰기도 그리 어렵지 않습니다. 많은 부모가 가정에서 봐 주기 가장 어려운 과목으로 영어 글쓰기를 꼽습니다. 그러나 초등 시기에는 아주 길고 논리적인 영어 글쓰기를 할 수 있는 것은 아닙니다. 그러니 첨삭에 대한 부담은 내려놓고 접근해 보세요.

우리말 글쓰기는 대부분 일기로 시작합니다. 그리고 글감이 주어진 글을 쓰다가, 학년이 올라가면 논리적인 글을 씁니다. 하지만 영어는 그렇게 열린 글쓰기로 접근하기는 무리가 있습니다. 그래서 조금 제한된 글쓰기로 시작하거나, 독후 활동으로 시작하는 방법이 좋습니다. 영어로 일기나 글을 쓰라고 하면 아이들은 막막한 기분이 듭니다. 주제를 줄 때 최대한 자세히 설명해 주고 짧게 쓸 수 있도록 지도합니다.

▮▮ 책 읽고 글쓰기

책을 읽고 글을 써 보는 작업이 가장 일반적이고 접근하기 쉬운 방법입니다. 하지만 책을 읽고 글을 쓸 때 막연하게 빈 노트를 주면 영어로 써 내려가기가 쉽지 않습니다. 앞서 독후 활동에 대해 언급했던 것처럼 사건을 순서대로 써 보기, 캐릭터의 성격 알아보기, 원인과 결과 찾아보기 등 미션을 수행한다는 생각으로 글쓰기에 접근하도록 하면 아이들도 훨씬 수월하게 쓸 수 있습니다. 초기 학습자는 혼자 전체를 채워야 한다는 막연함이 클 수 있습니다. 그러니 빈칸을 주기보다는 보기를 제시해 주는 것이 좋습니다.

《헨리 앤드 머지(Henry and Mudge)》를 읽고 독후감을 쓴다고 가정해 보겠습니다. 이 책은 전형적인 미국 문화를 보여 주는 리더스로 헨리라는 소년과 그의 강아지 머지의 일상 생활을 담았습니다. 특별한 사건은 없지만 매일 일어나는 소소한 일들을 이야기하지요. 이런 책은 읽고 난 뒤 일어난 일을 시간 순서대로 나열해 보고 요약하면 좋습니다. 그때 워크지와 샘플 문장 또는 어구를 주면 아이들이 기억을 더듬어 글을 완성해 가는 데 도움이 됩니다. 아래의 표 형식으로 초고를 작성하고 이를 바탕으로 정리된 글을 완성하면 수월하게 할 수 있습니다. 초기 학습자라면 초고만 완성해도 좋습니다.

처음(First)	
중간(Second)	
끝(Last)	

Henry and Mudge went to Grandma's house.

Mudge was knocked stuffs off of a table so Henry's parents are angry.

Henry and Muddge played outside.

▌\\| 그림 보고 글쓰기

그림책을 가지고 묘사하기를 연습할 수 있습니다. 책의 한 페이지를 고르고 거기에 나오는 인물이나 사물, 장소 등을 이용해 묘사해 보는 것입니다. 그림 묘사는 글쓰기뿐 아니라 말하기 연습에도 아주 좋습니다. 책에 나온 그림으로 연습하는 이유는 책에서 쓰인 어휘나 문장을 이용할 수 있어서입니다. 이 연습이 잘되면 처음 보는 사진이나 그림을 이용해도 좋습니다. 간단한 활동이지만 꾸준히 연습하면 듣기, 말하기, 쓰기 실력 향상에 도움이 될 것입니다.

▌\\| 하루 한 줄 영어 문장 쓰기

부모가 첨삭하기에 아주 좋은 방식이면서, 아이의 영어 글쓰기 루틴을 만들 수도 있는 방법입니다. 먼저 어떤 책 또는 문장을 부모가 선정합니다. 그리고 그것을 한글로 바꿔서 아이에게 매일 한 문장씩 영어로 쓰도록 안내해 주는 방법입니다. 단순 문법, 스펠링 등이 틀렸을 때 바로 피드백을 줄 수 있기 때문에 아이가 자주 실수하는 지점을 찾기 쉽습니다. 이 방식을 장기간 연습하면 일기 쓰기에 좋은 문장을 수집해 둘 수 있습니다. 막막하게 자유 글쓰기를 하라고 하면 어렵지만, 하루 한 문장씩 영어 문장을 써 나가다 보면 유용한 자산이 됩니다. 부모가 미리 마련해 둔 문장으로 글쓰기를 한 것이기 때문에 정확하게 첨삭해 줄 수 있습니다. 자유롭게 글을 쓰는 것도 좋지만 이렇게 정확함을 더하는 경험도 필요합니다. 피드백을 받고 수정을 거친 내용은 잊혀지지 않습니다. 한 문장씩 영어로 쓰기 활동을 활용하여 아이에게 부담이 되지 않는 선에서 영어 글쓰기 루틴을 만들어 주세요.

어떤 책이나 문장으로 하면 좋을지 궁금할 텐데요. 초등 중학년 이상이라면 다음과 같은 책들을 추천합니다. 여기 있는 문장을 정리해서 매일 하나씩 아이가 암기해 쓰도록 하세요. 단계별로 있는 책이니 아이가 고학년이라면 난이도를 조금 올려서 시작해도 무방합니다.

[하루 한 줄 영어 문장 쓰기에 활용하면 좋은 도서]

《초등코치 천일문 Sentece 1》
(김기훈 외 지음, 쎄듀, 2016)

《스피킹 매트릭스 1분 영어 말하기》
(김태훈 지음, 길벗이지톡, 2020)

7장

초등맘에게 필요한

우리 아이 영어 독서
단계별 지도법 10

Q16

리더스북, 챕터북 등
단계별 영어책 분류가 궁금해요

영어책은 연령별로 나누기도 하고, 주제별로 나누기도 합니다. 또 수준별로 나누어 레벨을 높여 가는 방식을 선택하기도 합니다. 하지만 무엇보다 중요한 것은 아이의 관심사에 초점을 맞추는 것입니다. 큰 기준은 아이의 관심사에 두고 그것을 바탕으로 연령별, 주제별, 수준별로 가지를 뻗어 나가면 책을 고를 때 조금이나마 도움을 받을 수 있습니다. 그래도 막막한 분들을 위해 조금 쉽게 접근할 수 있는 방법을 소개합니다.

▌▎◥ 온라인 서점 활용

너무 방대한 자료 때문에 막막한 분들을 위해 아주 쉽고 간단한 팁부터 공개합니다. 영어 원서를 전문적으로 판매하는 웬디북, 키즈북세종, 동방북스, 북메카 등의 온라인 서점을 이용하는 것입니다.

서점명	온라인 주소	
웬디북	www.wendybook.com	
키즈북세종	www.kidsbooksejong.com	
동방북스	www.tongbangbooks.com	
북메카	www.abcbooks.co.kr	

이 서점에 큐레이팅되어 있는 책의 카테고리를 보면 조금 쉽게 접근할 수 있습니다. 카테고리가 연령별, 분야별로 구분되어 있어 아이에게 맞는 도서 리스트를 확인할 수 있습니다. 책 찾기, 책 추천이 너무 막막하다면 온라인 서점을 자주 방문해 보길 바랍니다.

월별 추천, 연령별 추천, 특정 시리즈 추천, 할인 이벤트 등 사이트마다 특색 있는 특별전을 진행하므로 자주 들어가서 눈에 익히는 것만으로도 도움이 됩니다. 소셜 미디어에서 하는 공구, 할인전 등 도서를 저렴하게 판매하면 무조건 사고 보는 식의 실수도 줄일 수 있고요. 온라인 서점에서 평소 눈여겨보았던 책이 공구로 싸게 나왔을 때 구매하면 보다 합리적인 소비가 되겠지요.

영어책 분류

구체적으로 영어책을 어떻게 분류할 수 있을까요? 영어책을 분류할 때 여러분들이 오해하는 것 중 하나가 정확한 분류 기준이 있다고 생각하는 겁니다. 실제로 두루뭉술한 범위는 있지만 반드시 구분되는 기준이 존재하진 않습니다. 그러므로 나만의 방식으로 분류할 수 있어야 합니다. 도서관이나 온라인 서점의 분류 기준 말고 우리 집, 내 아이를 기준으로 재분류할 수 있어야 한다는 뜻입니다.

• 그림책(Picture Book)

말 그대로 그림이 주가 되는 책을 그림책으로 분류하면 됩니다. 그림 스타일이나 종류에 따라 분류하는 방법도 있지만, 그림책에 대한 조예가 깊어지면 작가별로 나누는 것도 좋은 방법입니다. 아이들이 유독 좋아하는 그림체나 작가가 생길 수 있지요. 그럴 때는 우리 아이에게 맞는 북 큐레이팅을 다시 해 보는 것도 좋습니다.

그림만 있는 저연령 책이 그림책이라고 알고 있는 분도 많지만 글밥이 꽤 있는 책도 그림책으로 분류할 수 있습니다. 또한 그림만으로 이루어진 보드북, 약간의 글밥이 가미된 책, 글을 읽지 않고도 그림만으로 이야기가 이해되는 책 등도 그림책 파트로 분류할 수 있습니다. 그림책에 쓰인 문장은 영어권에서 실제로 많이 쓰는, 살아 있는 언어인 경우가 많습니다. 그러니 각종 수상작을 기준으로 나누거나 작가별로 구분해 읽는 것이 도움이 됩니다.

• 리더스(Readers)

리더스는 그림책과 달리 레벨을 인위적으로 나눈 영어책입니다. 실제 미국 공교육에서는 학교에서 책 읽기를 할 때 레벨을 나누어 학년별 권장 도서를 제공합니다. 그래서 기존 작가들의 책을 레벨별로 억지로 나눈 경우도 있고, 레벨 분류를 위해 개발된 도서도 있습니다. 대표적으로 〈옥스포드 리딩 트리(Oxford Reading Tree)〉, 〈아이 캔 리드!(I can read!)〉 시리즈 등이 있죠. 1점대부터 4점대 정도로 분류되어 있고, ORT는 9단계까지 있습니다. 보통 1단계는 미국 공교육 1학년 학생들을 대상으로 한 책입니다.

• 얼리 챕터북(Early Chapter Book)

요즘은 챕터북으로 넘어가기 전에 한 단계를 더 거칠 수 있게 많은 책들이 출간되고 있습니다. 이를 얼리 챕터북 또는 그래픽 노블이라고 부릅니다. 챕터북처럼 챕터별로 나뉘어져 있지만, 일반 챕터북보다 글밥이 적고 그림 양이 더 많습니다. 그림으로 얻을 수 있는 힌트가 더 많아진 셈이지요. 게다가 컬러판으로도 많이 나옵니다. 리더스 단계를 충분하게 읽은 친구들도 챕터북으로 바로 넘어가기 쉽지 않은데 그럴 때 브릿지 단계인 얼리 챕터북을 활용하면 도움을 받을 수 있습니다.

• 챕터북(Chapter Book)

챕터북은 쉽게 말해 청소년이 읽는 쉬운 소설책이라고 생각하면 됩니다. 초등 3, 4학년 정도 되면 동화책을 벗어나 문고판 책으로 넘어가는 시기가 오지요. 챕터북도 그림책이나 리더스로 읽기 훈련을 어느 정도 하고 나서 읽게 되는 문고판 같은 것입니다. 판타지부터 학교생활, 미국의 일반적인 가정생활 등을 주제로 한 책이 대부분입니다.

하지만 흑백에다가 갱지처럼 누런 종이에 그림도 거의 없어서 책을 정말 좋아하는 친구가 아니라면 진입이 쉽지 않습니다. 그러므로 챕터북으로 넘어가는 시기에는 아이의 흥미를 더욱 고려해 책을 추천해야 합니다. 챕터북을 읽을 시기가 되었다면 아이의 취향도 분명해지기 때문에 부모가 고른 책을 그냥 읽는 시기는 지났다고 봐야 합니다. 중고서점이나 영어 전문 오프라인 서점에 들러서 아이가 직접 책을 고를 수 있는 기회를 주세요.

앞서 설명한 분류 이외에도 여러 가지 방식의 분류가 더 있을 수 있습니다. 책의 형태에 따라 보드북, 팝업북, 사운드북으로 분류할 수 있고, 논픽션(비문학) 장르 책만 따로 모을 수 있죠. 아이 취향을 기준으로 공룡책만 모아 볼 수도 있습니다. '이런 책을 보통 이렇게 불러요'라는 큰 틀은 있지만, 부모가 아이에게 읽어 줄 책을 고르면서 그렇게 전문가처럼 분류할 필요는 없습니다.

수준별로 분류할 때 AR 지수나 렉사일 지수 등을 기준으로 고르는 방법도 있습니다. 그것이 전적으로 옳지는 않지만 분명 도움이 되는 척도입니다. AR 지수와 렉사일 지수는 다음 장에서 자세히 다루겠습니다.

[그림책 PICTURE BOOK]

See, Touch, Feel ABC

그림으로 알파벳 ABC를 배워볼 수 있는 책이다.

I Love You Through and Through

《사랑해, 사랑해, 사랑해》라는 책으로 더 유명하다. 머리 끝부터 발끝까지 아이의 모든 것을 사랑한다는 내용이 담긴 책으로 아이의 몸을 직접 터치하면서 읽으면 정서적 교감까지 할 수 있다.

Duck! Rabbit!

《오리야? 토끼야?》라는 우리말 번역본이 있다. 그림의 주인공이 오리인지 토끼인지 추측해보고, 각 동물의 특징을 영어로 알아볼 수 있는 책이다.

Guess How Much I Love You

연극이나 뮤지컬로도 상영될 만큼 유명한 책이다. 엄마 토끼가 아기 토끼를 얼마나 사랑하는지 이야기하고 있다. 엄마와 아이가 함께 읽기 좋다.

Brown Bear, Brown Bear, What do you see?

에릭 칼(Eric Carl) 작가의 유명한 책이다. 유아 때부터 노래로 접해주면 좋다. 동물이름과 함께 색을 나타내는 표현을 배울 수 있다.

Elephant and Piggie

모 윌렘스(Mo Willems) 작가의 가장 대표적인 시리즈이다. 주인공 코끼리와 돼지의 이야기가 때로는 감동적이고 때로는 유머러스하다.

Dear Zoo

각 동물의 일부 모습만 보이는 그림을 당기면 안에 어떤 동물이 들어있었는지 나타나는 조작북이다.

Don't Push the Button

절대 버튼을 누르지 말라는 몬스터를 보고 오히려 '저 버튼을 누르면 어떤 일이 벌어질까?' 궁금해지는 책이다. 아이들에게 아주 인기가 많다.

I Want My Hat Back

《내 모자는 어디 갔을까?》라는 우리말 책으로도 번역이 되어 있다. 존 클라센(Jon Klassen) 작가의 상상력이 커지는 시리즈 중 하나이다.

First the Egg

'닭이 먼저냐, 알이 먼저냐'라는 주제로 이야기를 나누어 볼 수 있는 책이다. 처음이 무엇이었고, 나중에는 어떻게 변화되는지에 대한 이야기도 해볼 수 있다. 우리말로는 《무엇이 먼저일까?》라는 제목으로 번역되어 있다.

Blackout

무더운 여름날 갑작스럽게 정전이 발생한다. 그 동안 휴대폰만 하며 얼굴 볼 시간 없이 단절되었던 현대 가족들이 이 사건을 계기로 서로 함께하는 시간의 소중함을 깨닫고, 이웃과 소통하게 된다는 따뜻한 내용의 그림책이다.

Pete the Cat

아이 캔 리드(I Can Read) 시리즈는 여러 장르와 소재를 다룬다. 그중 피트(Pete)라는 고양이의 일상에서 벌어지는 이야기를 재밌게 풀어낸 책이 피트 더 캣(Pete the Cat)이다.

Frog and Toad

리더스 책 중에서도 단계가 조금 높은 편에 속한다. 개구리와 두꺼비의 우정을 통해 배울 수 있는 이야기가 많은 책이다.

Otter

귀여운 수달이 주인공이며, 다양한 해양 동물이 등장한다. 수달의 입장에서 일어나는 여러 일들을 묘사한 내용의 책이다.

Mercy Watsonn

얼리 챕터북이라고 불리는 책 중에서 아이들에게 꽤 인기가 있는 시리즈다. 글밥은 아주 많지 않고, 컬러풀해서 챕터북을 읽기는 무리인 친구들에게 가교 역할을 할 수 있다. 귀여운 돼지가 주인공이다.

Rainbow Magic

두 친구가 요정을 만나 변신을 하고 악당을 물리치는 내용으로, 여자아이들이 좋아할 만한 책이다.

Horrid Henry

워낙 유명한 시리즈라서 같은 내용으로 얼리 챕터북과 챕터북 두 가지 버전이 있다. 이 표지는 챕터북 표지인데 동생을 괴롭히며 자신의 존재감을 나타내고 싶어 하는 말썽꾸러기 첫째 핸리의 이야기를 담고 있다.

My Weirdest School

제목 그대로 이상한 학교 이야기다. 학교에서 벌어지는 에피소드가 중심이지만, 내용이 기묘하게 흘러가며 미국식 유머 코드가 장착된 책이다.

Junie B. Jones

여자아이들이 좋아하지만 호불호가 강하게 나뉘는 시리즈이다. 한권을 먼저 읽어본 후 시리즈의 다른 도서를 구매할 것을 추천한다.

Magic Tree House

남자아이들이 호기심 있어 할 판타지물이다. 시공간을 초월해 어디로든 가서 모험을 하게 해주는 매직 트리 하우스에 들어간 남매의 이야기를 담고 있다.

Q17

AR 지수,
렉사일 지수는 뭔가요?

이제 막 영어 독서를 시작하는 부모라면, 아이를 학원에 보내기 시작하는 부모라면 이런 용어에 익숙해져야 합니다. AR, SR, 렉사일 지수 말입니다. 처음엔 외계어처럼 들리겠지만 알고 보면 별거 아닙니다. 저와 함께 알아보죠.

AR 지수

AR 지수는 미국 르네상스 러닝이라는 회사에서 처음 개발돼 다독을 목적으로 한 영어 독서 지수입니다. AR 1점대, 2점대라는 말을 많이 들어 보았을 텐데요. 이는 학년을 표기한 것으로 이해하면 됩니다. K단계부터 13단계까지 있습니다. K는 유치원, 1-13은 학년을 의미합니다. AR 지수 2.6이라고 나오는 것은 2학년 6개월이라고 이해하면 됩니다. 간혹 영어유치원이나 영어 도서관 등에서 SR 지수라고 말하기도 하는데요. SR은 '스타 리딩(Star Reading)'의 준말로 독서 수준 진단 프로그램을 말합니다. 그래서 SR 시험을 컴퓨터로 치른 후에 나온 점수를 보고 AR 지수에 맞춰 책을 고르면 됩니다. 컴퓨터로 치르는 SR 시험은 문제를 맞히면 더 어려운 문제가, 틀리면 더 쉬운 문제가 출제됩니다. 고로 아이가 시험을 치고 어렵다고 하면 잘 친 것이고, 쉽다고 하면 오답이 다소 많았을 수 있음을 알아 두세요.

그럼 AR 지수는 어떻게 파악할 수 있는지, 집에 가지고 있는 영어책들은 AR 지수가 몇 점이나 되는지, 우리 아이가 현재 읽고 있는 책들은 몇 점인지 살펴보겠습니다. 먼저 르네상스 사이트(www.arbookfind.com)에 접속한 후 집에 있는 책 중에 아무 영어책이나 제목을 넣어 보세요. 저는 《Harry Potter and the Chamber of Secret》으로 해 보았는데요. 책 이름을 넣은 후 나오는 내용을 풀어 보겠습니다.

[르네상스 AR 북파인더]

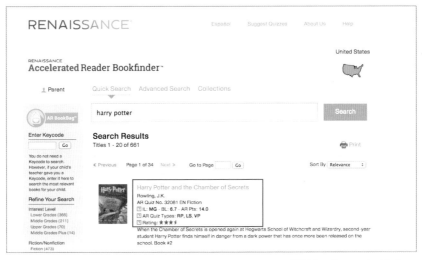

출처:https://www.arbookfind.com

검색 결과 여러 가지 알파벳 약자들이 나오지만 어떤 숫자를 봐야 할지 감조차 못 잡겠지요. 하나씩 암호를 해독하듯 풀어 봅시다.

'IL: MG'는 'Interest Level: Middle Grade'라는 뜻으로 책의 수준과 무관하게 내용상 흥미도를 가르킵니다. 중학년 이상 아이들이 좋아할 만한 내용이라는 의미입니다. 〈해리 포터〉 시리즈는 아무래도 저학년들에게는 어렵지요. 'LG'는 'Low Grade', 'UG'는 'Upper Grade'의 약자로 표기됩니다.

'BL: 6.7'은 'Book Level: 6.7'이라는 뜻으로 이게 바로 우리가 봐야 할 지표입니다. 책 수준, 그러니까 AR 지수가 6.7에 해당합니다. 6학년 7개월이라는 뜻으로 꽤 높지요. 그런데 〈해리 포터〉 시리즈는 권마다 AR 지수가 조금씩 다릅니다. 6점대에서 8점대까지 고루 분포되어 있으니 참고하세요.

'AR Pts: 14.0'은 AR 퀴즈를 봤을 때 얻을 수 있는 포인트가 14점이라는 뜻입니다. AR 지수를 확인하려면 'BL'을 체크해야 한다는 것을 기억하세요.

▌▼▌ 렉사일 지수

렉사일 지수는 미국 교육 연구기관인 메타 매트릭스(Meta Matrics)사에서 개발한 영어 읽기 능력 평가 지수입니다. 어휘와 문장의 복잡도에 따라 레벨을 나누는데요. 100L, 200L, 300L처럼 뒤에 대문자 L이 붙습니다. 렉사일 지수를 측정하는 사이트도 따로 있습니다. 렉사일 지수는 특정 책이 아니라 내가 가지고 있는 텍스트를 붙여 넣으면 분석해서 '렉사일 몇 수준이다'라고 알려 줍니다.

사이트에 접속한 후 문장 분석(Analyze Text)을 클릭하면 다음 페이지와 같은 화면이 나옵니다. 빈칸에 텍스트를 250자 내외로 넣은 후 분석(Analyze) 버튼을 누르면 렉사일 지수가 나옵니다. 교과서를 만들 때도 자주 사용하는 사이트입니다. 아무래도 정해진 어휘와 문법하에서 만들어야 하다 보니 난이도가 들쑥날쑥할 때가 많기 때문입니다.

[렉사일 닷컴]

출처:https://lexile.com/

아이의 렉사일 지수를 테스트해 볼 수 있는 '당신의 어휘 테스트 (testyourvocab.com)'사이트도 있습니다. 여기서 받은 최종 점수를 10으로 나누면 렉사일 지수입니다. 다만, 어휘만으로 판별하는 것이기 때문에 정확도는 조금 떨어질 수 있습니다.

보유하고 있는 책의 레벨을 나누어 보고, '내가 아이에게 너무 어려운 책을 읽히고 있는 것은 아닌지' 점검하는 용도로만 사용하기 바랍니다. 어느 학원에서는 AR 지수로만, 또 어느 학원에서는 렉사일 지수로만 표기되어 있는 곳이 있어서 호환을 어려워하시는 분들이 많을 텐데요. 그래서 AR 지수와 렉사일 지수를 비교해 놓은 표를 첨부합니다.

★ AR 지수와 렉사일 지수 비교표 ★

Lexile Rating	AR Grade Level	Lexile Rating	AR Grade Level
25	1.1	675	3,9
50	1.1	700	4.1
75	1.2	725	4.3
100	1.2	750	4.5
125	1.3	775	4.7
150	1.3	800	5.0
175	1.4	825	5.2
200	1.5	850	5.5
225	1.6	875	5.8
250	1.6	900	6.0
275	1.7	925	6.4
300	1.8	950	6.7
325	1.9	975	7.0
350	2.0	1000	7.4
375	2.1	1025	7.8
400	2.2	1050	8.2
425	2.3	1075	8.6
450	2.5	1100	9.0
475	2.6	1125	9.5
500	2.7	1150	10.0
525	2.9	1175	10.5
550	3.0	1200	11.0
575	3.2	1225	11.6
600	3.3	1250	12.2
625	3.5	1275	12.8
650	3.7	1300	13.5

출처:LFP Library

Q18

영어 그림책을 읽어 주는
방법이 따로 있나요?

많은 엄마들이 "영어책은 어떻게 읽어 줘야 하나요?"라고 질문합니다. 그럴 때마다 저는 "아이에게 우리말 그림책은 어떻게 읽어 주나요?"라고 되묻습니다. 영어도 크게 다르지 않기 때문입니다. 우리말 그림책을 어떻게 읽어 주는지 생각해 그 상황을 그대로 영어책에 적용하면 됩니다. 이렇게 쉬운 일인데 왜 망설여질까요? 그것은 여러분의 심리적 문제일 가능성이 높습니다. 자, 그럼 어째서 영어책이 쉽게 손에 잡히지 않는지 살펴보겠습니다.

• 영어 울렁증이 있어요

부모가 영어 울렁증이 있는 경우가 있습니다. 아이보다 엄마나 아빠가 영어 거부가 심한 경우죠. 이런 분들은 정말 영어책에 손이 가지 않을 것입니다. 그래도 아이에게 읽어 주기 전에 일단 부모가 읽어 보세요.

책을 사지도, 펼쳐 보지도 않고서 못 하겠다는 분들도 많습니다. 영어책을 사는 것조차 겁이 난다면 서점이나 도서관에서 아주 쉬워 보이는 것을 두세 권 골라 읽어 보세요. 막상 읽어 보면 생각보다 쉽기도 하고 멋진 그림을 보는 즐거움에 푹 빠질 수도 있습니다. 스토리에 감동하는 경우도 있고요. 그렇게 영어 그림책에 부모가 먼저 빠지면 아이에게 그 책을 전해 주지 않고는 못 배기게 되지요. 행동하세요. 그러면 변화할 수 있습니다.

• 영어 발음이 너무 안 좋아요

영어 울렁증만큼 부모를 움츠러들게 하는 것이 발음입니다. 스스로 발음이 좋지 않다고 생각하는 분들은 자신의 발음이 아이에게 좋지 않은 영향을 미칠까 봐 많은 걱정을 합니다. 앞 장에서 이야기했듯이 크게 걱정할 일은 아닙니다. 생각보다 아이들은 부모의 발음에 큰 관심이 없습니다. 그보다는 책을 읽어 줄 때의 엄마 아빠의 표정, 그리고 책 속의 그림에 더욱 관심을 가지며 독서 시간을 즐기니까요.

• 어떤 책을 골라야 할지 모르겠어요

또 하나의 벽은 어떤 책을 골라 줘야 할지 모르겠다는 것입니다. 우리말 책은 쉽게 골라서 착착 읽어 주는 데 영어책은 왜 그렇게 어려울까요? 영어책은 레벨에 맞춰 읽혀야 한다고 생각해서입니다. 이제 생각을 바꿔 보세요. 영어책은 레벨에 맞게가 아니라 아이가 좋아하는 책으로 시작해야 합니다.

그림이 좋을 수도 있고, 내용에 똥이나 방귀 이야기가 나와서 좋아할 수도 있고, 동물이나 자동차가 나와서 좋아할 수도 있습니다. 엄마가 고르기 어렵다면 아이에게 직접 고르게 해 주세요. 아이 눈높이에서 시작하는 것이 가장 좋으니 레벨은 따지지 마세요. 레벨이 높아 글밥이 많은 것을 아이가 골랐더라도 그림만으로 이야기를 지어 말해도 됩니다. 아이가 고른 책 위주로 먼저 읽어 줄 것을 권합니다.

▮▮ 왜 그림책을 읽어 줘야 하죠?

그림책 중에는 어른이 읽어도 좋은 그림책들이 많습니다. 특히 유명 그림 작가들의 수상작이 그렇지요. 앤서니 브라운의 책은 어른들이 읽어도 많은 생각을 하게 합니다. 연령의 제한이 없는 작품이죠. 아이가 볼 때는 그 경험치만큼, 어른이 볼 땐 또 그 경험치만큼 이해되는 내용입니다. 그래서 그림책은 글을 읽지 않고 그림만 보더라도 무수히 많은 이야기를 할 수 있습니다.

그림책의 묘미는 무엇보다 '원문(Authentic text)'에 있습니다. 바로 실재적 문학이라는 것이죠. 그림책은 수준별 리더스북처럼 레벨을 임의로 조정하지 않습니다. 작가의 의도와 문학성이 그대로 담겨 있는 문학 텍스트이죠. 영어로 쓰여진 그림책에 담긴 문화적 요소와 새로운 경험 또한 빠질 수 없는 즐거움입니다. 그러니 초기 학습자라면 국내에서 의도적으로 레벨화한 책보다 그림책을 먼저 접하기를 바랍니다.

▮▮ 그림책은 어떻게 읽어 줘야 할까요?

• 워밍업(Warming Up)

여러분은 아이에게 책을 읽어 줄 때 어디서부터 읽나요? 저는 표지부터 읽어 줍니다. 표지를 읽어 준다는 의미는 책의 제목만 읽고 넘어간다는 뜻은 아닙니다. 그림책 대부분은 표지에서부터 많은 이야기를 담고 있습니다. 또 표지라 함은 앞표지 뿐 아니라 뒤표지도 포함합니다. 그림책은 작가가 글과 그림을 함께 작업하는 경우가 많습니다. 그래서 스토리 구성상 꼭 필요한 그림, 상징적인 그림을 앞표지 또는 뒤표지에 싣습니다. 아이들에게 표지 그림을 보여 주면서 스토리의 시작을 알리는 워밍업을 할 필요가 있습니다.

어른들의 딱딱한 사고에 비해 아이들은 말랑한 사고를 가졌습니다. 그 덕분에 부모가 미처 생각하지 못한 이야기를 풀어놓기도 한답니다. 그리고 표지를 넘기면 면지가 나옵니다. 면지에 이야기를 숨겨 놓는 작가들도 많지요. 면지를 보는 재미도 쏠쏠하니 꼭 챙겨 보기 바랍니다. 표지나 면지를 읽는 특별한 방법은 없습니다. 작가의 의도 역시 정답이 없으므로 아이와 같이 풀어 나가는 것에 초점을 맞추면 됩니다.

• 스토리(Story)

스토리를 읽어 주는 구간에 진입한 후에는 부모의 성향과 역량에 따라 재밌게도, 잔잔하게도 풀어 나갈 수 있습니다. 아이가 어릴수록 의성어나 의태어 등에 흥미를 느끼므로 책을 읽어 주는 중간중간에 효과음을 내 주면 아이가 집중하는 데 도움이 됩니다. 기본적으로는 그림과 스토리를 잘 따라갈 수 있도록 손을 짚어 가며 페이지별로 읽어 주면 됩니다.

아이들은 저마다 성향이 다릅니다. 가만히 앉아 끝까지 얌전히 듣는 아이가 있는가 하면, 페이지를 넘길 때마다 질문하는 아이가 있습니다. 간혹 "아이가 집중하지 못하고 자꾸 질문해요"라고 묻는 분들이 있는데요. 호기심이 많고 상상력이 풍부한 아이이니, 그 흐름대로 따라가 주세요.

• 독후 활동(After Reading)

잠자리 독서라면 책을 읽은 후에 불을 끄고 누워서 아이와 읽은 책에 대한 이야기를 나누다가 잠드는 것을 추천합니다. 낮에 책을 읽어 줄 때는 독후 활동을 진행해도 좋습니다. 그렇다고 책을 읽을 때마다 독후 활동을 할 필요는 없습니다. 한글책을 읽고 모든 책에 대한 독후감을 쓰지 않는 것과 같은 맥락입니다.

독서 감상문이 독후 활동의 전부는 아닙니다. 책의 내용과 종류에 따라 다양한 독후 활동을 할 수 있습니다. 그림책을 읽고서 그림을 그리거나 만들기를 하는 것도 독후 활동입니다. 그런데 부모는 이걸 독후 활동이라고 여기지 않죠. 영어책을 읽고 관련 영상을 추가적으로 보는 것도 독후 활동에 속할 수 있습니다. 책으로 본 것을 영상으로 확인하거나, 애니메이션이나 영화로 확장하는 활동도 간편하면서 의미 있는 독후 활동입니다.

어떤 분들은 아이의 AR 지수에 과도하게 신경을 씁니다. 아이가 책을 읽기만 하면 AR 프로그램으로 문제 풀이를 시키곤 하지요. 보통 학원에서 많이 하는 방식인데요. 이를 오래 지속하다 보면 아이는 '책을 읽는다'기보다는 '책을 푼다'고 받아들입니다. 실제로 영어유치원을 오래 다닌 아이 중에 제가 "너 이 책 읽었니?" 하고 물으면 "네, 저 그 책 풀었어요." 하고 답하는 아이가 있었습니다. 이 친구는 영어책 읽기를 좋아하는 아이였기 때문에 그나마 다행이었는데요. 영어책 읽기를 싫어하는 아이라면 이로 인해 영어 학습이나 독서를 거부할 수도 있겠지요. 이처럼 주객이 전도된 상황은 만들지 않는 것이 좋습니다.

Q19

알파벳 학습
어떻게 도와줘야 할까요?

영어 그림책은 대부분 부모가 도와주면서 읽기 시작합니다. 부모가 읽어 주는 책의 정서적 효과는 아주 크기 때문에 아이가 글자를 알아도 지속하는 것이 좋습니다. 그런데 아이들이 한글을 떼야 하는 시기가 있듯이 영어도 문자를 익혀야 하는 시기가 있습니다. 그 시기는 보통 7세 이후가 좋습니다. 너무 일찍 문자를 알아 버리면 모국어와 달리 듣기에 방해가 되기 때문입니다. 그러므로 한글을 뗀 후에 영어 문자 공부를 시작하기 바랍니다.

파닉스 전반이 아니라 알파벳 부분만 떼어 본다면 문자라고 단정해 학습을 미루기엔 무리가 있습니다. 그래서 알파벳 학습에 한해서는 좀 더 어린 연령에서 시작해도 괜찮습니다. 공교육에서도 3학년부터는 영어 학습을 하기 때문에 늦어도 그 전에는 알파벳을 익혀 두는 것이 좋습니다.

▌▌▌ 알파벳은 글자와 소리가 일치할까요?

알파벳은 26개이지만 소리는 44~46개 정도입니다(학자마다 음소의 개수를 다르게 정의합니다). 즉, 영어는 소리와 글자가 1:1로 매칭되지 않습니다. 모음의 경우 'a', 'e', 'i', 'o', 'u' 등이 하나의 소리로 나지 않습니다. 자음도 알파벳 'c'가 [k] 소리가 나기도 하고 [s] 소리가 나기도 하지요. 그래서 우리가 파닉스 학습을 하는 것인데요. 파닉스를 본격적으로 학습하기 전에 알파벳의 기본 소리를 익히는 단계가 필요합니다. 일반적으로 알파벳을 배울 때 익히는 소리를 대표 음가라고 합니다. 알파벳을 배우는 단계에서는 모양, 소리, 읽기, 쓰기 등 모든 경험을 다 하는 게 좋습니다. 아이가 어릴수록 만져 보면서 모양을 익히고, 들으면서 글자와 소리를 매칭하는 연습을 해야 합니다. 한글과 달리 대소문자도 구분해야 하기 때문에 이 부분의 학습도 빠질 수 없겠지요. 초등 이후에 알파벳을 배운다면 쓰기 학습까지 챙겨야 합니다.

▌▌▌ 알파벳 학습의 구체적인 방법은?

알파벳을 배우는 아이의 연령에 따라 효과적인 방법이 다릅니다. 한글을 배우는 데 유독 시간이 걸리는 아이들이 있듯이 알파벳 학습에도 어려움을 겪는 친구들이 종종 있기 때문에 다양한 방법으로 접근하면 좋습니다. 다양한 팁 중 아이에게 맞는 방법을 찾아 알파벳 학습을 시작하세요.

• 알파벳 놀이, 만들기

아이들과 놀이를 할 때에는 교구를 많이 활용합니다. 손으로 조작하는 시기가 오면 소근육 발달을 위해 여러 활동을 합니다. 그때 영어와 관련해서, 특히 알파벳과 관련된 활동들을 해 볼 수 있습니다. 점토를 이용한 간단한 만들기 활동을 소개합니다.

한글 프로그램이나 파워포인트로 알파벳 26자를 A4 사이즈 한 장에 한 글자씩 써서 프린트해 주세요. 핀터레스트(pinterest.com) 같은 사이트에 들어가면 무료로 알파벳 자료를 받을 수도 있습니다. 저작권에 유의해야 하지만 가정에서 사용하는 비영리 목적이라면 어떤 자료라도 쉽게 구할 수 있습니다. 여기서 핵심은 A4 사이즈여야 한다는 점입니다. 아직 아이들이 어리기 때문에 너무 작은 사이즈는 곤란해요. 점토를 이용해서 글자 모양에 맞게 글자를 만들어 보는 활동을 해 봅니다. 이 과정을 통해 알파벳의 어느 부분은 둥글게, 어느 부분은 직선으로 되어 있음을 알게 됩니다.

가위질할 수 있는 아이라면 알파벳을 따라 잘라 보는 활동도 해 봅니다. 소문자는 아직 어려우니 대문자 위주로 잘라 주세요. 가위질이 서툴다면 부모가 도와주세요. 그리고 알파벳에 색칠하거나 색종이를 붙여 봅니다. 하루에 한 글자 또는 두 글자 정도 만들어 보며 알파벳의 이름과 모양을 익힙니다.

• 알파벳 노래

노래는 영유아가 영어에 접근하기에 아주 쉽고 효과적인 방법입니다. 이 단계에서 배우는 것은 바로 알파벳의 이름입니다. 'Aa'의 이름이 '에이'라는 것, 'Bb'의 이름이 '비'라는 것을 배우는 것이지요. 대표적으로 우리에게 친숙한 리듬의 알파벳 송이 있지요. 우리가 어릴 때 접한 그 노래는 어른이 된 지금도 모두 기억합니다. 그만큼 노래의 힘은 강력하답니다. 아직 어린아이들은 의미를 알고 부른다기보다 그저 신나는 노래라고 생각하고 부릅니다. 그래서 반복적으로 알파벳 송을 들려 주면 가사가 자기도 모르게 체화됩니다. 요즘은 알파벳 송이 다양하게 나와 있고 유튜브 등에서도 쉽게 찾을 수 있습니다. 부모에게 익숙한 알파벳 송을 들려 줘도 좋습니다. 그래야 부모가 자주 불러 줄 수 있으니까요.

아이들에게 인기 있는 알파벳 송을 몇 가지 소개합니다. 유튜브에서 찾아서 들려 준 후 아이가 반응을 보이는 노래로 반복해서 들려 주세요. 영아는 음원만, 만 5세 이후에는 영상도 함께 보여 주면 그림으로 문자를 인식하는 데 도움이 됩니다.

★ 아이에게 들려주면 좋은 알파벳 송 채널 ★

Super Simple Songs
다양한 주제와 자극적이지 않은 영상으로 많은 부모들에게 사랑받는 유튜브 채널이다. 공식홈페이지(supersimple.com)에 들어가면 워크시트도 무료로 다운로드 받을 수 있다.

Lingokids Songs and Playlearning
박자가 빠르고, 신나서 아이들이 좋아한다. 이 채널에는 다양한 주제별 노래가 많아서 숫자, 날씨, 모양, 색 등을 동시에 배울 수 있다.

Super Simple ABCs
빠른 노래, 느린 노래, 단어 설명을 위한 영상 등 알파벳을 배우는 단계에서 볼 수 있는 영상이 많이 모아져 있는 채널이다.

• 알파벳 플래시카드

플래시카드와 알파벳 자석을 이용한 놀이도 있습니다. 6, 7세 정도가 되면 어렵지 않게 따라 올 수 있는 활동입니다. 플래시카드는 구입해도 좋고, 엄마표로 간단히 만들어 써도 됩니다. 손바닥 크기로 만든 다음 코팅해서 보관하면 더 용이합니다.

눈에 띄는 곳에 두고 자주 보도록 해 주세요. 집 안 곳곳에 붙여 두어도 좋습니다. 아이 눈높이에서 찾을 수 있는 곳, 자주 시선이 가는 곳에 붙여 주세요. 때로는 플래시카드를 숨기고 찾는 놀이를 해도 좋습니다. 아이가 찾기 쉬운 곳에 두고 찾았을 때는 반드시 알파벳 이름을 외치도록 유도하면 알파벳을 금방 익힙니다.

알파벳 자석 놀이 세트는 1만 원 내외로 구입할 수 있습니다. 너무 비싼 것을 구입하지 않아도 괜찮습니다. 소문자와 대문자가 모두 들어 있으니 대소문자 구분 활동을 할 수 있고 나중에 단어 만드는 활동까지 해 볼 수 있습니다. 칠판에 붙여 가며 여러 가지 활동을 하기 좋은 교구입니다. 단 아이가 물건을 입에 넣는 시기가 지난 후에 사용해야 합니다.

• 알파벳 워크시트

7세 이상의 아동들에게 적합한 활동은 워크시트 사용하기입니다. 하지만 쓰기 활동 전에 듣기 활동이 선행되어야 함을 잊지 마세요. 노래와 영상으로 먼저 노출하세요. 영유아기에 시작한 아이들보다 7세에 시작한 아이들이 습득이 빠르기 때문에 조급한 마음은 가지지 않아도 됩니다. 7세 이상 아이들이 빼먹지 말고 해야 하는 활동은 알파벳의 이름을 아는 것을 넘어 '알파벳 음가(소리)'를 익히는 것입니다.

많은 분들이 파닉스 시작 전에 "우리 아이는 알파벳은 알아요"라고 말하는데요. 알파벳의 이름만 아는 경우가 많습니다. Aa를 에이로 읽는다는 것은 아는데 Aa가 '애' 소리가 나는 것은 모르는 것이지요. 이름뿐만 아니라 소리도 알 수 있도록 지도해야 합니다. 그 과정에서 알파벳 A로 시작하는 단어를 찾아보는 활동을 함께 하면 도움이 됩니다. 대문자와 소문자를 구분하고 매칭할 수 있는지도 이 시기에 체크해야 합니다.

· 알파벳 쓰는 순서 익히기

알파벳은 보통 A~Z까지 순서대로 배우지요. 우리는 알파벳 송에 익숙해져 그 순서가 자연스럽습니다. 하지만 외국에서는 이 순서로 가르치지 않는 경우가 종종 있습니다. 그래서 알파벳 쓰기 단계에서 교재로 활용할 외서를 찾다 보면 알파벳 순서가 무슨 기준으로 제시된 것인지 헷갈리기도 합니다.

첫 번째 기준은 자주 쓰는 글자를 먼저 배우는 것입니다. 미국인들이 가장 많이 쓰는 알파벳을 먼저 배우는 것인데요. 예를 들어 'm', 'a', 't', 's', 'p', 'h'는 사용 빈도가 높아 먼저 배우고 'x', 'z' 등은 사용 빈도가 낮아서 나중에 배웁니다.

또 다른 기준은 소리가 독립적으로 나는 것을 먼저 배우고 블렌딩(blending) 즉, 결합이 어려운 알파벳을 뒤에 배우는 것입니다. 독립적으로 소리를 구분하기 쉬운 알파벳은 'm', 'n', 'r', 's'라고 합니다.

획의 수도 기준이 됩니다. 알파벳을 쓸 때 획수가 적은 것부터, 또는 쓰기 쉬운 순서로 배우는 방식입니다. 'c', 'e', 's', 'l', 'o' 등을 먼저 배우는 것이지요.

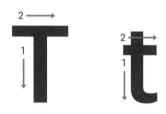

　학부모가 알고 있으면 좋은 상식 한 가지는 알파벳의 쓰기 순서가 세로 획부터라는 것입니다. 한글은 글자에 따라 가로획부터 쓰거나 세로획부터 쓰는 등 다양하지만, 영어는 세로획이 먼저이기 때문에 아이들 알파벳 지도 할 때 이 점을 유의해 가르치길 바랍니다.

Q20

파닉스는 언제
시작해야 하나요?

알파벳의 시작이 결국은 파닉스의 시작입니다. 앞서 말씀드렸듯 결론적으로 문자 학습은 적어도 7세 이후에 하는 것이 좋습니다. 너무 일찍 문자를 익히면 득보다 실이 많기 때문입니다. 하지만 늘 그렇듯이 예외는 존재하기 마련입니다. 한글을 아주 일찍 뗐다거나 아이가 문자에 관심이 많다면 시켜도 무방합니다. 여기서 제가 말하는 기준은 언제나 평범한 아이들입니다.

문자 학습이 늦을수록 좋은 이유는 뇌과학적으로도 설명할 수 있습니다. 영어 교육 전문가인 최창욱 대표가 쓴 《21C 영어교육혁명》(최창욱 저, 러닝앤코, 2018)을 보면 다음과 같은 이야기가 언급됩니다.

"뇌는 유연하지만 나이가 들수록 유연성은 점차 떨어집니다. 전두엽이 발달하면서 이성이 감정을 지배하기 시작하는데 언어 습득은 감정의 뇌가 활발한 시기에 이루어집니다.

인간의 뇌는 성장하면서 영역별로 전문화를 이루어 가는 데, 대략 18개월 이후에 시작돼 사춘기를 지나 그 틀을 완성하게 됩니다. 이런 현상을 '대뇌의 반구 편중화 현상(Lateralization)'이라고 합니다. 간단하게 설명하면 인간의 뇌가 좌뇌와 우뇌로 나누어져 각각 기능이 전문화된다는 뜻입니다.

이렇게 '대뇌의 반구 편중화 현상'의 틀이 완성되기 전, 감정의 뇌가 활발하게 움직이는 시기가 외국어를 습득하는 데 최적기입니다. 대뇌 편중화가 완성되기 전 아이들의 뇌는 아주 유연합니다. 그러나 이 유연성은 만 6세 이후 급격히 떨어집니다. (중략) 즉, 사춘기 이전에는 뇌가 유연하고 뇌의 좌우 기능이 동시에 작동하지만 그 후에는 뇌의 유연성이 떨어지고 뇌의 좌우 기능이 전문화되어 따로 작동하기 때문에 언어 습득이 어렵다는 것입니다."

위에서 언급했듯이 만 6세를 기준으로 뇌의 유연성이 떨어집니다. 쉽게 말해 어렸을 때는 직관적인 것을 담당하는 우뇌가 더 발달하고, 커 가면서 좌뇌가 발달한다는 것이지요. 언어를 언어 그대로 받아들이고 모국어 습득 방식처럼 습득하려면 우뇌가 활성화되는 시기가 유리합니다. 그 시기에는 특히 듣기, 말하기가 아주 유리한데 굳이 좌뇌를 활성화시켜 문자 인식을 일찍 할 필요가 없다는 뜻이죠.

그래서 저는 한글을 뗀 이후에 시작하면 딱 좋다고 항상 강조합니다. 그리고 또 하나, 초등 3학년 때 학교에서 영어를 시작하기 전에 파닉스를 해결하라고 강조합니다. 학교는 파닉스 학습에 충분한 시간을 제공하지 않습니다. 교육과정상 파닉스에 배정된 시간이 많지 않고, 한 학급의 학생 수를 감안하면 미리 익혀 가는 것이 좋습니다. 너무 일찍 시켜도 곤란하지만, 너무 미뤄도 곤란합니다.

Q21

파닉스 학습의
구체적인 단계가 궁금해요

　　파닉스를 배우기 위해 학원 같은 기관에 보낼 수도 있고, 가정에서 부모가 직접 지도할 수도 있습니다. 학원을 간다면 수월하겠지만, 가정에서 지도할 계획이라면 제대로 알고 접근해야 시간과 노력을 줄일 수 있습니다. 시중에 나와 있는 파닉스 교재는 셀 수 없을 정도로 많습니다. 그래서 교재 선정에서부터 애를 먹지요. 영어가 친숙하지 않은 부모는 교재 고르는 안목부터 키워야 합니다. 정보가 없는 것도 문제지만 정보가 너무 많아도 선택에 문제가 생기지요. 그럼 교재 선정 방법과, 파닉스 학습의 구체적인 순서를 살펴보겠습니다.

　먼저 국내에 유통되고 있는 교재는 ESL(English as a Second Language)용과 EFL(English as a Forieign Language)용으로 나뉘어져 있습니다. 사실 용도 차이는 크게 없고 외국 출판사에서 만들었는지, 국내 출판사에서 만들었는지 정도의 차이입니다. 외서로 등록되어 있지만 실제로 한국에서 출판하는 경우도 많기 때문에 이 부분도 확인할 필요가 있습니다. 예를 들어 〈스마트 파닉스(Smart Phonics)〉 시리즈 같은 경우는 인터넷 서점에서 외서로 분류되어 있지만, 실제로는 'e-future'라는 국내 출판사에서 출간한 EFL용 교재입니다. 즉, 국내서이죠. 이 교재가 왜 그렇게 스테디셀러가 되었는지 아래에서 자세히 밝히겠습니다.

저도 〈렛츠고 파닉스(Let's Go Phonics)〉 시리즈를 만든 경험이 있습니다. 이 경험은 저에게 아주 커다란 영향을 끼쳤습니다. 단순히 교재를 만들어서 공급하는 차원이 아니었죠. 어떻게 설계해야 학습자가 잘 배울 수 있고 교사가 잘 가이드해 줄지에 대한 고민을 많이 했기 때문입니다. 실제로 파닉스를 할 연령이 된 제 아이에게 직접 적용해 보면서 교재를 개발했지요. 여러분이 어떤 교재를 고르면 좋을지 교재 개발자의 시선으로 이야기하겠습니다.

▌▚ 교재 선정 팁이 궁금하다면?

앞서 파닉스는 소리와 글자를 연결하는 과정이라고 밝혔습니다. 그것이 얼마나 잘 연결되는지가 중요한 것이지요. 이미 인풋이 많이 되어 있는 아이들은 외국 교재를 사용해도 무방합니다. 음소가 잘 자리 잡힌 아이들이기 때문에 원어민이 배우는 방식 그대로 배워도 큰 무리가 없습니다.

하지만 인풋이 별로 되지 않은 상태로 초등학교에 진학했고, 이제 발등에 불이 떨어져 파닉스부터 시작해야 한다면 이야기가 좀 다릅니다. 그런 친구들은 소리와 글자의 관계를 거꾸로 배울 수밖에 없는 안타까움이 있습니다. 글자를 먼저 보고 그에 맞는 소리를 알아보는 방식인데요. 그렇게 구성되어 있는 교재가 대체로 국내서입니다.

Smart Phonics 시리즈

e-future 출판사에서 출간한 스테디셀러. 총 5권으로 구성되어 있다. 깔끔한 디자인과 적절한 어휘 선정으로 오랜 시간 사랑받고 있는 교재이다.

Phonics Monster 시리즈

A-List 출판사에서 출간한 총 4권짜리 파닉스 교재이다. 몬스터 캐릭터가 재밌고, 노래와 챈트가 다른 책에 비해 신난다. 특히 남자 아이들에게 인기가 많다. 하지만 문제 양이 다른 교재에 비해 많은 편이다.

Spotlight on First Phonics 시리즈

총 5권으로 구성된 파닉스 교재. 리딩 교재로 유명한 Bricks 출판사에서 출간하였다. 스마트 파닉스와 마찬가지로 5권으로 구성되어 있지만 문제의 수준이나 양은 적어서 저학년 친구들에게 잘 맞는 교재이다.

Let's Go Phonics 시리즈

천재교육에 근무할 당시 직접 기획하고 만든 책이다. 초등어휘 800개 중에서 파닉스 규칙에 맞는 어휘를 엄선해서 수록하고, 연령별 워크시트를 제공해 차별화를 두었다. 총 4권으로 구성되어 있으며, 초등 저학년부터 고학년까지 모두 사용 가능하다.

학원용 교재는 교사의 티칭 스킬이 크게 좌우합니다. 경력이 많은 선생님들은 어떤 교재를 선정해도 큰 상관이 없을 것입니다. 하지만 홈스쿨링으로 파닉스를 지도한다면 교재가 무척 중요합니다. 다음의 내용을 확인하고 교재를 선택해 보세요.

☐ 파닉스 단계에서 배워야 하는 기본 규칙들이 잘 담겨 있는가
☐ 파닉스 규칙 연습을 위한 어휘 선정이 적절한가
☐ 어휘의 양이 충분한가
☐ 디자인이 심플하고 학습자 중심으로 구성되어 있는가
☐ 앱이나 QR 등이 편리하게 되어 있는가
☐ 온라인으로 부가 자료가 제공되는가

▐█▙ 목차에 대한 이해

파닉스 교재를 표지만 보고, 혹은 어디서 많이 들어 본 제목만 보고 선정해 실패하는 경우가 많습니다. 파닉스 교재가 어떻게 구성되어 있는지 미리 파악한다면 여러 권 사는 낭패를 줄일 수 있습니다. 일단 국내 파닉스 교재의 권별 구성에 대해 알아봅시다. 국내 EFL 교재는 보통 네다섯 권입니다. 1권은 대부분 알파벳을 다루고, 2권은 단모음, 3권은 장모음을 다룹니다.

여기까지는 네 권짜리 교재이든 다섯 권짜리 교재이든 별 차이가 없습니다. 차이는 4권과 5권에서 나눠집니다. 네 권짜리 교재는 4권에 연속자음, 이중자음, 이중모음 등을 모두 포함하고요. 다섯 권짜리 교재는 4권을 자음

편(연속자음, 이중자음), 5권을 모음편(이중모음)으로 나눠 놓은 경우가 많습니다. 즉, 이중자음과 이중모음의 분량을 얼만큼 가져가느냐가 네 권짜리와 다섯 권짜리 교재의 차이점입니다.

간혹 1권짜리나 3권짜리로 압축 구성된 교재들도 있습니다. 이런 교재들의 경우 속성으로 파닉스를 마무리해야 하는 고학년들을 위해 개발된 책입니다. 따라서 일반적으로 처음 파닉스를 접하는 친구들에게는 적합하지 않은 교재이니, 내용을 잘 살펴본 후에 선택해야 합니다.

▌▐▌ 단모음 학습 시 꼭 확인할 것들

초등학생들은 알파벳 학습을 다루고 있는 1권을 먼저 진행해야 합니다. 알파벳 학습 시에는 알파벳의 이름과 소리를 학습해야 하고, 초등 이상 아이들은 쓰기 순서까지 알아야 합니다.

알파벳까지는 익숙하지만 '단모음(Short vowel)'이란 말은 생소하지요? 단모음은 짧게 나는 소리, 장모음은 길게 나는 소리라고 알고 있다면 잊어 주세요. 단모음을 음성학적 용어로는 'Monophthong'이라 부르고, 이중모음은 'Diphthong'이라고 부릅니다. 조음의 위치가 하나인 것을 단모음, 두 개인 것을 이중모음이라고 부르는 것이지요. 그럼 장모음은 뭘까요? 장모음은 실제로 살짝 길게 발음된다고 해서 장모음으로 불립니다. 대체로 단모음과 장모음은 소리도 다르지만 모음의 길이에도 차이가 있습니다.

단모음은 소리가 짧은 것이 아니라 조음의 위치가 하나이기 때문에 정확하게 하나의 모음 소리가 나고 그 소리를 얼마만큼 정확하게 내느냐가 중요합니다. 영어에서 단모음은 'a', 'e', 'i', 'o', 'u' 다섯 개이고, 각각의 소리는 [애(아)], [에], [이], [아], [어] 로 납니다. 단모음으로 소리 날 때는 맨 앞이 모음으로 시작하거나, 자음과 자음 사이에 모음이 오는 경우입니다. 그중 파닉스 단모음 교재에서 다루는 것은 '자음(Consonant)+모음(Vowel)+자음(Consonant)'의 형태입니다. 이걸 줄여 'CVC 워드'라고 하지요.

위와 같은 환경에서 가운데 모음이 단모음 소리를 낸다는 것이 파닉스 교재 2권에서 배우고 알아야 할 규칙입니다. 학원이나 전문 선생님께 배운다면 규칙을 파악해 실제 책을 읽을 때도 규칙대로 이끌어 주겠지만, 가정에서는 놓칠 수도 있는 부분입니다. 파닉스 교재로 가정에서 가르칠 때 꼭 기억하세요.

ⅠW 장모음 학습 시 꼭 확인할 것들

장모음은 어떻게 지도해야 할까요? 장모음 학습에 앞서 단모음을 먼저 배웁니다. 그래서 단모음을 탄탄하게 하는 것이 무엇보다 중요한 단계라고 할 수 있습니다. 단모음 인지가 무리 없이 잘 되었다면 장모음 단계로 넘어갑니다. 장모음은 원래 자기 이름으로 돌아가면 됩니다. 이게 무슨 말이냐고요? 우리가 알파벳을 배우는 단계에서 알파벳의 이름과 소리를 구분했었지요? Aa를 '에이'라고 부르지만 소리는 '애'라고 배웠어요. 그 '애' 소리는 단모음이며 '에이'가 바로 장모음입니다. 장모음에서는 모음이 두 개가 오면 앞에 소리만 길게 나고 뒤의 것은 소리가 나지 않는다는 것이 규칙입니다.

자음과 자음 사이에 오는 i는 단모음으로 [이] 소리가 나서 kit는 [키트]라고 발음합니다. 하지만 모음이 두 개가 오는 경우는 다릅니다. 즉, 맨 뒤에 e가 붙는 경우의 i 소리는 장모음 [아이]로 소리가 나고 뒤에 오는 e는 묵음이라서 소리가 나지 않습니다. 그래서 'e'를 '매직 e'라는 별명으로 부릅니다. 맨 뒤에 매직 e가 오면 앞에 있던 단모음은 장모음으로 바뀐다는 규칙이지요. 이에 해당하는 어휘들이 파닉스 교재 3권에 나옵니다. 유튜브에서 매직 e에 해당하는 영상은 쉽게 찾을 수 있으니 참고하면 좋겠습니다. 이 규칙만 알아도 3권 장모음은 쉽게 끝낼 수 있답니다.

[매직 e 예시 단어]

kit[키트] / kite[카이트]   cut[커트] / cute[큐트]   tap[탭] / tape[테이프]

모음 두 개가 올 때 앞에 오는 모음은 장모음 소리가 나고 뒤에 오는 모음은 소리가 나지 않는다고 전했는데요. 한 가지 팁을 더 밝히자면 거기에 해당하는 모음을 'Two Vowel Team' 이라고 부릅니다. 예를 들어 'mail' 이라는 단어에서 'ai'는 'a'와 'i' 소리가 합쳐져 나는 것이 아닙니다. 뒤에 있는 'i' 소리는 나지 않고 앞에 'a'만 장모음으로 소리가 나서 [메일]이라고 읽는 것이지요. 이런 규칙을 노래로 소개해 놓은 유튜브 채널도 소개합니다. 참고해 보세요.

★ 장모음 규칙을 배울 수 있는 채널 ★

A-List
A-List 출판사에서 파닉스 관련 노래를 제공하는 유튜브 채널이다.

▌▊▎ 이중자음과 이중모음 학습 시
꼭 확인할 것들

• 연속자음과 이중자음은 다르다?

3권까지는 대부분의 파닉스 교재들이 비슷한 구성입니다. 하지만 4권과 5권의 구성은 교재마다 편차가 큽니다. 다루고 있는 어휘의 수, 자음과 모음의 샘플도 천차만별이지요. 하지만 걱정할 필요는 없습니다. 좋다, 나쁘다의 문제가 아니니까요. 어떤 교재를 쓰더라도 우리의 목적은 영어책을 잘 읽어 내는 것에 있습니다. 그러므로 파닉스 교재를 학습하면서 영어책 읽기를 병행한 아이라면 무리 없이 마칠 수 있습니다. 보통 4권에서 많이 다루고 있는 연속자음과 이중자음에 관한 이야기를 하려고 합니다.

자음 두 개가 겹쳐서 나오면 무조건 이중자음이라고 생각하기 쉽지만 사실 그렇지 않습니다. 연속자음이라고 부르는 것들은 'cl-', 'pl-', 'fr-', 'gr-'처럼 두 개의 자음이 연속으로 나오면서 각각의 소리가 모두 살아 있는 경우를 말합니다. 그래서 'clock'이라는 단어를 말할 때 'c'의 [크] 소리와 'l'의 [을르] 소리가 합쳐져서 [클락]이라고 소리 나지요. 이렇게 구성된 소리를 연속자음이라 하고, 연속자음이 나오는 단원에서는 아이에게 위의 내용을 설명해 주면 됩니다.

이에 반해서 'th', 'ph', 'ng', 'ch', 'sh'처럼 각각의 소리가 만나서 새로운 소리를 내는 형태를 이중자음이라고 부릅니다. 'ch'는 [크]+[흐]=[크흐]로 소리나지 않고 전혀 새로운 소리인 [취]로 소리가 납니다. 이런 경우를 이중자음이라 하고, 앞에서 배운 방식대로 조음했을 때 원하는 소리를 낼 수 없기 때문에 따로 이중자음 소리를 배우는 것입니다.

시중의 많은 파닉스 교재에서 4권에 이 모든 내용이 한꺼번에 나옵니다.

아마 가정에서 아이들을 가르칠 때는 이러한 부분에 답답함이 있었을 텐데요. 부디 이 책이 도움이 되기를 바랍니다.

- **단모음의 반대는 사실 이중모음?**

단모음은 조음의 위치가 한 군데라고 앞서 말씀드렸습니다. 그렇다면 이중모음은 조음의 위치가 두 군데겠죠? 다들 그 조음의 위치가 뭔지 궁금할 겁니다. 국제음성기호인 'IPA'라는 것이 있는데요. 쉽게 생각해서 발음기호라고 보면 됩니다. 그것을 기준으로 해서 소리 낼 때 혀의 위치나 입의 모양을 설명할 수 있으니까요.

[IPA 모음 차트]

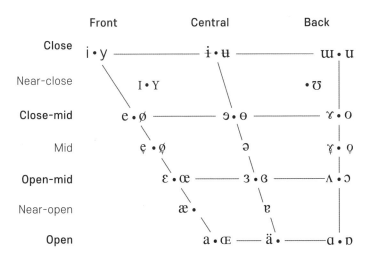

이렇듯 이중모음은 소리가 변화하는 것을 말합니다. 두 개의 소리를 1음절 안에 발음해야 합니다. 발음이 쉽지 않고, 철자 조합도 여러 가지라서 이중모음에 도착하면 많은 학부모와 학생들이 혼란스러워합니다. 그래서 이 시기에는 반드시 영어책 읽기를 병행하면서 책 속에 나오는 이중모음 어휘들이 눈에 익도록 해야 합니다.

Q22

파닉스 이후 읽어야 할
책은 무엇인가요?

파닉스를 학습하면서 반드시 책 읽기를 병행해야 한다고 강조해 왔습니다. 파닉스 교재를 끝낼 때까지 전혀 책을 읽지 않다가 교재가 끝나고 나서야 다음 단계의 책을 읽는 방식으로 학습했나요? 그렇다면 공부법을 다시 고민해야 합니다. 파닉스 과정부터 영어 독서는 병행되었어야 합니다. 영어 독서라고 해서 거창한 것이 아닙니다. 교재에서 벗어나 한 줄이라도 실제 책을 접하라는 뜻입니다.

한글을 배울 때 우리는 자기 이름, 가족의 이름 등을 읽고 써 보는 과정을 거칩니다. 길거리에 수많은 간판을 더듬더듬 읽는 경험도 합니다. 책을 유창하게 읽지 못하는 단계라고 해서 책을 전혀 보여 주지 않았나요? 아니죠. 부모님이 읽어 주거나 책의 표지를 탐색하면서 제목 읽기라도 시도했을 것입니다.

제가 자주 하는 이야기 중 하나가 '헷갈리거나 잘 모르겠다 싶을 때는 모국어에 대입하라'입니다. 그러면 해답이 보일 때가 많거든요. 물론 모국어 습득 방식으로 영어를 학습하고 있지 않은 학습자도 많지만, 그런 경우라도 모국어를 떠올리면 인사이트를 얻을 때가 많습니다. 파닉스 단계도 한글 학습할 때와 유사한 지점이 아주 많습니다. 가나다라를 배웠다고 해서 아이들이 완벽한 맞춤법을 구사하고 연음을 정확히 사용하여 유창하게 읽고 쓰나요? 그렇게 자리가 잡힐 때까지 아주 오랜 시간이 걸립니다.

그런데도 우리는 아이들이 파닉스만 배우면 갑자기 술술 읽을 거라고 기대하곤 합니다. 그렇지 않을 경우 여전히 파닉스가 완벽하지 않아서 그렇다고 여겨 파닉스 과정을 무한 반복하는 사례도 봤습니다. 이는 이론 공부만 열심히 하고 실전은 전혀 경험하지 못하는 것입니다. 마치 이론적으로 수영 영법에 대한 것을 공부하고 물속에는 한 번도 들어가 보지 않은 것과 같아요. 수영을 잘하려면 무엇보다 물의 느낌을 아는 것, 물속에서의 경험이 중요합니다. 영어도 마찬가지입니다. 영어에서 이론은 문제집과 같은 것이고요, 실전은 영어책 독서입니다. 집에 있는 어떤 책이라도 좋으니 아이가 꾸준히 읽도록 도와주세요.

▎▎\\ 그래도 더욱 효과적인 책이 있나요?

네, 있습니다. 앞서 CVC 워드를 설명했지요? '자음+모음+자음' 조합으로 이루어진 어휘 말입니다. 이것으로 스토리를 구성한 리더스북이 있습니다. 일반 리더스 시리즈 중 가장 초급 단계에 있기도 하고, 따로 파닉스 리더스 세트가 있기도 합니다. 이런 책이나 교재는 파닉스 교재로 규칙을 배운 아이들에게 읽을 수 있다는 자신감을 심어 주기에 좋습니다. 파닉스 학습 이후 일반 영어책을 바로 접하면 파닉스 규칙을 벗어난 어휘들이 너무 많아 혼란스럽습니다. 그럴 경우 아이들의 영어 학습 의욕이 떨어지기도 하지요.

이 책들은 약간의 사이트 워드와 기본 파닉스 규칙에 맞아떨어지는 어휘로 구성되어 있어서 초보 학습자들이 보기에 용이합니다. 그리고 초등학생이 된 이후에 파닉스를 접한 아이들에게도 도움이 됩니다. 단계도 나선형으로 구성되어 있어 학습 부담이 적습니다. 하지만 파닉스 어휘로만 구성되어 있다 보니 스토리가 단조롭고, 다소 억지스러운 방향으로 흘러가는 이야기가 많습니다. 학습용으로만 사용할 것을 권장합니다. 실제 독서에 대한 흥미까지 유발하기엔 부족한 면이 있습니다.

★ 파닉스 리더스 교재 중 추천 도서 ★

클리포드(Clifford) 시리즈
빨간 개로 잘 알려진 클리포드 시리즈는 사람보다 큰 개 클리포드를 통해 아이들의 동심을 자극한다. 표지를 넘기면 안쪽에 타겟으로 하는 파닉스 어휘 또는 사이트 워드가 제시되어 있어서 학습용으로 보기 편하다.

스콜라스틱 파닉스 리더스(Scholastic Phonics Readers)
스콜라스틱에서 출간된 파닉스 리더스는 파닉스 규칙에 맞는 어휘들로 구성한 스토리북이다. 파닉스 규칙 뿐 아니라 사이트 워드(Sight Word)까지 저절로 학습하기 위해서는 문장단위의 읽기가 필요하다.

어스본 파닉스 리더스(Usborne Phonics Readers)
단계가 잘 구분되어 있고, 스콜라스틱 파닉스 리더스에 비해 권수가 적어서 압축적으로 읽기 연습을 할 수 있다.

ⅢⅣ 파닉스 리더스 다음은?

파닉스를 학습한 궁극적인 목적은 어떤 영어 텍스트든지 자유자재로 읽게 하기 위함이지요. 그러니 읽기 훈련이 좀 되었다면 이제는 실제 책을 읽게 해 줄 시기입니다. 이때부터 부모님의 고민은 또 시작됩니다. 파닉스를 끝내기 전까지는 파닉스를 끝내면 된다는 계획이 있지요. 파닉스를 끝내려면 시중 파닉스 교재를 사용하면 됩니다.

하지만 리딩 단계에 접어들어 책을 골라 줘야 하는 시기가 되면 망망대해에 떠 있는 기분이 듭니다. 시중 파닉스 교재에 비할 바가 아니지요. AR 지수, 렉사일 지수 등 들어본 적 없는 외계어도 알아야 하고, 단계도 맞춰 교재를 선정해야 합니다. 게다가 아이들 취향도 맞춰야지요. 책이 너무 많아서 정말 고르기 어려울 겁니다.

이런 부모와 교사들을 위해 리더스라는 교재가 있습니다. 레벨별로 잘 꾸려진 시리즈예요. 파닉스를 막 끝낸 아이들은 AR 지수 0.5단계부터 1단계 사이의 책을 읽어 주거나 스스로 읽도록 도와주는 것이 좋습니다. 본인 레벨보다 너무 높은 레벨로 시작하면 영어책에 흥미를 잃기 때문에 반드시 쉬운 책으로 접근해 주세요.

그림책은 언제나 좋은 학습 도구가 됩니다. 글밥이 적은 그림책도 이 시기에 병행해 주세요. 파닉스가 막 끝난 아이들이 읽는 책은 양이 적기 때문에 아이가 영어책에 흥미를 붙이고 다독할 수 있게 이끌어 줄 수 있는 시기입니다. 도서관을 활용하여 많은 책을 접하게 해 주세요.

많은 분들이 'ORT'라는 책에 대해 문의하곤 합니다. 〈옥스포드 리딩 트리(Oxford Reading Tree)〉라는 시리즈인데요. 영국 초등학교에서 교재로 사용되긴 하나 워낙 고가라서 접근성이 좋은 책은 아닙니다. 하지만 동네 도서관에 대부분 비치되어 있습니다. 만약 비치되어 있지 않다면 도서 신청을 해 살펴보세요. ORT가 이토록 유명하게 된 것은 세분화된 레벨 덕분입니다. 파닉스 단계 아이들부터 고학년에 이르기까지 나선형으로 차근차근 올라가도록 레벨이 구성되어 있습니다.

★ 파닉스 이후에 읽기 좋은 추천 시리즈 ★

옥스터드 리딩 트리(Oxford Reading Tree)

영국 옥스퍼드 사에서 개발한 리더스 시리즈로, 대표적인 리더스북이다. 영국 공교육에서 사용되고 있고, 1-9까지 단계를 촘촘하게 나누어 놓았다. 평범한 영국의 가족이 주인공으로 나오며 잔잔한 일상 이야기부터 풍부한 상상력이 돋보이는 이야기까지 주제가 다양하다. 요즘은 전자책으로도 나와 있어 저렴하게 이용하는 것도 가능하다.

플라이 가이(Fly Guy) 시리즈

플라이 가이 시리즈는 워낙 유명하다. 주인공 버즈(Buzz)와 그의 애완 파리 플라이 가이(Fly Guy)가 매일 함께 지내며 생기는 에피소드를 스토리로 만든 책이다. 유머 코드가 많고 그림이 재미있어서 아이들에게 인기가 많다.

엘리펀트 앤 피기(Elephant and Piggie) 시리즈

모 윌렘스(Mo Willems)는 아주 유명한 작가이다. 우리나라에 잘 알려진 이 작가의 작품으로는 엘리펀트 앤 피기(Elephant and Piggie) 시리즈가 있다. 말풍선 속에 단어가 몇 개 없어 보이지만 페이지가 많아 글밥이 아주 적지 않다. 초기단계 아이들부터 읽으면 좋은 책이다.

또한 시리즈물의 특성상 등장인물의 성격, 역할 등이 분명합니다. 배꼽이 빠지게 재밌는 내용은 아닐 수 있습니다. 하지만 잔잔한 웃음을 주며, 반복적인 주요 패턴을 익히기에 아주 좋은 교재입니다. 아직 못 보았다면 한번쯤 보길 권장합니다. 요즘은 '리딩앤'이라는 업체에 회원 가입을 하면 전자책 형태로 구독도 가능합니다. 파닉스 이후 'Stage+1'부터 읽기를 추천합니다.

▮▮▮◣ 책을 통한 놀이 활동도 있을까요?

재미만 강조하면 성과가 빨리 나오지 않아 지양한다는 분들도 있는데요. 영유아나 초등 아이들을 위한 영어 학습에서는 기본적으로 재미있는 활동이 있어야 지속 가능합니다. 그동안 단조롭게 책을 읽어 주기만 했다면 이 방법을 활용해 보세요.

아이의 컨디션이 늘 좋기만 하진 않지요. 똑같이 읽어 줘도 어느 날은 지루해하고, 또 어느 날은 졸려 하기도 하고요. 그럴 때 아이들의 관심을 끌 수 있는 방법 중 하나가 '여러 가지 목소리로 읽어 보기'입니다. 때로는 큰 소리나 작은 소리로 읽어 봅니다. 아이와 한 줄 한 줄 번갈아 읽기도 하고요. 그러다가 할머니 목소리, 할아버지 목소리 등으로 바꾸어 읽어 보기도 합니다.

느리게 읽기, 빠르게 읽기의 방법도 있습니다. 느리게 읽으면서 아이에게 정확히 읽는 법을 안내해 줄 수 있고, 빠르게 읽으면서 유창성을 늘려 줄 수도 있습니다. 빨리 읽을 때에는 엄마나 아빠와 초를 재며 내기를 해 보기도 하면서 책 읽기에 재미를 더할 수도 있지요. 매번 부모가 일방적으로 읽어 주기만 했다면 앞으로는 놀이처럼 아이와 책 읽기 시간을 가져 보세요.

형제자매가 있다면 아이들끼리 활동하도록 권해도 좋습니다.

파닉스를 막 끝낸 시기에 책으로 할 수 있는 활동 중 하나는 파닉스 규칙에 맞는 어휘 또는 사이트 워드를 책 속에서 찾아보는 것입니다. 아이가 읽는 책 중에서 아이가 혼자 읽어 낸 글자, 또는 파닉스 규칙에 맞는 글자, 사이트 워드를 찾아 표시하도록 지도하세요.

Q23

사이트 워드란
무엇인가요?

'일견어휘'라고도 부르는 '사이트 워드(Sight Words)'는 파닉스 규칙에 맞지 않지만 영어책에 아주 빈번하게 나오는 어휘입니다. 파닉스 규칙에 맞지 않으므로 파닉스 규칙대로 읽으면 실제 발음과 달라지죠. 그런데 이런 어휘의 비중이 생각보다 많습니다. 사이트 워드를 따로 익히지 않으면 파닉스 규칙을 배워도 읽지 못하는 어휘들이 많지요. 더군다나 우리나라에서 출간되는 EFL 환경의 파닉스 교재들은 대부분 1음절짜리 어휘만 다룹니다. 그러므로 사이트 워드를 익히는 과정이 꼭 필요합니다.

"규칙에 어긋나는 사이트 워드가 이렇게나 많은데 파닉스를 꼭 해야 할까요?"라고 묻는 분들도 있습니다. 그런데 우리가 기본 규칙을 알지 못한 채 모든 어휘를 암기해야 한다면 어떨까요? 학습 기간이 상당하겠지요? 그러므로 파닉스와 사이트 워드 학습법 모두 놓쳐서는 안되는 중요한 과정입니다.

❚❚❚ 암기 방법이 따로 있나요?

사이트 워드는 파닉스 규칙에 맞지 않을 뿐만 아니라 동사나 명사 등 내용어보다 기능어가 더 많습니다. 기능어란 'a', 'the', 'and', 'than' 등 문장을 구성할 때 문법적 역할을 담당하는 어휘들을 말합니다. 그래서 사이트 워드는 영어와 한글 뜻을 1:1로 매칭하기 어렵습니다. 한글 뜻을 암기하기보다는 읽기에 집중해야 합니다.

예를 들면, 'have'와 'has'가 각각 목록에 속해 있습니다. 이 두 단어의 의미를 파악하는 것이 중요한 것이 아니라 'have'를 보고 [hæv]로, has를 보고 [hæz]로 읽어 낼 수 있느냐에 초점을 맞춰야 한다는 것입니다. 궁극적으로 의미를 몰라도 되냐고 물으면 물론 아닙니다. 하지만 사이트 워드를 학습해야 하는 초기 학습 단계에서는 읽어 내는 활동이 더 중요하다고 볼 수 있습니다.

파닉스를 학습하는 중이거나 파닉스를 마치고 부족한 어휘를 채우기 위해 사이트 워드를 학습하는 경우가 많으므로 읽기에 집중해야 한다고 했습니다. 그렇다면 얼마만큼 학습해야 하는 걸까요? 돌치 리스트이든, 프라이 리스트이든 상관없이 200개 정도를 암기하면 부족하지 않을 겁니다. 미국 기준으로 초등 2학년 학생들에게 권장하는 사이트 워드 수준입니다. 이 정도의 사이트 워드를 읽어 낼 수 있다면 파닉스 이후 영어책을 읽을 때 어려움이 많이 해소될 것입니다.

❚❚❚ 언제쯤 시작해야 할까요?

양도 중요하지만, 시기도 중요합니다. 저는 파닉스의 단모음을 시작하는 시기에 사이트 워드 학습도 시작할 것을 권합니다. 어떤 분들은 파닉스 따로, 사이트 워드 따로라고 생각하는데요. 언어를 배울 때 하나의 절차가 끝나고 다음 절차로 넘어가는 경계를 무 자르듯 뚝뚝 자를 수는 없습니다. 경계 없이 유기적으로 연결되고 일부 교집합이 생기면서 성장해 나가는 것이지요.

그래서 사이트 워드 학습은 파닉스를 배우는 단계에서 반드시 병행해야 합니다. 알파벳의 26개 개별 음가를 배우고 나면 파닉스 2단계인 단모음을 배웁니다. 이 단계에서 비로소 우리는 블렌딩 과정을 거칩니다. 'c'+'a'+'t'처럼 개별 음가를 조합해 하나의 단어로 읽어 내는 과정이지요. 이를 배울 때 블렌딩 과정으로 읽는 것이 아니라, 한눈에 통문자로 인식해 읽어야 하는 사이트 워드가 있음을 인지해야 합니다.

앞서 말했듯이 200개 가량의 사이트 워드는 단모음 단계에 모두 학습하는 것이 아닙니다. 단모음 단계부터 시작해서 이중모음을 배우는 시기까지 나누어 학습하면 됩니다. 파닉스 학습이 끝날 무렵 최소 200개 이상의 사이트 워드 학습이 이루어져야 합니다. 사이트 워드만 한 권으로 묶어 놓은 교재도 있지만 소개하는 리스트로 학습해 보세요. 온라인에서 무료로 내려받아 쓸 수 있는 자료를 출력해 사용해도 좋습니다. 이 두가지를 병행하면 아이가 영어책을 훨씬 수월하게 읽어 낼 수 있을 것입니다.

[돌치 목록 Dolch List]

Pre-Primer	Primer	First Grade	Second Grade	Third Grade
the	he	of	would	if
to	was	his	very	long
and	that	had	your	about
a	she	him	its	got
I	on	her	around	six
you	they	some	don't	never
it	but	as	right	seven
in	at	then	green	eight
said	with	could	their	today
for	all	when	call	myself
up	there	were	sleep	much
look	out	them	five	keep
is	be	ask	wash	try
go	have	an	or	start
we	am	over	before	ten
little	do	just	been	bring
down	did	from	off	drink
can	what	any	cold	only
see	so	how	tell	better
not	get	know	work	hold
one	like	put	first	warm
my	this	take	does	full
me	will	every	goes	done
big	yes	old	write	light
come	went	by	always	pick

blue	are	after	made	hurt
red	now	think	gave	cut
where	no	let	us	kind
jump	came	going	buy	fall
away	ride	walk	those	carry
here	into	again	use	small
help	good	may	fast	own
make	want	stop	pull	show
yellow	too	fly	both	hot
two	pretty	round	sit	far
play	four	give	which	draw
run	saw	once	read	clean
find	well	open	why	grow
three	ran	has	found	together
funny	brown	live	because	shall
	eat	thank	best	laugh
	who		upon	
	new		these	
	must		sing	
	black		wish	
	white		many	
	soon			
	our			
	ate			
	say			
	under			
	please			

1st 100 Words				
a	about	all	an	and
are	as	at	be	been
but	by	called	can	come
could	day	did	do	down
each	find	first	for	from
get	go	had	has	have
he	her	him	his	how
I	if	in	into	is
it	like	long	look	made
make	many	may	more	my
no	not	now	number	of
oil	on	one	or	other
out	part	people	said	see
she	sit	so	some	than
that	the	their	them	then
there	these	they	this	time
to	two	up	use	was
water	way	we	were	what
when	which	who	will	with
words	would	write	you	your

2nd 100 Words				
after	again	air	also	America
animal	another	answer	any	around
ask	away	back	because	before
big	boy	came	change	different

does	end	even	follow	form
found	give	good	great	hand
help	here	home	house	just
kind	know	land	large	learn
letter	line	little	live	man
me	means	men	most	mother
move	much	must	name	need
new	off	old	only	our
over	page	picture	place	play
point	put	read	right	same
say	sentence	set	should	show
small	sound	spell	still	study
such	take	tell	things	think
three	through	too	try	turn
us	very	want	well	went
where	why	work	world	years

Q24

파닉스를 마쳐도
글을 읽지 못하면 어쩌죠?

파닉스 학습을 어디서 어떻게 했느냐에 따라서 아이들의 성과에 많은 차이가 있다는 것을 느낍니다. 파닉스 교재를 직접 만들고 그 교재로 제 아이를 비롯해 여러 학생들을 가르치면서 몇 가지를 알게 되었습니다. 교재에서 다루는 기본 이론을 학습하지 않고 문제 풀이에만 집중한 아이들, 학원에서 놀이식으로 게임만 하면서 익힌 아이들 등 여러 유형의 학생들이 있었습니다. 저마다 다른 학습법으로 영어를 익힌 아이들끼리 왜 격차가 생기는지, 기본적으로 어디가 문제인지 살펴보았지요. 그 결과 파닉스를 배웠는데도 잘 읽지 못하는 학생들의 공통점을 몇 가지 발견했습니다.

파닉스 규칙을 챙기지 않은 경우

서점에 가 보면 교재들이 알록달록 예쁘게 잘 나와 있습니다. 그런데 그 교재들을 어떻게 활용하나요? 교재가 화려할수록, 아이의 연령이 어릴수록 그림에 치중하게 됩니다. 또 여러 가지 스티커, 색칠하기 활동을 통해 문제를 푸는 행위에만 집중하는 경우가 많습니다. 물론 문제를 푸는 것 자체는 괜찮습니다. 그런데 중요한 개념을 모른 채 문제만 풀면 결국 암기밖에 되지 않는 셈이죠. 파닉스 학습은 개별 소리가 어떻게 나는지, 알파벳 단계에서 대표 음가는 무엇인지, 그 음가들을 어떻게 블렌딩하는지 아는 것이 중요합니다. 그런데 그보다 문제 풀이와 진도에 집착하다 보면 어떻게 될까요? 다 푼 문제집은 쌓이는데 아이는 파닉스의 기본 규칙을 모르게 됩니다.

파닉스 책을 한 단원씩 가정에서 진행한다면 해당 단원에 나오는 단어를 그림 힌트 없이 스스로 읽어 내는 것에 목적을 두어야 합니다. 아이들이 선을 긋거나 스티커를 붙이는 활동을 할 때 모두 알고 한다는 생각은 착각입니다. 반은 알고 반은 모를 가능성이 더 높습니다. 문제를 맞고 틀리는 것이 중요한 게 아닙니다. 꼭 단원에서 제시한 어휘를 모두 읽어 낼 수 있는가에 초점을 맞춰야 합니다. 그리고 어휘는 반드시 그림 없이 읽을 수 있는 수준으로 해결하고 넘어가야 합니다. 파닉스 학습을 소홀히 하지는 않았는지 확인해 보세요.

▮▮▮ 기본 모음이 흔들리는 경우

알파벳 단계에서부터 자음과 모음을 구분해서 알려 주면 좋은데요. 알파벳의 개수가 26개이고, 음소가 44개이기 때문에 알파벳의 조합을 통해 추가 소리를 만들어야 하는 문제가 있습니다.

알파벳에서는 모음 'a', 'e', 'i', 'o', 'u' 역할이 매우 큽니다. 단모음, 장모음, 이중모음 등 조음의 위치가 한 개인지 두 개인지에 따라 소리가 달라지죠. 이 과정을 학습하는 것이 파닉스인데요. 하루아침에 모든 모음을 해결하겠다고 접근하기보다는 모음의 대표 소리를 기억하는 것에 집중해 보세요.

아이들은 생각보다 자음 소리 구분을 잘합니다. 하지만 모음은 어떤 자음과 결합하느냐에 따라 소리가 변하기 때문에 매번 어려워합니다. 그래서 단모음 소리가 탄탄하게 학습된 뒤에 장모음 학습을 진행하는 것이 좋습니다.

▌◤◥ 사이트 워드를 병행하지 않은 경우

파닉스 책은 다 마쳤는데 사이트 워드 학습을 따로 하지 않은 경우도 있습니다. 파닉스 교재에 나와 있는 사이트 워드만 겨우 본 정도일 수도 있지요. 그렇다면 다음을 체크해 보세요. 앞서 사이트 워드 파트에서도 말했듯이, 파닉스 전체 과정을 진행하는 동안 사이트 워드 200개 정도 암기하는 것을 목표로 진행해야 합니다. 사이트 워드는 파닉스 규칙이 적용되지 않습니다. 뜻도 명확하게 전달하기 어려운 기능어들이 섞여 있기 때문에 통암기 방식을 취해야 합니다.

아이들이 단어를 모두 암기할 때까지 반복해 쓰기를 시키라는 말은 아닙니다. 단어를 보고 "아, 이건 많이 본 글자인데? 이건 이렇게 읽는 것 같아." 하는 생각이 들 정도로 익히면 됩니다. 사이트 워드 목록을 출력해서 잘 보이는 곳에 두고 아이들이 파닉스 학습을 하는 시기에 반복적으로 노출해 주세요.

"교재 안에도 사이트 워드가 나오길래 교재만 사 주고 사이트 워드를 따로 학습하진 않았어요."라고 이야기하는 분들도 있습니다. 교재 스토리 안에 제시되는 사이트 워드는 당연히 읽고 넘어가야 합니다. 하지만 그것만으로는 부족한 면이 있기 때문에 추가 학습이 불가피합니다. 인터넷에서 무료로 쉽게 다운로드를 받아 볼 수 있는 돌치, 또는 프라이 리스트를 출력해서 학습시켜 주세요. 문제 풀이가 필요하다고 느낀다면 사이트 워드만을 위한 교재도 최근에 많이 출간되고 있으니 참고하세요. 기존에 없던 종류의 교재가 나온다는 것은 그만큼 수요가 있다는 뜻이겠지요. 예전에 비해 사이트 워드의 중요성이 잘 알려진 듯합니다.

▮ W 책 읽기를 병행하지 않은 경우

파닉스 교재도 마쳤고, 학원에서 꼼꼼하게 봐 주었고, 사이트 워드도 공부했는데 왜 여전히 영어책을 못 읽는지 궁금한 분들이 있을 겁니다. 대부분의 아이들은 파닉스 교재만 꼼꼼히 해도 어느 정도 읽을 수는 있습니다. 하지만 아이들마다 학습 역량이 다릅니다. "보통 이 정도 하면 읽던데?"라는 기준을 맹목적으로 따르면 안 됩니다. 일반적으로 그렇다고 해도 내 아이는 아닐 수 있기 때문입니다. 영어를 잘하지만 파닉스라는 영역은 어려워하는 친구들도 있거든요. 실제로 저희 큰아이도 그랬습니다. 영어 자체를 무척 좋아하는 아이지만 파닉스의 규칙을 학습하는 것은 어려워했답니다. 아이마다 성향이나 학습 능력에 차이가 있으므로 혹시 아이가 잘 따라가지 못한다면 영어책 읽기 병행이 부족한지 체크해 보세요.

영어책은 우리 아이들이 궁극적으로 읽어야 하는 텍스트입니다. 그 속에는 파닉스 규칙에 맞는 어휘와 사이트 워드가 함께 있고, 여러 난이도의 어휘가 섞여 있습니다. 또한 영어책을 읽는 행위는 영어에 흥미도를 높이고 영어에 대한 감정을 긍정적으로 이끄는 방법이기도 합니다.

▌Ⅵ 유창성 훈련을 하지 않은 경우

이 경우는 파닉스 학습이 덜되었다고 보기는 어렵습니다. 어느 정도 읽어 내는 수준일 경우도 많고요. 부모 욕심에 파닉스를 마치기만 하면 영어 문장을 술술 읽을 것이라고 기대하는 것이 문제지요. 하지만 우리가 한글을 배울 때도 유창하게 읽는 데까지는 시간이 걸리기 마련입니다. 또 영어는 모국어와 달리 듣기 노출이 충분하게 되지 않을 수 있습니다. 그렇다 보니 영어를 자연스럽게 말하는 단계가 지연되는 것이지요.

이럴 때 유창성 연습이 필요합니다. 아래 유튜브 채널의 영상을 참고해 보세요. 외국에서 초등학생들을 대상으로 어떻게 유창성 연습을 하는지 볼 수 있습니다. 유창성 연습을 해야 하는 친구들은 자연스럽게 읽기 위해 시간을 재서 빠르게 읽는 방법을 연습하게 하세요. 1분 안에 읽는 단어 수를 체크하고 중간에 틀린 경우는 그 숫자만큼은 빼고 셉니다. 이렇게 연습하다 보면 읽는 속도가 빨라지고 연음 학습에 도움이 됩니다.

★ 유창성 훈련에 도움이 되는 영상 ★

ChestateeES

JoAnn Motta

Q25

아이가 챕터북으로 넘어가기
힘들어해요

물은 온도가 99도까지 올라도 마지막 1도를 올리지 못하면 절대 끓지 않습니다. 여러분은 어떤 일의 임계점을 넘어 본 적이 있나요? 이 책을 읽고 계신 부모라면 아마도 공부가 됐든 일이 됐든 어느 지점에서 임계점을 넘어 본 경험이 다들 있을 거라고 믿습니다. 그러기에 자녀들 역시 임계점을 넘는 경험을 해 보길 바라겠지요. 그 지점을 지나면 다음 스텝으로 갈 수 있다는 걸 아니까요.

영어책 읽기를 가정에서 진행하는 많은 부모들은 챕터북으로 넘어가는 시기를 임계점으로 생각합니다. 이 지점을 넘으면 한 단계 더 도약할 것 같다는 느낌은 있지만 도대체 뭘 어떻게 해야 할지 감이 안 오죠? 물론 아무런 저항 없이 쉽게 챕터북으로 넘어가는 아이들도 있습니다. 하지만 열에 한 명 있을까 말까 한 아이와 내 아이를 비교하진 마세요. 또한, 뛰어난 아이들도 그 단계에 이르기까지 오랜 준비 운동이 있었음을 간과하지 마세요.

▌▚▌ 챕터북으로 넘어가기 위한 전제 조건

요즘은 예전에 비해 챕터북으로 넘어가기가 한결 수월해졌습니다. 그래픽 노블이나 얼리 챕터북 단계들이 나오는 덕분에 리더스를 읽다가 그리 어렵지 않게 넘어갈 수 있습니다. 하지만 그렇게 발을 들여놓더라도 챕터북은 만만하게 볼 대상이 아닙니다. 챕터북은 갱지로 만들어진 데다가 글씨도 빼곡해서 초등학생들이 쉽게 재미를 붙이고 읽기 힘들거든요. 그래서 아이의 학년이 어느 정도 담보가 되어야 합니다.

저학년인데 챕터북을 술술 읽는 아이들을 보며 부모는 '내 아이는 어쩌나' 싶어 불안합니다. 하지만 한글책을 기준으로 생각하면 그리 불안해할 일이 아닙니다. 또래보다 말이 빠르고 유창하다고 해서 그 아이가 해당 학년 수준보다 어려운 책을 재밌어하고 술술 읽는 건 아닙니다. 아이들마다 성향이 다르고 좋아하는 분야가 다르니까요. 그런데도 영어책은 분야나 장르 상관없이 다른 아이가 읽는다니 꼭 읽어야 할까요? 그것도 이왕이면 높은 AR 지수의 책을요? 전혀 그럴 필요가 없습니다. 해당 학년의 인지 수준에 맞는 책을 권해야 아이가 재밌게 읽을 수 있습니다. 책에서 우리가 얻고자 하는 것은 공감 아닐까요? 실제로 경험하지 못한 것을 책에서 간접적으로 경험하는 것이므로 공감이 없는 독서에는 알맹이도 없습니다.

챕터북은 보통 AR 지수 기준으로 4점대 이후의 책들이 많습니다. 그래서 챕터북으로 넘어오기 위해서는 2, 3점대의 책을 차고 넘치게 읽을 필요가 있습니다. 한글책도 동화책을 충분히 읽어야 문고판으로 넘어가기 수월한 것과 같은 이치입니다. 제 이야기를 들으면 이게 당연하다고 느끼겠지만 생각보다 많은 부모가 이 과정을 제대로 밟지 못하고 있습니다. 그 이유는 두 가지가 아닐까 싶습니다.

첫째는 많은 학부모가 잘 모르고 있기 때문입니다. 지금까지 영어책을 접해 왔고 학년이 올라가고 나이가 되니 챕터북 정도는 읽어야 한다고 생각하는 것 같아요. 하지만 정말 많이 읽고 기본이 탄탄한 아이들이 학년이 올라갈 때 챕터북으로 자연스럽게 넘어가는 겁니다. 두 번째는 마음이 조급한 경우입니다. 모르는 게 약이라는 말이 있죠. 정보가 너무 많은 학부모는 우리 아이만 뒤처지는 게 아닌가 걱정이 돼서 챕터북으로 넘어가는 시기를 재촉합니다. 많은 정보를 보고 듣지만 부모가 전문가와 다른 지점이 하나 있습니다. 바로 다양한 표본을 보지 못한다는 것이죠.

저도 아이를 키우는 엄마이지만, 제 중심을 잡고 아이들을 양육할 수 있는 힘은 따로 있습니다. 제가 제 아이만 보는 것이 아니기 때문입니다. 또래의 다양한 아이들을 보는 덕분에 현재 내 아이가 걱정할 수준이 아님을 실감합니다. 소셜 미디어에 올라오는 아이들이나, TV에 나오는 아이들은 몹시 특출난 아이들이란 걸 알아야 합니다. 그렇게 중심을 잡고 아이를 바라보세요. 아이가 당장 챕터북을 읽지 못하더라도 성실하게 영어 독서를 하고 있다면 칭찬과 격려를 아끼지 마세요.

▌▚▌ 낙담의 골짜기

혹시 '낙담의 골짜기'라는 말을 들어 본 적이 있나요? 우리가 어떤 목표를 가지고 일할 때 처음에는 의욕이 충만해 뭐든 이뤄 낼 수 있을 것만 같지요. 하지만 일정 기간이 지나면 갑자기 불안감이 엄습합니다. 매일 뭔가를 하고 있고 나아가야 할 방향으로 가고 있는 것 같긴 한데, 과연 내 목표를 이룰 수 있을까 고민이 생깁니다. 내가 하고 있는 일에 성과가 나타날지, 제대로 성장하고 있는지 의문이 드는 지점에 이르지요. 그 지점을 낙담의 골짜기라고 부릅니다.

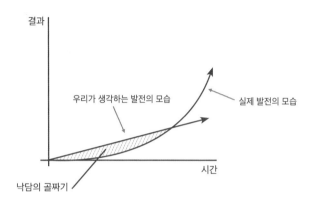

위 그래프에 빗금친 부분이 바로 낙담의 골짜기입니다. 우리는 지금 하고 있는 일에 대한 결과를 알지 못한 상태에서 지속해야 하기 때문에 심리적으로 힘듭니다. 그리고 어떤 일이든 처음엔 의욕적으로 시작하지만 중간 단계부터는 지지부진합니다. 하지만 그 지난한 중간 단계를 겪어 내지 않으면 좋은 결과를 낼 수가 없습니다.

영어책 읽기도 비슷한 것 같습니다. 당장에 결과나 성과가 보이지 않지만 멈추면 더 나아갈 수 없지요. 아이들은 이런 느낌이 더 강하게 들 겁니다. 뭐든 처음 해 보는 일이니까요. 그래서 부모의 역할이 중요합니다. 무조건 채찍만 줄 것이 아니라 큰 그림을 보여 주고 격려와 칭찬을 아끼지 않는 것이 조력자로서 부모가 해야 할 일이겠지요.

▌▌∖∖ 구체적인 방법이 있나요?

그렇다면 어떻게 규칙적으로 영어책을 읽게 할 수 있을까 고민이 될 것입니다. 제가 집에서 하는 방법을 기준으로 설명하려 합니다. 워킹맘인 저 역시 아이들을 가르치면서 안 해 본 방법이 없었지요. 아이가 크면서 바꾸고 조율해야 하는 부분들이 생겼고, 첫째와 둘째가 성향이 달라 접근 방식을 달리해야 하는 부분들도 있었습니다. 한 가지 방법으로 한두 번 해 보고서 바로 포기하는 부모가 많습니다. 하지만 여러 번 반복해 시도해야 합니다. 또 아이들이 금세 지치고 힘들어하더라도 참고 기다려 줘야 합니다. 저는 다음과 같은 방법을 씁니다. 여러분도 시도해 보세요.

첫째, 챕터북의 첫 챕터는 무조건 부모가 읽어 줍니다. 챕터북을 청독으로 시작하는 것이지요. 저는 챕터 1은 늘 직접 읽어 주었습니다. 첫 번째 챕터를 읽어 주면 엄마도 챕터북을 읽게 되는 계기가 됩니다. 한 번도 읽어 보지 않고 아이에게만 읽으라고 하는 분들 많지요? 이번 기회에 첫 번째 챕터라도 도전해 보세요. 생각보다 재밌답니다.

저는 이 방법으로 〈매직 트리 하우스(Magic Tree House)〉 시리즈의 첫 번째 챕터만 다 읽었습니다. 부모가 읽어 주면 아이는 더욱 집중합니다. 대부분 첫 챕터는 짧은 편입니다. 아이의 집중을 유도하고 뒷부분은 아이에게 넘깁니다. 그냥 혼자 읽어도, 오디오를 틀고 따라 읽어도 좋습니다. "재밌어서 엄마도 읽고 싶지만, 엄마는 할 일이 너무 많으니까 뒷이야기 꼭 알려줘." 하고 사라지면 됩니다. 가끔은 제가 궁금해서 두 번째 챕터까지 읽어 준 적도 있어요. 아이와 더 긴 시간을 보내면 좋겠지만 첫 번째 챕터만이라도 함께 읽으면 아이가 챕터북에 입문하는 데 큰 도움이 됩니다.

둘째, 타이머를 이용합니다. 앞서 언급한 대로 챕터북을 읽는 시기에는 다독보다 정독을 해야 하는데요. 그래서 이 시기에는 읽은 권수보다는 시간을 기준으로 아이의 독서량을 체크해 주면 좋습니다. 제가 이용하는 방법 중 하나는 '비주얼 타이머'라는 앱이에요. 이 앱을 실행하고 책을 읽으면 시간이 줄어드는 것이 시각적으로 보여서 아이가 좋아합니다. 시간이 다 되면 알람 소리를 엄마도 같이 들을 수 있기 때문에 아이가 얼만큼 읽었는지 확인할 수 있습니다. 실물 시계도 있지만 저는 앱이 더 활용하기 편리한 듯합니다.

읽는 시간을 정할 때 비교적 구체적으로 정하세요. 대충 "오늘 책 몇 권 읽었어?" 내지는 "몇 권 읽을 거야?"라고 묻는 대신 방향을 조금 더 구체적으로 주는 것이지요. '행동 계기'라는 말이 있습니다. 어떤 일을 자꾸 미루는 습관을 교정하기 위한 하나의 방식인데요. 막연히 책 읽기를 목표로 두지 말고 '점심 식사 후 책 읽기'라던지, '영어 학원 가기 전 30분 책 읽기'처럼 구체적인 목표를 정해 주세요. 그러면 아이가 행동으로 옮기기 더 쉽습니다. 물론 결정은 아이와 합의해서 해야 합니다. 그 과정에서 아이가 언제 활력이 떨어지고 지치는지 알 수 있는데요. 그럴 땐 적절한 활동을 넣어 주면 좋겠다는 노하우도 생길 겁니다.

챕터북을 어렵게만 여기지 말고 도전해 보세요. 아이가 어려워하는 부분이 궁금할 땐 부모가 먼저 읽어 보세요. 그러면 답이 나옵니다. 생각보다 어렵습니다. 단순 어휘의 문제가 아니라 미국 문화를 잘 모르는 우리 아이들이 바로 이해하기 어려운 부분들이 많으니까요. 그러니 초반에는 부모가 함께 읽어 주세요. 아이들이 훨씬 수월하게 읽어 갈 것입니다.

8장

초등맘이 잊으면 안 되는
공교육 영어 5

Q26

2015 개정 교육과정 속
초등 영어 교과서 알아보기

엄마표 영어를 진행하는 많은 분들이 아이가 어렸을 때부터 영어 책 또는 영상을 보여 줍니다. 엄마표로 진행하지 못하는 분들도 사교육을 통해 영어 학습을 진행하고요. 그런데 공교육에 대한 정보는 상대적으로 빈곤해 보입니다. 공교육에서 이야기하는 교육과정에 대한 정보를 자세히 접할 기회가 아주 적거든요.

일반 학부모가 교육과정 전체를 찾아볼 일은 생각보다 적고, 본다고 해도 무슨 말인지 이해되지 않을 수 있습니다. 그럼에도 꼭 보아야 하는 부분과 초등 영어 교육과정 전반이 어떻게 진행되는지, 어떠한 교육 철학을 가지고 구성되어 있는지 살펴보려 합니다. 공교육이 그저 아쉽게만 느껴졌다면 무엇이 문제인지 이번 기회에 확인해 보세요.

"영어는 현재 국제적으로 가장 널리 통용되고 있는 언어로서 서로 다른 언어적 배경을 가진 사람들 간의 주요한 의사소통 수단이다. 따라서 글로벌 시대 및 지식 정보화 시대라는 변화에 부응하고 더 나아가 국제 사회에서 선도적인 역할을 수행하기 위하여 영어를 이해하고 표현하는 능력은 반드시 갖추어야 할 역량이 되었다. 이에 학교 영어 교육은 영어 의사소통 능력을 갖추고 세계인과 소통하며, 그들의 문화를 알고 우리 문화를 세계로 확장시켜 나갈 사람을 길러야 한다. 이를 위해 학습자가 영어에 대한 흥미와 관심을 갖고 이를 바탕으로 자기 주도적인 영어 학습을 지속할 수 있도록 이끄는 교육이 되어야 한다. 더불어 타인에 대한 배려와 관용, 대인 관계 능력은 2015 개정 교육과정이 추구하고 있는 주요 역량으로 학교 영어 교육을 통해 해당 역량을 함양할 수 있도록 해야 한다."

영어과 교육과정 서문에 나와 있는 내용입니다. 위 내용을 통해 우리나라 교육과정에서는 문자의 인식이나 글쓰기보다는 말하고 듣는 의사소통 역량을 강조하고 있음을 알 수 있습니다. 현 교과서는 이처럼 의사소통 기능 중심으로 구성되어 있는데요. A와 B가 차례로 이야기하는 패턴식 대화를 기본으로 교과서 내용을 꾸려 가고 있지요. '인사하기', '날짜 묻기', '쇼핑', '길 찾기' 등의 주제를 단원별로 구성하여 대화문을 연습하는 것이 핵심입니다. 이것을 의사소통 기능 중심이라고 이해하면 됩니다. 쉽게 이야기해서 회화책이지요. 다만 학년별로 주제가 다르고 포함하는 어휘도 다릅니다.

▌W 초등 영어 교육과정의 목표는?

초등 영어 교육과정에서 목표로 하는 것이 무엇이고 필요한 핵심 역량이 무엇인지 설명하려고 합니다. 우리나라 교육과정에서 목표로 하는 것은 글로벌 시대에 소통할 수 있는 언어를 습득하는 것입니다.

가. 영어 학습에 대한 흥미와 자신감을 기른다.

나. 자기 주변의 일상생활 주제에 관하여 영어로 기초적인 의사소통을 할 수 있다.

다. 영어 학습을 통해 외국의 문화를 이해한다.

어떤가요? 이상적이긴 하지만 실제로 교과서를 보면 자연스러운 대화문이 아닌 작위적인 느낌을 많이 받습니다. 이런 부분 때문에 많은 학부모가 공교육에 크게 관심을 두지 않고 실망스러워 하지요. 학교에서는 양질의 영어 학습을 할 수 없다고 생각하고요. 그러다가 아이가 중학교에 들어가서 내신을 관리해야 하는 시기가 되면 비로소 조급해집니다. 하지만 초등 교육과정에서 이수해야 하는 것이 제대로 되지 않으면 중학교에서 큰 격차를 느끼게 됩니다. 초등 목표는 사실상 상급 학교 과정을 위한 준비 단계이거든요.

> "중학교 영어는 초등학교에서 배운 영어를 토대로 학습자들이 기본적인 일상 영어를 이해하고 이를 사용할 수 있는 능력을 기름으로써 외국의 문화를 이해하고, 고등학교의 선택 교육과정 이수에 필요한 기본 영어 능력을 배양시키는 데 역점을 둔다. (중략) 우리 문화를 외국인에게 소개할 수 있는 의사소통 능력 배양을 유도한다."

중학교 영어는 초등학교에서 배운 것은 토대로 하기 때문에 처음부터 기초를 다져 두어야 합니다. 그렇다면 초등학교에서 구체적으로 어떤 내용을 배우고, 얼마나 성취하면 잘 수행했다고 할 수 있을지 살펴보겠습니다.

▮▮▮ 초등 영어 교육과정 성취 기준은?

아래는 초등 영어 3-4학년군과 5-6학년군에 대한 성취 기준입니다. 듣기, 말하기, 읽기, 쓰기 영역으로 구분되어 있습니다.

[초등학교]

영역	핵심 개념	일반화된 지식	학습 내용		기능
			3-4학년	5-6학년	
듣기	소리	소리, 강세, 리듬, 억양을 식별한다.	• 알파벳, 낱말의 소리 • 강세, 리듬, 억양	• 알파벳, 낱말의 소리 • 강세, 리듬, 억양	식별하기
	어휘 및 문장	낱말, 어구, 문장을 이해한다.	• 낱말, 어구, 문장	• 낱말, 어구, 문장	파악하기
	세부 정보	말이나 대화의 세부 정보를 이해한다.	• 주변 사람, 사물	• 주변 사람, 사물 • 일상생활 관련 주제 • 그림, 도표	파악하기
	중심 내용	말이나 대화의 중심 내용을 이해한다.		• 줄거리 • 목적	파악하기 추론하기
	맥락	말이나 대화의 흐름을 이해한다.		• 일의 순서	파악하기 추론하기
말하기	소리	소리를 따라 말한다.	• 알파벳, 낱말 • 강세, 리듬, 억양	• 알파벳, 낱말 • 강세, 리듬, 억양	모방하기
	어휘 및 문장	낱말이나 문장을 말한다.	• 낱말, 어구, 문장	• 낱말, 어구, 문장	모방하기 표현하기 적용하기
	담화	의미를 전달한다.	• 자기소개 • 지시, 설명	• 자기소개 • 지시, 설명 • 주변 사람, 사물 • 주변 위치, 장소	설명하기 표현하기
		의미를 교환한다.	• 인사 • 지시, 설명	• 인사 • 일상생활 관련 주제 • 그림, 도표 • 경험, 계획	설명하기 표현하기

영역	핵심 개념	일반화된 지식	학습 내용		기능
			3-4학년	5-6학년	
읽 기	철자	소리, 강세, 리듬, 억양을 식별한다.	• 알파벳 대소문자 • 낱말의 소리, 철자	• 알파벳 대소문자 • 낱말의 소리, 철자 • 강세, 리듬, 억양	식별하기 적용하기
	어휘 및 문장	낱말이나 문장을 이해한다.	• 낱말, 어구, 문장	• 낱말, 어구, 문장	파악하기
	세부 정보	글의 세부 정보를 이해한다.		• 그림, 도표 • 일상생활 관련 주제	파악하기
	중심 내용	글의 중심 내용을 이해한다.		• 줄거리, 목적	파악하기 추론하기
	맥락	글의 논리적 관계를 이해한다.			파악하기 추론하기
	함축적 의미	글의 행간의 의미를 이해한다.			추론하기
쓰 기	철자	알파벳을 쓴다.	• 알파벳 대소문자	• 알파벳 대소문자	구별하기 적용하기
	어휘 및 어구	낱말이나 어구를 쓴다.	• 구두로 익힌 낱말, 어구 • 실물, 그림	• 구두로 익힌 낱말, 어구 • 실물, 그림	모방하기 적용하기
	문장	문장을 쓴다.		• 문장부호 • 구두로 익힌 문장	표현하기 적용하기
	작문	상황과 목적에 맞는 글을 쓴다.		• 초대, 감사, 축하 글	표현하기 설명하기

3-4학년군 부분에서 살펴봐야 할 것이 바로 알파벳과 파닉스입니다. 많은 학부모의 고민이기도 하지요. 학교에서 영어를 배우기 전에 파닉스를 떼고 가야 하나 말아야 하나가 늘 문제입니다.

앞서 파닉스 파트에서 언급한 것처럼 알파벳과 파닉스에 대한 내용이 초등 3-4학년군 성취 기준에 포함되어 있긴 하지만, 실제 현장에서 수업하는 시간이 현저히 부족합니다. 게다가 한 반에 20명 가량의 아이들을 두고 강의식으로 파닉스를 떼는 것은 쉽지 않은 일이며 영어 전담 교사가 일일이 설명해 줄 수 있는 상황이 아닙니다. 첫 단원부터 인사하기 등의 자연스러운 대화를 말로 내뱉고, 간단한 사물의 어휘는 읽어 낼 수 있는 수준이 되어야 학교 수업을 무난하게 따라갈 수 있습니다. 긍정적인 영어 감정 조성과 자존감을 위해 약간의 선행은 필요하다고 조심스럽게 이야기해 봅니다.

▮▮ 2015 개정 교육과정의 여섯 가지 핵심 역량은?

교육부에서 요구한 2015 개정 교육과정에서의 핵심 역량 여섯 가지에 대해 이야기하려고 합니다. 다소 지루할 수 있지만 그래도 큰 그림을 그리는 데 도움이 될 거라 생각합니다. 또한 이는 외국어 영역에 국한된 것이 아닙니다. 우리 아이들이 미래에 갖추어야 할 역량임과 동시에 인재상이기도 합니다. 처음 두 가지는 공통 역량이고 이후의 네 가지는 영어과에서 특별히 더 갖추어야 할 역량입니다.

• 창의적 사고 역량

창의적 사고 역량은 말 그대로 새로운 것을 창조하는 능력입니다. 또 기존의 것에 융합하여 새로운 것을 창조해 내는 역량입니다.

• 심미적 감성 역량

앞으로 더욱 중요해질 부분입니다. AI 시대에서 인간의 심미적 감성은 무엇보다 중요한 가치로 자리 잡을 것이기 때문입니다. 언어를 배울 때도 예술 분야에 대한 역량을 융합해서 학습하길 권장합니다.

• 영어 의사소통 역량

영어과 역량에서 가장 중요한 부분입니다. 영어는 사실 본질적인 학문이라기보다는 도구적 학문입니다. 때문에 다양한 지식과 정보를 효과적으로 전달하느냐가 무엇보다 중요합니다.

• 자기 관리 역량

자기 관리 역량은 자기 주도 역량이라고 해도 과언이 아닌데요. 학습에 있어 메타인지를 높이고 스스로를 체크하며 자기 주도적으로 이끌어 가는 것을 말합니다. 삶과 진로에 필요한 기초 능력을 스스로, 주체적으로 신장시키는 역량입니다.

• 공동체 역량

이제 혼자서 무언가를 이뤄 내야 하는 시대는 지났습니다. '협업'을 통해 시너지를 내야 하는 시대이지요. 공동체 속에서 구성원 각자의 가치를 존중할 줄 알며 발전에 적극적으로 참여할 인재가 요구됩니다.

• 지식 정보 처리 역량

문해력이 중요한 시대이지요. 지식과 정보가 이미 넘치는 상황에서 그를 처리하는 방식이 중요한 시대입니다. 합리적 방식으로 정보를 처리하는 역량이 요구됩니다.

Q27

초등 3학년을 위한
교과서 연계 영어 독서법

초등 3학년은 저학년을 벗어난 첫 학년입니다. 나름 초등 생활 3년 차의 선배들이죠. 그리고 무엇보다 공교육에서 처음으로 영어를 시작하는 학년이기도 합니다. 그러므로 영어라는 과목에 있어서 초등 3학년은 다른 어느 학년보다 기준을 삼기 좋은 학년이지요.

초등 3학년이 되면 학교에서 영어를 배운다고 들었는데 어떤 내용으로, 어떤 수준으로 학습하는지 다들 궁금할 겁니다. 요즘은 아이들이 교과서를 학교 사물함에 두고 다니다 보니 학부모가 직접 살펴볼 기회도 없었고요. 그러다 코로나19로 가정 학습이 이루어지고 온라인 수업을 하면서, 공교육 영어 수업을 엿볼 기회가 생겼습니다. 곁에서 지켜보니 어땠나요?

대체로 공교육 영어 수업은 쉽다는 인상이 강한 편인데, 뜻밖에 어렵다고 느끼는 학부모도 많이 있습니다. 같은 내용과 수준의 교과서를 두고 왜 다른 평가를 내리는 걸까요? 그것은 아이들의 영어 학습 시기와 수준이 너무 제각각이기 때문입니다. 초등 교과서에 나오는 소재를 미리 경험해 본다면 학습 격차를 줄일 수 있을 것입니다. 선행 학습이라기보다는 주제별 패턴의 경험이라고 보면 됩니다. 그럼, 초등 3학년 영어 교과서에서 다루는 주제를 함께 볼까요?

[2015 개정 교육과정 5종 검정 교과서 3학년]

• 자기소개하기	Hello, I'm ooo.
• 물건이 무엇인지 묻고 답하기	What's this/that? – It's a ball.
• 지시하고 이에 답하기	Sit down, please. – Okay.
• 개수 묻고 답하기	How many apples? – Two apples.
• 물건을 가지고 있는지 묻고 답하기	Do you have a pencil? – Yes I do. / No, I don't.
• 색깔 묻고 답하기	What color is it? – It's blue.
• 좋아하거나 싫어하는 것 묻고 답하기	Do you like milk? – Yes, I do. / No, I don't.
• 묘사하기(사물, 동물의 특징)	It's big.
• 확인하고 수정하기	Is it a cat? – No, it isn't.
• 능력 여부 묻고 답하기	Can you jump? – Yes, I can. / No, I can't.
• 누구인지 묻고 답하기	Who's she? – She's my mom.
• 외모 묘사하기	She's pretty. He's / She's tall.
• 날씨 묻고 답하기	How's the weather? – It's sunny.
• 제안하고 이에 답하기	Let's play outside. – Okay.
• 나이 묻고 이에 답하기	How old are you? – I'm seven years old.
• 기원하기	Happy birthday!
• 금지하고 이에 답하기	Don't push, please. – Okay. / Sorry.
• 경고하기	Watch out!

표를 살펴보니 어떤가요? 초등 3학년에서 배우는 표현들이 기초적인 것처럼 보이나요? 하지만 알파벳도 모른 채 수업에 들어갔을 때를 고려하면 수행하기 꽤 힘들어 보이는 주제도 있습니다. 의사소통 중심 교육과정을 바탕으로 구성되었기 때문에 대화 패턴을 연습함으로써 일정 수준의 듣고 말하기를 성취할 수 있도록 설계되었죠.

보기와 달리 실제 수업 내용은 어렵지 않습니다. 학교에서 영어 전담 교사가 잘 교육해 줄 뿐만 아니라 노래와 패턴으로 수업을 진행하기 때문에 재미있고 충분히 따라갈 수 있지요. 하지만 지역간 격차는 분명 존재하고, 교사가 아무리 도움을 주더라도 아이가 전혀 영어를 접해 본 적 없이 3학년을 맞이한다면 조금 어려울 수 있습니다.

초등 3학년이 보면 좋은 영상이나 책을 미리 접해 보거나 학교 수업과 병행한다면 많은 도움이 될 것입니다. 사교육을 따로 받지 않은 아이, 또는 주변에 학원이 다양하지 않아 혜택을 받기 힘든 지역에 있는 아이들에게도 필요한 내용입니다. 온라인으로 쉽게 접할 수 있는 노래와 근처 도서관, 또는 온라인 서점에서 쉽게 구할 수 있는 책들로 선정해 보았습니다. 모든 것을 다 다룰 수는 없지만 대부분의 주제들은 유튜브에 소개되고 있습니다. 〈Super Simple Song〉, 〈English Singsing〉, 〈Kids123〉 등의 채널에서 궁금한 주제를 찾아보세요.

[인사하기 Greeting]

What's Your Name?

Hello Song

Hello Song for Kids

Greeting Song

[색깔 묻고 답하기 Color]

알록달록 색깔친구들 모여라

What's Your Favorite Color?

무지개 색상 노래

Colors

[날씨 Weather]

What's The Weather Like
Today

Weather Song for Kids

Weather

Kids Vocabulary - Weather
- How the weather?

[좋아하거나 싫어하는 것 묻고 답하기 I like~. / I don't like~.]

Do You Like Broccoli
Ice cream?

I Like Animals

I Like and I Don't Like

Like Don't Like

All About Weather

날씨에 관한 모든 것을 알려준다는 제목처럼 꽤 친절하고 자세히 기후변화에 관한 이야기를 다룬 책이다.

When Spring Comes

봄을 기다리는 아이들과 고양이의 모습을 잘 묘사한 책이다.

Tap the Magic Tree

책을 쌍방향으로 읽을 수 있는 것이 특징이다. 책에 나온 지시대로 책을 두드리면 다음 페이지에서 나무의 모양이 바뀐다. 나무의 모양이 바뀌는 것을 보여주며 사계절의 변화를 묘사했다.

Summer Wonders

미국을 배경으로 한 여름 풍경을 그림으로 나타낸 책이다. 그림 중간 중간에 어휘를 글자로 표시해주고 있어서 풍경 속에서 사물의 이름을 알아볼 수 있는 장점이 있다.

Snow

날씨에 관한 단순 지식을 전달해주는 것이 아니라 스토리를 가지고 있는 동화책이다.

The Color Monster

팝업북 형태의 책으로, 몬스터를 통해 색을 나타낸다. 마치 색에 감정이 들어있는 듯 한 느낌을 받을 수 있다.

A Color of His Own

색이 자꾸 바뀌어서 자신만의 색을 찾고 싶어 하는 카멜레온의 이야기를 다룬 책이다.

Color Zoo

모양, 색깔, 동물 이름까지 모두 배울 수 있는 보드북이다.

Color Surprises

색이 각기 다른 사각형 모양을 열면 다양한 동물들이 등장하는 팝업북이다.

Colors

색과 그 색에 해당하는 물건을 짝지어 그림과 함께 표현한 책이다.

Maisy's First Colors

유명한 캐릭터인 메이지가 색을 설명해주는 내용의 책이다.

Numbers

숫자와 해당 사물을 제시해주는 어린이용 보드북이다.

The Right Number of Elephant

아이와 코끼리 친구의 이야기를 담은 따뜻한 내용의 동화이다. 여기저기 숨어있는 코끼리 수를 세는 재미가 쏠쏠하다.

Bear in a Square

한권의 그림책 안에서 사각형, 삼각형, 원, 하트 등 여러 가지 형태의 모양 이름을 배울 수 있다.

Sizes

크기를 구분할 수 있게 구성된 조작북이다. 비교급과 최상급까지 다루고 있어서 도움이 된다.

You Are Not Small

big과 small의 차이는 절대적 기준이 아닌 상대적 기준일 수 있다는 개념을 알려주는 책이다.

Q28

초등 4학년을 위한
교과서 연계 영어 독서법

[2015 개정 교육과정 5종 검정 교과서 4학년]

• 감정 상태 묻고 답하기	Are you happy? – Yes, I am. / No, I'm not.
• 사물의 위치 묻고 답하기	Where is my bag? – It's on the desk.
• 시각 묻고 답하기	What time is it? – It's eleven forty.
• 물건의 주인인지 묻고 답하기	Is this your watch? – Yes, it is. / No, it isn't.
• 직업 묻고 답하기	What do you do? – I'm a pilot. What does he/she do? – He's/She's a singer.
• 현재 하고 있는 동작 묻고 답하기	What are you doing? – I'm singing.
• 가격 묻고 답하기	How much is it? – It's 500 won.
• 생활 습관 묻고 답하기	Do you eat breakfast every day? – Yes, I do. / No, I don't.
• 요일 묻고 답하기	What day is it? – It's Friday.
• 음식 권하고 이에 답하기	Do you want som ice cream? –Yes, please. / No, thanks.

4학년들은 학교에서 어떤 내용의 영어를 배울까요? 앞서 전한 것과 같이 교육과정이 3-4학년군으로 묶여 있기 때문에 출판사들은 3-4학년군 전체 내용을 각 학년에 적절히 배분합니다. 그러므로 3학년에서 다뤘던 내용은 빼고 4학년에 주로 많이 배치된 주제들만 가져왔습니다. 또한 함께 보고 읽으면 좋을 주제별 추천 영상과 도서도 소개합니다.

[날씨 Weather]

Feelings

Feelings and Emotions
Song for Kids

Kid Vocabulary - Feel -
Are you happy?

The Feelings Song

[직업 Job]

Kid Vocabulary - Jobs -
Let's learn about jobs

Jobs Song for Kids

Jobs and Occupations

100 Kids Tell Us What They
Want to Be When They Grow Up

Kids Vocabulary My Day –
Daily Routine

Our Favorite Kids Songs
About Good Habits

The 7 Habits of Happy Kids

What Do You Do Every Day?

[가격, 물건 사기 Shopping]

Supermarket Song Kids
doing Grocery Shopping

Let's Go Shopping

Supermarket

How Much Is This
Pencil Case?

When Sophie Gets Angry - Really Really Angry

주인공 소피가 동생 때문에 화가 난 모습을 단계적으로 표현하고 있다. 이 책을 읽을 때 아이들은 감정이입이 되어 실컷 소리를 지르기도 한다. 감정 중에 화가 나는 감정을 묘사한 책이다.

Guess How Much I Love You

사랑하는 감정에 대해 함께 이야기해 볼 수 있는 책이다.

I Really Want the cake

무언가를 갈망할 때의 감정을 자세하게 묘사한 책이다. 〈I really want~〉 시리즈가 여러 권 있다.

Pigeon 시리즈

모 윌렘스(Mo Willems) 작가의 시리즈 중 하나이다. 불평불만이 많은 비둘기가 나와서 지적을 하거나 불만을 이야기 한다. 이런 감정들을 어떻게 해소하고 해결하는지 잘 나와 있는 책이다.

David 시리즈

주인공 데이비드(David)는 말썽꾸러기이다. 하지 말라는 일은 다 하고보는 주인공의 이야기에 많은 아이들이 공감하면서 읽는다.

Clothline Clues to Jobs People do

빨랫줄에 걸린 옷을 보고 그 사람의 직업을 추측해보는 내용의 책이다.

Curious George 시리즈

시리즈 중에 직업과 관련된 소재를 다루고 있는 책이다.

The Berenstain Bears 시리즈

〈Berenstain Bears〉 시리즈 중에서 직업과 관련된 소재를 다루고 있는 책이다.

I Want to Be an Astronaut

영국 유명 그림 작가인 앤서니 브라운(Anthony Browne)의 작품이다. 우주비행사가 되고 싶다는 제목처럼 꿈이 우주비행사인 주인공이 등장한다. 그림을 통해 우주비행사가 어떤 일을 하는지 간접경험을 해볼 수 있다.

I Want to Be a Doctor

시리즈 중에 직업과 관련된 소재를 다루고 있는 책으로 의사가 되고 싶어 하는 여자아이의 이야기이다.

I Want to Be

〈Little Princess〉 시리즈 중에 장래희망에 관한 이야기를 다룬 책이다. 말괄량이 공주가 자신이 되고 싶은 것에 대해 이야기하는 내용이다.

Mr. Panda 시리즈

이 시리즈는 다 읽어보면 좋다. 미국에서 예의바른 표현이나 행동에 대해 잘 알려주는 책이다.

Max and Ruby

애니메이션으로 더 익숙한 캐릭터이다. 책으로도 나와 있는데 식습관이나 생활습관 등을 배울 수 있는 내용이 포함되어 있다.

Good Night, Gorilla

잠자리 인사인 Good night만 나오는 책이다. 동물원의 동물이 차례로 나와 사육사를 따라가는 모습은 익살스럽다.

Still Stuck

《벗지 말걸 그랬어》라는 우리말로 번역이 된 책이다. 옷을 벗다가 머리가 낀 상황을 익살스럽게 묘사했다.

Maisy 시리즈

메이지는 영국 캐릭터이다. 영국과 미국의 표현, 생활양식 등의 차이를 비교해보는 재미가 있다.

Peppa Pig 시리즈

Max and Ruby의 영국식 버전이다. 영국 가정의 일상을 잘 보여주는 책이다.

Q29

초등 5학년을 위한
교과서 연계 영어 독서법

　　초등 5-6학년군은 초등 3-4학년군과 달리 한 단계 레벨 업이 되는 느낌이 있습니다. 성취 기준에 차이도 있으며 전반적인 난이도가 높죠. 그리고 처음으로 본문에 리딩 단락글이 등장합니다. 3-4학년군에서는 패턴이 있는 대화문만 등장했다면 고학년은 본격적인 리딩을 시작하는 단계입니다.

　　영어에서는 말하고, 듣고, 읽고, 쓰는 네 가지 기능이 유기적으로 이어져 있습니다. 그래서 리딩이 본격적으로 등장하는 초등 5-6학년군에서 특히 집중하는 것이 쓰기 영역입니다. 많은 학원이나 학교에서 초등 고학년이 되면 문법 공부도 해야 한다고 이야기하는 이유가 바로 여기에 있습니다. 문법의 기본 규칙을 알아야 독해와 쓰기 역량을 높일 수 있기기 때문입니다.

　　초등 3-4학년군과 비교하여 5-6학년군에서 바뀌는 성취 기준 중 눈에 띄는 것은 '주변 사람', '사물의 위치', '장소에 대한 이야기', '그림과 도표를 활용한 말하기', '줄거리를 순서대로 말하기', '초대', '감사', '축하의 글쓰기'입니다. 국내 5종 교과서에서 공통으로 가지고 있는 주제별 내용을 살펴 볼게요.

[2015 개정 교육과정 5종 검정 교과서 5학년]

• 출신 국가 묻고 답하기	Where are you from? - I'm from Korea.
• 여가 활동 묻고 답하기	What do you do on Sundays? - I have soccer practice.
• 허락을 요청하고 이에 답하기	May I sit here? - Yes, you may. / No, you may not.
• 물건의 주인이 누구인지 묻고 답하기	Whose towel is this? - It's Kevin's.
• 음식 주문하기	May I take your order? - I'd like fried rice.
• 미래에 할 일 묻고 답하기	What will you do this summer? - I'll join a space camp.
• 과거에 한 일 묻고 답하기	What did you do during the vacation? - I visited my uncle in Jeju-do.
• 물건의 가격 묻고 답하기	How much are the pants? - They are fifteen dollars.
• 장소 묘사하기	There is a sofa in the living room. There are desks, too.
• 장래 희망 묻고 답하기	What do you want to be? - I want to be a writer.
• 좋아하는 과목 묻고 답하기	What's your favorite subject? - My favorite subject is music.
• 일과 묻고 답하기	What time do you get up? - I get up at 6.
• 외모에 대해 묻고 답하기	What does he/she look like? - He/She is tall. He/She has long curly hair.
• 전화를 하거나 받기	Hello? / Hello. This is Emily. Can I speak to Ryan? / Is Minjun there?
• 길 묻고 답하기	Where is the market? - Go straight two blocks and turn left. It's on your right.

5-6학년군은 3-4학년군보다 훨씬 다양한 주제를 배웁니다. 물건의 주인이 누구인지 묻고 답하는 활동은 3학년에도 나왔던 내용이지만 3학년에서는 'Is this your book?' 같은 표현을 썼다면 5학년에서는 의문사를 써서 'Whose towel is this?'와 같이 표현합니다. 의문사로 물었을 때는 대답을 'Yes'나 'No' 형태의 단답형으로 못 하기 때문에 더욱 다양한 표현을 배울 수 있답니다.

따라서 5-6학년군에서는 읽기와 쓰기 성취 기준에 집중할 필요가 있습니다. 읽기 수준도 3, 4학년에 비해 높아지고 읽고 난 후 독후 활동도 꽤 심도 있게 진행됩니다. 단순히 단어나 어구만 쓰면 되었던 3, 4학년 때와는 확연히 차이가 있습니다. 학교마다 다르기는 하지만 쓰기 활동으로 수행 평가를 보는 곳이 초등학교에서도 점차 늘고 있습니다.

프로젝트 수업도 늘어나는 추세인데 영어 글쓰기, 말하기, 듣기, 읽기 영역을 골고루 평가하기 위해 다양한 방식으로 진화하고 있습니다. PPT를 작성해서 발표하기도 하고, 대본을 작성해서 조별로 역할을 나누어 연극을 만들어 보기도 합니다. 3, 4학년 때와는 다른 방식으로 평가와 학습이 진행되는 만큼 영어에 자신이 있는 친구들이 유리합니다.

그럼 5, 6학년 친구들을 위한 대비책은 무엇일까요? 공교육에서는 기본적으로 의사소통 중심의 교육과정을 지향합니다. 그러므로 문법이나 글쓰기를 과도하게 할 필요는 없습니다만 3, 4학년 때처럼 주제별 노래나 동화책을 찾아 읽는 수준을 벗어날 때입니다. 기본적인 문장 구조를 익혀 나가야 하고, 어휘 학습에 신경을 써야 합니다. 단락글 읽기를 할 때에도 어휘가 기반이 되어야 대략적인 내용이라도 이해할 수 있습니다. 어휘 학습에 있어서 5, 6학년은 스펠링까지 쓸 줄 아는 것을 기본으로 잡아야 합니다.

계절, 날씨	spring, summer, fall, autumn, winter, warm, hot, cool, cold, sunny, rainy, windy, snowy
국가명	Brazil, Canada, China, the U.S., France, Korea, South Africa, India, Vietnam, Australia, Mexico, U.K., Kenya
과목명	math, English, Korean, art, music, P.E., science
장소, 지명	bakery, bank, library, post office, market, zoo, ticket office, museum, park, zoo, flowershop, chocolate shop, toy shop, gift shop, restaurant, shopping center, bath, bathroom, bedroom, classroom, living room, toilet
외모 관련 형용사	tall, short, long, straight, curly, big, blue, brown, green, yellow, orange
직업	farmer, nurse, painter, teacher, writer, doctor, photographer, police officer, scientist, soccer player, chef, fashion designer, cook, movie director, car engineer, pilot
숫자, 화폐 단위	won, dollar, 1~10,000
음식과 관련된 어휘	salty, sour, sweet, spicy, delicious, sour, fry, rice, fruit salad, vegetable pizza, beef steak, noodles, honey, order, pancake
요일	Sunday, Monday, Tuesday, Wednesday, Thursday, Friday, Saturday, Sunday

[5학년이 알아야 할 기본 문법 사항]

• 의문사가 있는 의문문	• 명령문
• 조동사 (can, may)	• 장소를 나타내는 전치사
• 미래 시제 (will, be going to)	• 현재 진행형 (be going to)
• 과거 시제 (불규칙 동사)	• to부정사
• 현재 시제 (3인칭 단수 / 반복되는 일상)	

＊ 2015 개정 교육과정 교과서 수록 기준

위에 제시한 내용은 현재 2015 개정 교육과정이 반영된 초등 교과서 5종에 쓰인 어휘와 문법 사항의 최소한을 정리한 것입니다. 만약 위에 나온 내용 중 아직 학습되지 않은 부분이 있다면 5학년쯤에는 꼭 보충해 줘야 합니다. 학교에선 위에 제시된 것을 문법 교육 방식으로 접근하지 않습니다. 여전히 의사소통 중심으로 대화 패턴 속에서 자연스럽게 익히도록 되어 있지요. 하지만 읽기와 쓰기에 활용하기 위해서는 익혀 두는 것이 좋습니다.

Q30

초등 6학년을 위한
교과서 연계 영어 독서법

기본적으로 5, 6학년은 성취 기준이 동일합니다. 하지만 읽기 지문에서 어휘 수가 늘어나고, 써 내야 하는 글의 길이가 길어집니다. 5학년 학습 내용을 모두 숙지하고 같은 방식으로 6학년 내용도 살펴보겠습니다.

[2015 개정 교육과정 5종 검정 교과서 6학년]

• 학년 묻고 답하기	What grade are you in? – I'm in the sixth grade.
• 아픈 곳 묻고 답하기	What's wrong? – I have a stomachache.
• 날짜 묻고 답하기	When is the club festival? – It's on June 8th.
• 초대하고 이에 답하기	Can you come to the festival? - Of course. / Sorry, I can't.
• 빈도수 묻고 답하기	How often do you brush your teeth? - Three times a day.
• 비교하기	I'm stronger than you.

• 동의 여부 묻고 답하기	What do you think? - I think so. / I don't think so.
• 누가 한 일인지 묻고 답하기	Who wrote the story? - Shakespeare did.
• 의무 표현하기	We should save energy.
• 알고 있는지 묻고 답하기	Do you know anything about hanok? - Yes, I do. / No, I don't.
• 제안하고 답하기	Would you like to come to my graduation? - Sure, I'd love to. / Sorry, I'd love to, but I can't.
• 활동을 제안하고 이에 답하기	Let's go swimming. - Sounds great.
• 교통수단을 묻고 답하기	How can I get to the museum? - You can get there by subway.

[6학년이 챙겨야 할 어휘 꾸러미]

숫자의 서수	first, second, third, fourth, fifth ...
병명	headache, toothache, stomachache, runny nose, fever, cold
달 이름	January, February, March, April, May, June, July, August, September, October, November, December
빈도부사	always, usually, often, sometimes, never
비교 관련 형용사	bigger, taller, longer, faster, heavier, stronger, higher
교통수단	boat, taxi, train, bus, subway, bike

[6학년이 알아야 할 기본 문법 사항]

• 의문사가 있는 의문문	• 비교급
• 조동사(should)	• 청유문
• 빈도부사	• 기원문

* 2015 개정 교육과정 교과서 수록 기준

위에 소개한 내용은 6학년에만 나오는 것을 따로 묶어 놓은 것입니다. 반드시 5학년 내용을 숙지한 상태로 6학년 내용을 추가해서 학습해야 합니다. 어휘 연습은 플래시카드 형식으로 진행해 주면 됩니다. 하지만 궁극적으로 스펠링까지 학습해야 하므로 딕테이션 활동까지 한다면 금상첨화일 것 같아요.

6학년은 중등 교육과정을 생각하지 않을 수 없습니다. 중학교에서는 초등 교육과정을 모두 이수했다는 가정하에 학습이 진행되기 때문에 미흡한 부분이 있다면 메꿔 주어야 합니다. 사교육을 과하게 하는 것도 문제이지만, 공교육에서 제공하는 최소한의 수준조차 학습되지 않는 것 또한 경계해야 할 일입니다. 그렇다면 중학교에서는 어느 정도 수준까지 학습할까요?

초등학교에서 요구하는 어휘 수준은 학년군별로 240~260개, 총 500개의 어휘를 학습하도록 되어 있습니다. 하지만 중학교에 가면 학년당 750개를 추가로 학습하여 총 1,250개가량 늘리도록 설계되었습니다. 그러니 성취 기준이 같더라도 그 속에 들어 있는 어휘 수준이 일단 늘어나지요. 또 문법이나 의사소통 기능도 초등 때보다 난이도가 올라갑니다. 그 기준으로 아래 표를 살펴보면 좋을 듯합니다.

[중학교]

영역	핵심 개념	일반화된 지식	내용 요소	기능
듣기	소리	소리, 강세, 리듬, 억양을 식별한다.	• 어구나 문장의 연음, 축약	식별하기
	어휘 및 문장	낱말, 어구, 문장을 이해한다.		파악하기
	세부 정보	말이나 대화의 세부 정보를 이해한다.	• 대상, 주제 • 그림, 사진, 도표	파악하기

영역	핵심 개념	일반화된 지식	내용 요소	기능
듣기	중심 내용	말이나 대화의 중심 내용을 이해한다.		파악하기 추론하기
	맥락	말이나 대화의 흐름을 이해한다.	• 일이나 사건의 순서, 전후 관계 • 일이나 사건의 원인, 결과 • 상황 및 화자 간의 관계 • 화자의 의도, 목적 • 화자의 심정, 태도	파악하기 추론하기
말하기	소리	소리를 따라 말한다.		모방하기
	어휘 및 문장	낱말이나 문장을 말한다.		모방하기 표현하기 적용하기
	담화	의미를 전달한다.	• 사람, 사물 • 장소 • 의견, 감정 • 그림, 사진, 도표 • 방법, 절차 • 자기소개	설명하기 표현하기
		의미를 교환한다.	• 사람, 사물 • 위치, 장소 • 경험, 계획 • 일이나 사건의 순서, 전후 관계 • 일이나 사건의 원인, 결과	설명하기 표현하기
읽기	철자	소리와 철자 관계를 이해한다.		식별하기 적용하기
	어휘 및 문장	낱말이나 문장을 이해한다.	• 어구, 문장	파악하기
	세부 정보	글의 세부 정보를 이해한다.	• 그림, 사진, 도표 • 대상, 주제	파악하기
	중심 내용	글의 중심 내용을 이해한다.	• 줄거리, 주제, 요지	파악하기 추론하기
	맥락	글의 논리적 관계를 이해한다.	• 일이나 사건의 순서, 전후 관계 • 일이나 사건의 원인, 결과 • 필자의 의도, 목적 • 필자의 심정, 태도	파악하기 추론하기
	함축적 의미	글의 행간의 의미를 이해한다.	• 문맥 속 낱말, 어구, 문장의 의미	추론하기

영역	핵심 개념	일반화된 지식	내용 요소	기능
쓰 기	철자	알파벳을 쓴다.		구별하기 적용하기
	어휘 및 어구	낱말이나 어구를 쓴다.		모방하기 적용하기
	문장	문장을 쓴다.	• 대상, 상황 • 의견, 감정 • 그림, 사진, 도표 • 경험, 계획	표현하기 설명하기
	작문	상황과 문적에 맞는 글을 쓴다.	• 초대, 감사 • 축하, 위로 글 • 일기, 편지 • 자신, 주변 사람, 일상생활	표현하기 설명하기

중등 과정에서는 경험, 계획 등을 나타내는 표현을 알아야 합니다. 또 사건이 일어난 시간적 순서도 중요하지만 중심 사건과 주제를 찾는 부분도 중요하게 다루어집니다. 중등 과정에서는 작가의 의도나 함축적 의미를 파악하는 추론 활동까지 고려하고 있음을 인지해 주세요. 중학교에서 가서 해야 할 것들을 미리 살펴보며 6학년을 보내면 놓치는 부분이 적을 것입니다.

초등맘이 꼭 알아야 할
국어·영어 독서법

2021년 11월 17일 1판 1쇄 인쇄
2021년 11월 23일 1판 1쇄 발행

지은이 | 도준형, 이지은, 장혜수
펴낸이 | 이종춘
펴낸곳 | **BM** (주)도서출판 **성안당**
주소 | 04032 서울시 마포구 양화로 127 첨단빌딩 3층(출판기획 R&D 센터)
         10881 경기도 파주시 문발로 112 파주 출판 문화도시(제작 및 물류)
전화 | 031)950-6367
팩스 | 031)955-0510
등록 | 1973.2.1. 제406-2005-000046호
출판사 홈페이지 | www.cyber.co.kr
투고 및 문의 | andpage@cyber.co.kr
ISBN | 978-89-315-8607-7 03370
정가 | 16,800원

이 책을 만든 사람들
책임 | 최옥현
기획·편집 | 김수연, 이보람
디자인 | 엘리펀트스위밍
국제부 | 이선민, 조혜란, 권수경
영업 | 구본철, 차정욱, 나진호, 이동후, 강호묵
마케팅 | 박지연
홍보 | 김계향, 이보람, 유미나, 서세원
제작 | 김유석

&page 는 (주)도서출판 성안당의 단행본 출판 브랜드입니다.

■도서 A/S 안내

성안당에서 발행하는 모든 도서는 저자와 출판사, 그리고 독자가 함께 만들어 나갑니다.
좋은 책을 펴내기 위해 많은 노력을 기울이고 있습니다. 혹시라도 내용상의 오류나 오탈자 등이 발견되면 **"좋은 책은 나라의 보배"**로서 우리 모두가 함께 만들어 간다는 마음으로 연락주시기 바랍니다. 수정 보완하여 더 나은 책이 되도록 최선을 다하겠습니다.
성안당은 늘 독자 여러분들의 소중한 의견을 기다리고 있습니다. 좋은 의견을 보내주시는 분께는 성안당 쇼핑몰의 포인트(3,000포인트)를 적립해 드립니다.

잘못 만들어진 책이나 부록 등이 파손된 경우에는 교환해 드립니다.